高等教育跨境电子商务专业"校行企"协同育人系列教材

跨境电商财税

主　编　钟　琮
副主编　徐瑶之　朱　计　徐建宁

电子工业出版社
Publishing House of Electronics Industry
北京·BEIJING

内 容 简 介

本书结合编者多年财税课程教学及企业实操经验，打破传统财税知识讲解体系，将内容分为中小型跨境电商企业财务篇、跨境电商境内税务篇和跨境电商境外税务篇，根据跨境电商企业发展阶段进行章节设计，具有独创性和实用性。通过学习本书，读者能够掌握相关跨境电商的财税知识，提高境内外财税问题的应对水平，为从事跨境电商工作扫除财税方面的障碍。

本书适用于有意从事跨境电商业务的在校学生及从事跨境电商工作的社会人士学习和参考。

未经许可，不得以任何方式复制或抄袭本书之部分或全部内容。
版权所有，侵权必究。

图书在版编目（CIP）数据

跨境电商财税 / 钟琮主编. -- 北京 : 电子工业出版社, 2024. 6. -- ISBN 978-7-121-48109-3

Ⅰ. D922.2

中国国家版本馆 CIP 数据核字第 202483RS87 号

责任编辑：王二华　　特约编辑：张慧
印　　刷：天津嘉恒印务有限公司
装　　订：天津嘉恒印务有限公司
出版发行：电子工业出版社
　　　　　北京市海淀区万寿路 173 信箱　　邮编：100036
开　　本：787×1092　1/16　印张：13.5　字数：345.6 千字
版　　次：2024 年 6 月第 1 版
印　　次：2025 年 6 月第 2 次印刷
定　　价：49.00 元

凡所购买电子工业出版社图书有缺损问题，请向购买书店调换。若书店售缺，请与本社发行部联系，联系及邮购电话：(010)88254888，88258888。
质量投诉请发邮件至 zlts@phei.com.cn，盗版侵权举报请发邮件至 dbqq@phei.com.cn。
本书咨询联系方式：(010)88254532。

前　言

近年来，跨境电商行业蓬勃发展，随之而来的财税问题也备受关注。其中，中小型跨境电商企业在其发展过程中亟需解决财税合规的问题；规模较大的跨境电商企业也在探索如何应对欧美税收合规等实际操作中面临的挑战。本书立足跨境电商企业的财务现状，旨在满足跨境电商企业对财税知识的需求，为跨境电商企业的发展提供必要的财税知识指导，规范跨境电商企业的财税管理，助力跨境电商企业健康成长。

本书结构

本书根据跨境电商企业的发展特点，将主要内容分为三篇。

"中小型跨境电商企业财务篇"主要针对处于初创期的跨境电商企业在开办过程中可能遇到的财务问题进行阐述。该篇介绍如何开办一家合规的跨境电商企业，以及跨境电商企业在成长过程中可能遇到的财务难题。此外，该篇还提供了简单易行的方法，帮助跨境电商企业管理者理解财务报表、提升财务管理水平，使非会计专业人士也能轻松读懂财务数据。

"跨境电商境内税务篇"在"中小型跨境电商企业财务篇"的基础上，针对初具规模的跨境电商企业的境内税务及相关业务进行了更为详细和深入的介绍。该篇涵盖境内高频税费，如增值税、企业所得税、关税、附加税费等内容，详细介绍相关政策，帮助跨境电商企业管理者高效理解境内税务相关法规、提升纳税筹划能力。

"跨境电商境外税务篇"主要面向已达到境外税收标准的跨境电商企业，向其介绍可能涉及的境外税务问题。该篇重点介绍欧洲增值税（VAT）和美国跨境电商销售税，帮助跨境电商企业掌握欧洲VAT和美国跨境电商销售税的注册流程、申报和缴纳，以及各种税务新规，以帮助跨境电商企业进行合理的税务筹划，为其持续发展打下坚实的基础。

本书特色

第一，针对跨境电商从业者及创业者编写。

本书突破传统财会类教材的编写传统，针对跨境电商从业者，特别是跨境电商创业者编写相关内容，使内容更贴合实际需求，对跨境电商的相关业务具有较强的指导性。

第二，综合性的内容覆盖。

本书内容涵盖跨境电商企业在财务和税务管理方面所面临的主要问题。从创业初期的财务管理到境内和境外税务，本书详细提供了全面而系统的知识内容，以帮助跨境电商企业管理者理解和应对各种财税挑战。

第三，简单易懂的语言和实用的操作方法。

本书采用简单易懂的语言，避免使用过多的专业术语，使非财务专业背景的跨境电商企业管理者也能轻松理解。同时，本书提供简单易行的操作方法和实用建议，以帮助跨境电商企业管理者在实际操作中更好地应用财税知识。

第四，新形态理实一体化教材。

本书是校企"双元"合作开发的新形态理实一体化教材，由正保会计网校、厦门网中网软件有限公司提供企业案例资源、实训实验、数据分析模型等支持。本书可单独使用，也可配套厦门网中网软件有限公司实训教学软件使用，实现线上与线下深度融合教学。

本书写作分工

本书由钟琮（第一章和第二章）、朱计（第三章到第五章）、徐瑶之（第六章和第七章）负责编写。感谢徐建宁参与第一章与第二章的编写工作，感谢南开大学范家康、杭州师范大学徐莉玲参与第六章与第七章的编写工作。

本书适用群体

本书可作为各类高等院校跨境电子商务、电子商务、国际商务、国际经济与贸易等专业的财税教材，同时也可作为跨境电商财务人员、个体从业人员的自学或培训用书。

编　者

目 录

第一篇 中小型跨境电商企业财务篇

第一章 跨境电商企业初创期财务问题 ... 2
第一节 注册资本 ... 3
一、法律规定 ... 3
二、注册资本的作用 ... 3
三、注册资本的特殊要求 ... 4
第二节 营运资金 ... 5
一、转增注册资本 ... 5
二、作为企业向股东的借款 ... 6
第三节 市场主体类型选择 ... 6
一、有限责任公司 ... 7
二、股份有限公司 ... 9
三、个人独资企业 ... 12
四、合伙企业 ... 13
五、个体工商户(个体户) ... 14
第四节 企业开设流程 ... 15
一、企业名称的确定 ... 15
二、注册地址及经营范围的确定 ... 16
三、银行开户的办理 ... 18
四、出口退税资质的办理 ... 19
五、大学生创业相关介绍 ... 20
第五节 发票的涉税问题 ... 22
一、不合规发票的识别 ... 22
二、跨境电商企业无票采购问题 ... 23
三、电子发票介绍 ... 25
思考题 ... 27

第二章 财务报表简介 ... 28
第一节 会计的基本工作内容 ... 29
一、会计的核算职能 ... 29
二、会计的监督职能 ... 29
第二节 资产负债表和利润表的结构 ... 30
一、资产负债表的结构 ... 30

二、利润表的结构……………………………………………………………32
第三节　资产项目………………………………………………………………33
　　一、货币资金……………………………………………………………33
　　二、短期投资和长期投资………………………………………………35
　　三、应收账款……………………………………………………………36
　　四、其他应收款…………………………………………………………38
　　五、存货…………………………………………………………………39
　　六、固定资产……………………………………………………………41
第四节　负债和所有者权益项目………………………………………………42
　　一、短期借款和长期借款………………………………………………42
　　二、应付账款……………………………………………………………43
　　三、预收账款……………………………………………………………44
　　四、其他应付款…………………………………………………………44
　　五、应付职工薪酬………………………………………………………45
　　六、实收资本……………………………………………………………46
　　七、未分配利润…………………………………………………………47
第五节　收入、费用和利润项目………………………………………………48
　　一、营业收入……………………………………………………………48
　　二、营业成本……………………………………………………………50
　　三、费用…………………………………………………………………51
　　四、利润…………………………………………………………………53
　　五、科目余额表分析重点………………………………………………54
第六节　跨境电商库存管理……………………………………………………56
　　一、跨境电商企业库存路径……………………………………………56
　　二、三个仓库的盘存……………………………………………………57
　　三、亚马逊FBA库存报表………………………………………………58
　　四、亚马逊库存报表项目中英文对照…………………………………60
思考题………………………………………………………………………………62

第二篇　跨境电商境内税务篇

第三章　增值税……………………………………………………………………64
第一节　增值税概述……………………………………………………………65
　　一、增值税的由来………………………………………………………65
　　二、增值税的概念与特点………………………………………………65
　　三、增值税的原理………………………………………………………66
第二节　纳税人与扣缴义务人…………………………………………………68
　　一、增值税的纳税人……………………………………………………68
　　二、增值税的扣缴义务人………………………………………………68
　　三、增值税的纳税人的分类……………………………………………68
第三节　征税范围………………………………………………………………69

一、征税范围的一般规定 69
　　二、境内销售的界定 71
　　三、视同销售的规定 72
　　四、混合销售与兼营行为 73
　　五、不征收增值税的规定 73
　第四节　税率和征收率 74
　　一、增值税的税率规定 74
　　二、9%税率的适用范围规定 74
　　三、零税率的适用范围规定 74
　　四、征收率 75
　第五节　税收优惠 75
　　一、法定免税项目 75
　　二、特定免税项目 76
　　三、临时减免税项目 77
　　四、即征即退与先征后返(退)政策 77
　　五、扣减增值税规定 77
　　六、起征点与免税规定 78
　第六节　增值税的计税方法 78
　　一、增值税计税方法概述 78
　　二、一般纳税人应纳税额的计算方法 79
　　三、小规模纳税人应纳税额的计算方法 84
　第七节　进出口环节增值税政策 85
　　一、进口环节的增值税政策 85
　　二、出口环节的增值税政策 87
　第八节　跨境电商增值税的基本规定 95
　　一、跨境电商出口环节增值税政策 95
　　二、跨境电商进口环节的增值税政策 97
　第九节　征收管理 99
　　一、纳税义务发生时间 99
　　二、纳税期限 99
　　三、纳税地点 99
　思考题 100

第四章　企业所得税 101
　第一节　企业所得税概述 102
　　一、企业所得税的由来 102
　　二、企业所得税的法律依据 102
　　三、企业所得税的作用和特点 102
　第二节　纳税人与扣缴义务人 103
　　一、纳税人 103
　　二、扣缴义务人 105

第三节　征税范围与税率 105
一、征税范围 105
二、税率 106
第四节　企业所得税的计税方法 107
一、应纳税所得额的两种核算方法 107
二、收入总额 108
三、不征税收入和免税收入 110
四、扣除原则与范围 111
五、不得扣除的项目 118
六、亏损弥补 118
第五节　资产的所得税处理 119
一、固定资产的税务处理 120
二、生物资产的税务处理 122
三、无形资产的税务处理 122
四、长期待摊费用的税务处理 123
五、存货的税务处理 124
六、投资资产的税务处理 124
七、税法规定与会计规定差异的处理 124
第六节　税收优惠 125
一、免征与减征优惠 125
二、高新技术企业优惠 126
三、技术先进型服务企业优惠 126
四、小型微利企业优惠 126
五、加计扣除优惠 128
六、创业投资企业优惠 129
七、加速折旧优惠 129
八、减计收入优惠 129
九、税额抵免优惠 130
十、民族自治地方的优惠 130
十一、非居民企业优惠 130
十二、海南自由贸易港企业所得税优惠 130
十三、西部大开发的税收优惠 131
第七节　应纳税额的计算 131
一、直接计税法 131
二、间接计税法 132
三、境外所得抵扣税额的计算 133
四、居民企业核定征收企业所得税的相关规定 134
五、非居民企业应纳税额的计算 136
第八节　征收管理 137
一、纳税地点 137

二、纳税期限 138
　　三、纳税申报 138
　　四、其他规定 138
　思考题 139

第五章　其他税费 140
第一节　印花税 141
　　一、纳税人 141
　　二、征税对象 141
　　三、税目、税率 141
　　四、印花税的计算 142
　　五、征收管理 144
第二节　城市维护建设税 145
　　一、城市维护建设税概述 145
　　二、纳税人 145
　　三、征税对象 145
　　四、税率 145
　　五、税收优惠 146
　　六、应纳税额的计算 146
　　七、征收管理 146
第三节　关税 147
　　一、关税概述 147
　　二、纳税人 147
　　三、征税对象 148
　　四、关税税率 148
　　五、关税完税价格与应纳税额的计算 150
　　六、税收优惠 153
　思考题 154

第三篇　跨境电商境外税务篇

第六章　欧洲增值税 156
第一节　欧洲增值税概述 157
　　一、增值税的定义及发展历程 157
　　二、欧洲增值税的注册与申报 158
　　三、欧洲增值税缴纳的必要性及具体流程 159
　　四、欧洲增值税发票 160
　　五、欧洲增值税新规 160
　　六、欧洲增值税制度的特点及优缺点 164
第二节　英国增值税 165
　　一、英国税收体系 165
　　二、英国增值税的发展历程 166

三、需要考虑注册并缴纳英国增值税的情况……167
　　四、英国增值税税号的注册流程……168
　　五、英国增值税不合规的情况……169
　　六、英国增值税的计算……169
　　七、电子化税务申报……170
　　八、英国增值税递延政策……171
第三节　德国增值税……173
　　一、德国税收体系……173
　　二、德国增值税的定义及发展……173
　　三、需要注册德国增值税税号的情况……174
　　四、德国增值税税号的注册流程及所需材料……174
　　五、德国增值税不合规的情况……175
　　六、德国税务证书……176
　　七、德国增值税的计算及申报……177
第四节　法国增值税……178
　　一、法国税收体系……178
　　二、法国增值税的定义与税率……178
　　三、需要注册法国增值税税号的情况……179
　　四、法国《反欺诈法规》中涉及增值税的部分……179
　　五、法国增值税税号的注册流程及所需材料……179
　　六、法国增值税的计算及申报……180
思考题……182

第七章　美国跨境电商销售税……183
第一节　美国税制体系与销售税概述……184
　　一、美国税制体系……184
　　二、美国销售税概述……185
第二节　美国跨境电商销售税概述……186
　　一、美国跨境电商销售税的发展……186
　　二、影响美国跨境电商销售税的四个重要诉讼案……189
　　三、美国跨境电商销售税新政……190
第三节　美国销售税税收流程及相关计算……196
　　一、美国跨境电商销售税税收流程……196
　　二、美国销售税相关计算……198
第四节　美国其他税收……199
　　一、(联邦及地方)公司所得税……199
　　二、个人所得税……200
　　三、关税……201
思考题……203

参考文献……204

第一篇　中小型跨境电商企业财务篇

"中小型跨境电商企业财务篇"包括两章内容：第一章探讨跨境电商企业初创期的财务问题；第二章介绍财务报表的相关知识。考虑到中小型跨境电商企业在跨境电商市场中的占比较高，但市场上缺乏针对这类企业的实操类书籍，因此本篇旨在为中小型跨境电商企业解决从创立到正式运营过程中可能遇到的财务难题。

第一章跨境电商企业初创期财务问题。本章结合中小型跨境电商企业的特点，详细介绍跨境电商企业在开办之初需要确定的内容，包括注册资本、营运资金和市场主体类型。此外，本章还为跨境电商企业开设流程提供了详细指导。结合笔者多年的跨境电商财税实操经验，本章还解答了发票涉税的相关问题，以帮助创业者更好地理解和应对财务难题。

第二章财务报表简介。本章针对跨境电商中小企业的经济业务流程，打破传统财务工作介绍的方式，从财务报表结果出发，介绍会计的基本工作内容，包括资产负债表和利润表的结构。本章对跨境电商财务报表的重点项目进行了逐一分析，可作为了解企业具体财务状况的手册。本章以亚马逊FBA仓为例，展示了跨境电商库存路径、在途仓和海外仓的盘存要点，并详细讲解了库存报告的相关内容，为解决跨境电商库存管理提供了思路。

第一章

跨境电商企业初创期财务问题

跨境电子商务企业(简称跨境电商企业)属于典型的进出口企业。若要开办跨境电商企业，就首先需要在我国境内注册并成立合格的企业，同时还需要获得相应的进出口资质。本章主要介绍跨境电商企业在初创期可能遇到的典型的财务问题。

 本章概览

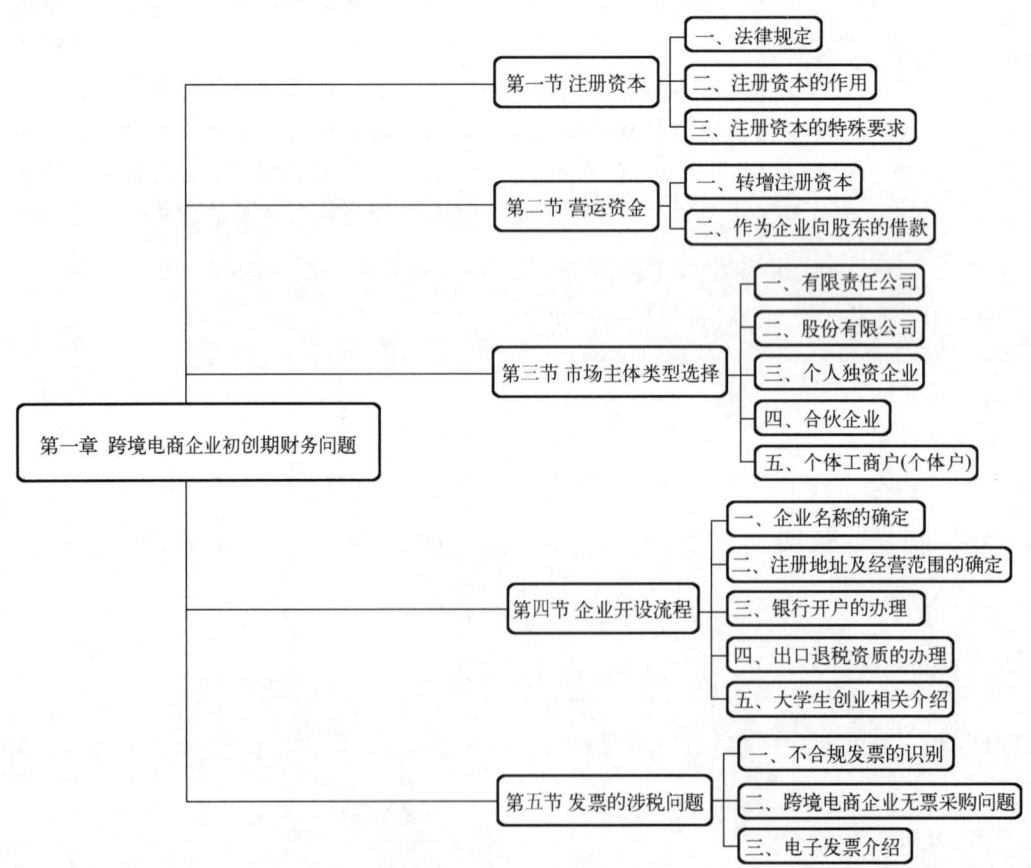

学习目标

了解企业注册资本的作用，掌握根据不同企业情况确定注册资本金额的方法。

理解超支营运资金的处理方法。

了解企业市场主体类型的概念、优缺点，掌握选择不同企业市场主体的方法。

了解创办公司的流程，理解确定公司名称、注册地址及经营范围的具体要求。

了解不同银行账户的作用，了解出口退税资质的办理流程。

掌握识别不合规发票的方法，了解跨境电商企业无票采购的相关问题。

第一节 注册资本

在创办企业时，首要的任务是确定注册资本的金额和缴纳期限。企业必须遵守相关法律规定，了解注册资本的作用，并根据自身实际情况来确定注册资本的金额和缴纳期限。

一、法律规定

根据我国《中华人民共和国公司法》（以下简称《公司法》）第二十六条和第八十条的规定，无论是有限责任公司还是股份有限公司，其注册资本均实行认缴制。任何企业的股东都应按照规定认缴的出资金额进行足额缴纳。最新修订的《公司法》对于有限责任公司、一人公司和股份有限公司的设立并无最低注册资本的要求，允许股东或发起人自行确定注册资本的金额。

在理论上，如果企业存在资金紧张等情况，认缴制可以让股东尽可能地推迟实际出资时间；也可以让股东通过认缴较高的注册资本来显示企业实力、支持企业的业务开拓。企业是否认缴较高的注册资本，需要根据具体情况来判断。认缴较高的注册资本可能会给潜在投资者和合作伙伴留下良好的印象，但同时也会增加企业的财务压力。因此，股东应该根据企业的实际情况和未来发展规划，合理确定注册资本的金额，以确保企业的稳健发展。

二、注册资本的作用

注册资本是企业从事经营活动的物质基础和前提条件，股东以其认购的出资额为限对企业承担责任。因此，注册资本是全体股东承担责任的界限，股东认购了多少出资金额，就要以该出资金额为限，对企业承担相应的责任。同时还需要注意的是，即使股东尚未完全缴清股款，也应以认购的出资金额为准，而非以实际缴纳的出资金额为准来承担责任。

例1-1：这是一起企业破产后追缴股东注册资本的案例。"被告王某在本判决生效后10日内向原告浙江ABC进出口贸易有限公司（化名）缴纳注册资本650万元，被告陈某缴纳注册资本200万元；被告张某缴纳注册资本150万元……"

浙江 ABC 进出口贸易有限公司于 2020 年 9 月 23 日登记成立，注册资本为 500 万元，股东王某认缴出资 325 万元，占出资比例 65%；股东陈某认缴出资 100 万元，占出资比例 20%；股东张某认缴出资 75 万元，占出资比例 15%。各股东均承诺在 2036 年 9 月 20 日前履行认缴出资责任。2021 年 9 月 26 日，各股东一致同意将注册资本增加到 1000 万元，其中王某共认缴出资 650 万元，陈某共认缴出资 200 万元，张某共认缴出资 150 万元，出资比例与变更前一致，并约定认缴出资时间为 2036 年 9 月 26 日前。

后因浙江 ABC 进出口贸易有限公司不能清偿到期债务，2022 年 10 月 12 日，浙江省人民法院受理该公司的破产清算一案。2022 年 10 月 25 日，浙江省人民法院做出决定书，指定浙江远大律师事务所(化名)担任浙江 ABC 进出口贸易有限公司的破产管理人。该管理人在接受指定后，经查发现浙江 ABC 进出口贸易有限公司股东以货币方式认缴的出资额均未履行到位。

因此，该管理人认为，浙江 ABC 进出口贸易有限公司已进入破产清算程序，各股东认缴的注册资本出资义务依法应提前到期。于是，该管理人将王某、陈某、张某起诉至浙江省人民法院，要求被告王某应缴纳注册资本 650 万元，陈某应缴纳注册资本 200 万元，张某应缴纳注册资本 150 万元。

浙江省人民法院审理查明实际情况后，根据我国《公司法》《企业破产法》等法律的规定，遂做出以上判决。

从例 1-1 可以看出，股东希望通过较高的注册资本给企业带来正面的支持。然而，认缴不等于实缴，股东不能因此而逃避出资义务。根据认缴制度，股东可以暂缓缴纳注册资本，但如果企业因经营不善而需要进行破产或清算程序时，股东出资义务将加速到期，不受出资期限限制。如果浙江 ABC 进出口贸易有限公司在设立时将注册资本设定为 100 万元，并且后续的亏损也属于正常经营范畴，那么其股东只需要合计承担认缴的 100 万元注册资本内的责任即可。

三、注册资本的特殊要求

(一)必须实缴注册资本的情况

虽然现在大部分企业可以采用认缴制来设立注册资本，但根据《公司法》的规定，要求 27 类企业应实缴注册资本。因此，企业在创办之前，需要明确所开设企业是否属于这 27 类企业的范围，以确定是否需要实缴注册资本。

27 类企业包括：(1)采取募集方式设立的股份有限公司；(2)商业银行；(3)外资银行；(4)金融资产管理公司；(5)信托公司；(6)财务公司；(7)金融租赁公司；(8)汽车金融公司；(9)消费金融公司；(10)货币经纪公司；(11)村镇银行；(12)贷款公司；(13)农村信用合作联社；(14)农村资金互助社；(15)证券公司；(16)期货公司；(17)基金管理公司；(18)保险公司；(19)保险专业代理机构、保险经纪人；(20)外资保险公司；(21)直销企业；(22)对外劳务合作企业；(23)融资性担保公司；(24)劳务派遣企业；(25)典当行；(26)保险资产管理公司；(27)小额贷款公司。

(二)注册资本的特殊要求

如果企业需要在本企业的名字上冠以某省的字样,那么就要遵从国家对注册资本的特殊要求。以浙江省为例,企业或非企业法人,在申报冠以"浙江"字样的企业名称时需符合以下条件:(1)注册资本(金)1000万元以上(含本数)的制造业、商贸业和非鉴证服务业等企业法人,经济欠发达地区的注册资本(金)可放宽到500万元;(2)注册资本(金)5000万元以上(含本数)的投资、控股、实业、建筑施工、房地产开发业等企业法人;(3)注册资本1亿元以上(含本数)的融资性担保公司;(4)注册资本(金)300万元以上(含本数)的高新技术、出版及文艺场馆、体育俱乐部及场馆、旅行社、种养业等企业法人。

(三)跨境电商企业注册资本要求

跨境电商企业必须符合电商平台注册资本的最低限额要求。目前,亚马逊、eBay等电商平台暂未设定最低注册资本要求,但在我国,如京东这样的电商平台则要求入驻其电商平台的企业的注册资本不得低于50万元。因此,跨境电商企业应关注相关电商平台的最新政策,并根据自身情况和业务需求确定注册资本的金额。

本节总结:注册资本金额的多少决定了股东所需承担责任的大小。在确定采用认缴制时,股东不能"打肿脸充胖子",以免在运营中出现不必要的麻烦。因此,企业应根据实际情况合理确定注册资本的金额。

第二节 营运资金

营运资金是指企业流动资产总额减流动负债总额后的净额,即可供企业在经营过程中运用和周转的流动资金的净额。企业实际运营过程中,在实现盈利前,很可能需要股东投入超过注册资本的资金。那么,当企业的营运资金超过注册资本时,是否需要申请增加注册资本呢?为了解答这个问题,本节以张某和李某共同设立的甲企业为例进行讲解。甲企业主营业务为跨境电商业务。假设电商平台没有对入驻企业的注册资本设定最低限额,张某和李某二人在创建甲企业时共同认缴出资30万元,其中张某认缴出资18万元(占总认缴出资额的60%),李某认缴出资12万元(占总认缴出资额的40%)。在甲企业后期运营过程中,张某和李某二人实际向甲企业共同投入100万元以用于进货、平台运营等费用。对于多投入的70万元营运资金有以下两种处理方式。

一、转增注册资本

将70万元营运资金转增为注册资本是最为合理的处理方式,因为注册资本能够有力地支持企业的日常运营。然而,这种处理方式存在一定的弊端,即当企业实现盈利后,股东若欲取回资金,则只能通过向企业借款或进行分红的方式来实现。根据《中华人民共和国个人所得税法》的规定,个人所得,如利息、股息、红利所得,都应缴纳个人所得税,且适用比例税率,税率为20%。在本例中,如果张某和李某二人采用分红的形式取回这70

万元，则实际只能取回56万元。那么，如果转增为注册资本并实现利润后，再采用向企业借款的形式取回这70万元是否可行呢？《财政部 国家税务总局关于规范个人投资者个人所得税征收管理的通知》（财税〔2003〕158号）规定，"关于个人投资者从其投资的企业（个人独资企业、合伙企业除外）借款长期不还的处理问题：纳税年度内个人投资者从其投资企业（个人独资企业、合伙企业除外）借款，在该纳税年度终了后既不归还，又未用于企业生产经营的，其未归还的借款可视为企业对个人投资者的红利分配，依照'利息、股息、红利所得'项目计征个人所得税。"因此，张某和李某二人如果从企业借出款项，只要超过一年未及时归还，则会被视为变相分红，就需要缴纳个人所得税。

综上所述，如果企业在后期盈利了，股东希望从企业取回资金时，无论是采用分红的形式还是采用借款的形式，都会涉及个税缴纳的问题。

二、作为企业向股东的借款

假设当时将这70万元营运资金作为股东无偿借给企业的款项，如果签订了无偿借款合同，那么这样的合同可以看作合法的。从税务风险的角度分析如下。

（1）从甲企业角度，若税务机关对合同的独立性不予承认，就需要进行纳税调整。考虑到借款利息是企业的成本费用，确认借款利息费用反而会减少当期利润，因此可以减少所得税的缴纳。由此可以认为，采取这种处理方式不存在缴纳所得税的风险。

（2）从股东角度，根据《中华人民共和国个人所得税法》第八条的规定，有下列情形之一的，税务机关有权按照合理方法进行纳税调整：

一、个人与其关联方之间的业务往来不符合独立交易原则而减少本人或者其关联方应纳税额，且无正当理由；

二、居民个人控制的，或者居民个人和居民企业共同控制的设立在实际税负明显偏低的国家（地区）的企业，无合理经营需要，对应当归属于居民个人的利润不做分配或者减少分配；

三、个人实施其他不具有合理商业目的的安排而获取不当税收利益。

税务机关依照前款规定做出纳税调整，需要补征税款的，应当补征税款，并依法加收利息。

由此可知，个人将资金无偿借给企业可能存在个人所得税风险，但主要涉及借款利息收益的缴税问题，而不会涉及借款的本金。

本节总结：企业在运营过程中，当对注册资本没有特殊需求时，没有必要将所有超支的营运资金都确认为注册资本。采用股权和债权混合的方式对企业进行投资，对股东是较为有利的。

第三节 市场主体类型选择

不同类型的企业需要遵循不同的设立条件，从而可以拥有独特的组织结构，并承担不同的企业责任。因此，选择适合企业自身的市场主体类型至关重要。

例 1-2：徐某是一家国有企业的员工，他在 2000 年年底承包了该国有企业的副食品经营部。该副食品经营部虽隶属于该国有企业，但并不具备法人资格。2020 年，张华向新华路小何面馆张老板借款 10 万元，以作为生意资金。徐某为张华提供担保，并代表副食品经营部签署了担保合同，承诺如果张华无法归还借款，则副食品经营部将负责偿还借款。2021 年 1 月 1 日，借款期限已到，但张华因生意亏损，拒绝归还借款。于是新华路小何面馆张老板向徐某讨债，但徐某却称副食品经营部并不具备法人资格，因此担保合同无效。张老板很困惑，他原以为加盖副食品经营部公章的担保合同是具有法律效力的。

在上述案例中，尽管担保合同无效，但徐某及其单位仍有责任赔偿张老板的损失。根据《中华人民共和国担保法》的规定，企业法人的分支机构未经法人书面授权或超出授权范围与债权人订立保证合同的，该合同无效或超出授权范围的部分无效，债权人和企业法人有过错的，应当根据其过错各自承担相应的民事责任；债权人无过错的，由企业法人承担民事责任。在此例中，虽然签署的担保合同无效，但债权人张老板并不知情，属于无过错方。徐某及其副食品经营部应该为擅自担保的行为承担过错赔偿责任。如果副食品经营部的财产无法承担责任，那么总公司的企业法人就需要承担责任。

例 1-2 表明，分公司是企业的分支机构，没有法人资格，因此分公司的行为后果和法律责任由其开办的单位承担。因此，企业在决定开设分支机构时应慎重考虑，并应加强对分支机构的管理。企业应加强管理和控制分支机构的经营和财务，以避免产生法律责任和风险。

本节重点介绍几种常见的市场主体类型，包括有限责任公司、股份有限公司、个人独资企业、合伙企业和个体工商户（个体户）等。

一、有限责任公司

（一）概念

有限责任公司，简称有限公司，是根据《中华人民共和国公司登记管理条例》的相关规定登记注册的一种经济组织。有限责任公司由五十个以下的股东出资设立，每个股东对有限责任公司承担有限责任，其责任限于其所认缴的出资额。有限责任公司以其全部资产对有限责任公司的债务承担全部责任。有限责任公司包括国有独资公司和其他有限责任公司。

（二）主要特征及优势

有限责任公司是我国企业实行公司制最重要的一种组织形式，其优点是设立程序简单，无须发布公告或公布账目，内部机构设置灵活。然而，有限责任公司不能公开发行股票，筹集资金的范围和规模一般较小，难以适应大规模生产经营活动的需要。因此，有限责任公司一般都适用于中小型企业。

有限责任公司也比较适合于处于初创期的企业，跨境电商企业在初创期一般都会选择有限责任公司这种市场主体类型。相对于个体工商户(个体户),一人有限责任公司具有更广泛的经营范围和客户群体,因此具有更广阔的发展前景。如果企业只有一个投资人,那么选择一人有限责任公司具有组织结构简单、注册程序相对简单等优势。此外,一人有限责任公司的股东承担有限责任,使得投资风险得到控制和降低,即使在创业初期,也不必因背负太多债务而陷入无力偿还的困境。

(三)设立条件

1. 关于股东人数

有限责任公司的股东人数为 1~50 人,可以由一个自然人或一个法人出资设立一人有限责任公司,并在营业执照中注明是自然人独资或法人独资。

2. 关于注册资本

自 2014 年最新《公司法》实施以来,除法律、行政法规及国务院决定对注册资本最低限额另有规定外,取消了有限责任公司最低注册资本 3 万元、一人有限责任公司最低注册资本 10 万元、股份有限公司最低注册资本 500 万元的限制。因此,在理论上,投资人只出资 1 元就可以注册有限责任公司,不再受到有限责任公司设立时股东(发起人)首次出资比例、货币出资比例的限制。

目前,对于有限责任公司的注册资本不再需要验资。工商部门只负责登记认缴的注册资本总额,不再收取验资证明文件。除法律、行政法规及国务院决定对注册资本实缴另有规定外,取消了关于有限责任公司股东(发起人)应当自有限责任公司成立之日起两年内缴足出资、投资公司可以在五年内缴足出资的规定,同时也取消了一人有限责任公司股东应当一次性足额缴纳出资的规定。例如,如果投资人需要注册一家注册资本为 50 万元的有限责任公司,注册时直接登记注册资金为 50 万元,出资时间登记为 2052 年,那么营业执照上的注册资本就为 50 万元,且在 2052 年前实缴注册资本即可。至于到底需要投入多少注册资本,投资人要量力而行,根据实际情况认缴注册资本。

3. 关于其他设立条件及资料

(1)全体股东签署有限责任公司章程。有限责任公司可以在所属地的工商局网站下载有限责任公司的公司章程模板,根据自身情况进行修改,由全体股东确认签名并注明日期。全体股东亲自签名非常重要,这样做可以减少后期很多不必要的麻烦。尽管公司章程以格式条款为主,但它可以确定有限责任公司的权利和义务关系,是有限责任公司设立的最基本条件和最重要的法律文件。因此,全体股东应认真阅读公司章程,了解自己的权利和义务后再确认签字。

(2)股东的主体资格证明或自然人身份证件复印件。

(3)董事、监事、经理的任职文件(若为股东会议文件则由全体股东共同签署,若为董事会决议则由董事签字)及身份证明复印件。在确定董事、监事和经理的人选时,需要首先了解他们的职责和管理范围。董事是由股东(大)会或职工民主选举产生的管理公司事务的人员,是有限责任公司内部治理的主要力量,对内管理有限责任公司事务,对外代表有限责任公司进行经济活动。监事是有限责任公司中常设的监察机关的成员,负责监察有限责任公司的财务情况、有限责任公司高级管理人员的职务执行情况及其他由公司章程规定的监察职责。经理是有限责任公司中负责经营管理的人，主管有限责任公司业务运营和各项管理，属于具体负责有限责任公司各项工作运转的人。《公司法》规定，董事和高级管理人员不得兼任监事。也就是说，董事、监事和总经理不能是同一人，但董事和总经理可以为同一人。监事必须由董事和高级管理人员之外的其他人担任，但股东可以担任监事。

(4)法定代表人的任职文件(若为股东会议文件则由全体股东共同签署，若为董事会决议则由董事签字)及身份证件复印件。法定代表人是指依据法律或法人章程规定，代表法人行使职权的负责人。根据《公司法》的规定，有限责任公司的法定代表人由董事长、执行董事或经理担任，并依法进行登记。作为有限责任公司的法定代表人，需要承担重大的权利和义务，同时也需要承担一定的法律责任和风险。因此，投资人在选择有限责任公司法定代表人时需要慎重。

(5)《企业名称预先核准通知书》，这是开办企业时需要准备的资料之一。随着技术的进步和流程的简化，有限责任公司名称的审核通常可以通过有限责任公司所属地的工商网站在线上完成。

(6)法律、行政法规和国务院决定规定设立有限责任公司时必须报经批准的，需提交有关批准文件或许可证书复印件。

(7)有限责任公司申请登记的经营范围中，含有法律、行政法规和国务院规定的必须在登记前报经有关部门批准的项目时，需提交有关批准文件、许可证书复印件或许可证明。

(8)有限责任公司住所使用证明。有限责任公司的住所通常分为自有房产、租房、租用某公司写字楼三种类型。当有限责任公司住所的类型为投资人自有房产时，需提供房产证复印件，以及房主的身份证复印件。当有限责任公司住所的类型为租房时，需要提供房东签字的房产证复印件、房东身份证复印件、双方签字盖章的租赁合同和租金发票。需要注意的是，通常情况下只有商住两用的住宅或商铺才可以用于注册公司，普通住宅只允许符合大学生创业等优惠政策的有限责任公司注册使用，具体政策需要咨询当地工商局。当有限责任公司住所的类型为租用某公司写字楼时，需要提供该公司加盖公章的房产证复印件、该公司营业执照复印件、双方签字盖章的租赁合同、租金发票。

二、股份有限公司

(一)概念

股份有限公司的全部注册资本由等额股份构成，并可通过发行股票(或股权证)等方式筹集资本。股份有限公司的主要特征如下。

(1)股份有限公司的资本总额被平分为金额相等的股份。

(2)股份有限公司的股东以其所认购股份对股份有限公司承担有限责任，股份有限公司以其全部资产对股份有限公司债务承担责任。

(3)每一股拥有一个表决权，股东以其持有的股份享有相应的权利，承担相应的义务。

(二)主要特征及优势

1. 股份有限公司的主要特征

股份有限公司与有限责任公司的相同之处如下。

(1)股份有限公司的资产由全部股东认缴的出资额构成。

(2)股东以出资额为限对股份有限公司承担责任,股份有限公司以其全部资产为限对股份有限公司的债务承担责任。

(3)股份有限公司也是公司制的企业法人。

股份有限公司与有限责任公司的区别之处如下。

(1)有限责任公司的所有权和经营权较为集中,有限责任公司的股东通常通过担任经营职务的方式来直接参与有限责任公司的经营和治理工作。

股份有限公司则是一种纯粹的资本合作公司,股份有限公司的股东之间通常只是通过出资的形式联合在一起。

(2)在有限责任公司中,其股东的股权证明是纸面记名方式的出资证明书,该证明书不能转让或流通。

在股份有限公司中,由于全部资本被划分为等额股份,因而其股东的股权证明是以纸面或无纸化的股票作为出资证明的,该出资证明可以采取记名或不记名方式。股东所持有的股份以股票形式体现,股票是公司签发的证明股东所持股份的凭证,可以自由转让和流通。

(3)有限责任公司的股东人数为1~50人,可以由一个自然人或一个法人出资设立一人有限责任公司,并在营业执照中注明是自然人独资或法人独资。

股份有限公司由2人以上至200人以下的发起人出资设立,其中过半数的股东必须在中国境内有住所,而对股东人数则没有最高限制。

(4)有限责任公司的股东以出资额为限对公司承担责任。

股份有限公司的股东仅以其所持股份为限对公司承担责任。

2. 股份有限公司的优势

尽管处于初创期的企业通常不会选择股份有限公司的形式,但随着企业规模的扩大,股份有限公司具有一定的优势,是值得企业借鉴的市场主体类型。

股份有限公司的主要优势如下。

(1)有利于筹集大规模资金。股份有限公司的资本总额被划分为数额相等且较小的股份,从而有利于吸收大规模的社会资金,是企业在短期内募集大量资本的最有效的形式之一。

(2)有利于分散企业经营风险。股份有限公司的股东数量众多,由于每名股东所占股份的金额较小,因此每名股东实际拥有的股份数仅占企业资本的一小部分。一旦企业经营出现亏损,风险将由所有股东共同分担,因此有利于分散企业经营风险。

(3)有利于提高企业的管理水平。股份有限公司通常通过分离所有权和经营权的方式,建立完善且有效的企业管理结构。在股份有限公司中,通过建立以董事和经理为中心的专门机构,管理企业的生产和经营,小股东只收取红利而不参与企业的具体经营。这种设立专门机构进行管理的模式有利于提高企业的管理水平。此外，股份有限公司的股票流转相对自由，如果企业经营不善，或者企业管理层没有尽职尽责，股东就可以卖出其所持有的股票，从而会对企业的经营管理层形成一种无形的监督和压力。

(4) 有利于稳定企业的经营。作为一种资合性法人组织，股份有限公司只要经营正常，就一般不会因股东或管理层的变更而受到影响。因此，股份有限公司是一种最为稳定的市场主体类型。

(三) 关于其他设立条件及资料

1. 关于股东人数

股份有限公司需要通过发起人来创办公司，发起人既是股份有限公司成立的要件，也是发起或设立行为的实施者。《公司法》规定，股份有限公司发起人的法定人数应当在2人以上、200人以下，其中半数以上的发起人必须在中国境内有住所。

2. 关于注册资本

《公司法》放宽了注册资本登记条件，除法律、行政法规及国务院决定对公司注册资本最低限额另有规定的情况外，取消了股份有限公司最低注册资本500万元的限制。同时，首次出资比例和股东的货币出资比例不再受到限制。

3. 关于其他设立条件及资料

(1) 法律对股份有限公司的设立程序要求严格。通常，设立程序包括签订发起人协议；发起人订立公司章程；发起人认购公司股份；发起人缴纳股款；组建公司机构，发起人首次缴纳认购股款、履行出资义务后，应选举产生董事会、监事会，建立公司机构；办理设立登记。经登记机关登记，取得公司营业执照后，股份有限公司即告成立。

(2) 由股东大会的会议主持人和出席会议的董事共同签署的股东大会会议记录（募集设立的提交创立大会的会议记录）。

(3) 全体发起人签署，或者出席股东大会或创立大会的董事签署的公司章程。

(4) 发起人的主体资格证明或自然人身份证件复印件。

①发起人为企业的，需提交该企业的营业执照复印件；②发起人为事业法人的，需提交该事业法人登记证书复印件；③发起人股东为社团法人的，需提交该社团法人登记证复印件；④发起人为民办非企业单位的，需提交该民办非企业单位证书复印件。

(5) 采取募集方式设立的股份有限公司需提交依法设立的验资机构出具的验资证明，涉及发起人首次出资是非货币财产的，需提交已办理财产权转移手续的证明文件。虽然《公司法》规定大部分企业在设立时无须验资，但《公司法》规定"股份有限公司采取募集方式设立的，注册资本为在公司登记机关登记的实收股本总额"。该规定要求以募集方式设立的股份有限公司仍采取实收股本制，且《公司注册资本登记管理规定》第九条第二款明确规定"以募集方式设立的股份有限公司的注册资本应当经验资机构验资"。

(6) 董事、监事和经理的任职文件及身份证件复印件。依据《公司法》和公司章程的规定，股份有限公司需提交由会议主持人和出席会议的董事签署的股东大会会议记录（募集设立的提交创立大会的会议记录）、董事会决议或其他相关资料，董事会决议由公司董事签字。

(7) 法定代表人任职文件(公司董事签字的董事会决议)及身份证件复印件。

(8)《企业名称预先核准通知书》。

(9) 募集设立的股份有限公司公开发行股票的,应提交国务院证券监督管理机构的核准文件。

(10) 法律、行政法规和国务院决定规定设立股份有限公司必须报经批准的,应提交有关的批准文件或许可证件复印件。

(11) 在股份有限公司申请登记的经营范围中有法律、行政法规和国务院决定规定必须在登记前报经相关部门批准的项目的,需提交有关批准文件或许可证件的复印件。

(12) 公司设立《承诺书》。

(13) 住所使用证明。企业的住所通常是以下三类,企业需根据不同类型的住所提供不同的住所使用证明。①投资人自有房产:提供房产证复印件、身份证复印件。②租房:提供房东签字的房产证复印件、房东身份证复印件、双方签字盖章的租赁合同和租金发票。这里要注意,通常情况下只有商住两用的住宅或商铺可以被用于注册公司,普通住宅只有符合大学生创业等优惠政策的项目才可以申请用于注册公司,具体政策需要咨询当地工商局。③租用某公司写字楼:提供该公司加盖公章的房产证复印件、该公司营业执照复印件、双方签字盖章的租赁合同及租金发票。

三、个人独资企业

(一) 概念

个人独资企业是指由一人投资经营的企业,其财产完全归投资人个人所有。投资者对企业债务负有无限责任,即企业负责人为投资者本人。我国现行税法规定,个人独资企业所获得的生产经营所得和其他所得,均需按照规定缴纳个人所得税。

(二) 主要特征及优势

个人独资企业在法律上不享有法人资格,其民事权利和义务由投资人独自享有和承担,投资人对企业的债务承担无限责任。个人独资企业的出资人必须是自然人,且只能是一个自然人。相应地,个人独资企业的财产归投资人个人所有。

个人独资企业的优点包括如下几点。

(1) 个人独资企业的资产所有权、控制权、经营权、收益权高度统一。个人独资企业的创建与解散程序简易,且账务结构简单。

(2) 个人独资企业主自负盈亏,对个人独资企业的债务负无限责任。个人独资企业经营的好坏直接关系经营者个人的经济利益乃至全部个人资产,因此经营者会全力以赴地经营企业。

(3) 相比于其他企业类型,个人独资企业受到的外部法律法规等的制约较小,如对企业的经营管理、决策、进入与退出、设立与破产等,因此具有更大的自主性和灵活性。

尽管个人独资企业具有上述优点,但它也存在明显的缺点。

(1)难以筹集大量资金。一个人的资金终究有限,而以个人名义借贷款也较为困难。因此,限制了个人独资企业的扩展和大规模经营。

(2)投资者风险巨大。企业主对个人独资企业负无限责任,使其由于担心承担过多风险,而不敢向风险较大的领域进行投资。

(3)个人独资企业连续性差。由于个人独资企业具有企业所有权和经营权高度统一的产权结构,企业的发展将受限于企业主个人及其家属的知识和能力。这些制约因素可能导致个人独资企业无法持续经营。

(三)其他设立条件及资料

在注册个人独资企业时所需提交的资料与一般企业注册大致相同,主要包括以下资料。

(1)投资者签署的个人独资企业开设申请报告。
(2)投资者身份证件。
(3)企业居住证明。
(4)国家市场监督管理总局要求提交的其他文档。
(5)根据法律法规、行政规章要求,需报经相关部门审核业务流程的,应提交相关部门的准许文档。
(6)授权委托人申请办理变更登记的,必须提交委任书及受托人身份证扫描件。

四、合伙企业

(一)概念

合伙企业是指由各合伙人订立合伙协议,共同出资、共同经营、共享收益、共担风险,并对企业债务承担无限连带责任的营利性组织。合伙企业分为普通合伙企业和有限合伙企业。普通合伙企业是全体合伙人承担无限连带责任的市场主体类型。有限合伙企业由一部分合伙人承担有限责任,而由另一部分合伙人承担无限责任。

(二)主要特征及优势

(1)合伙企业不具备法人资格。《中华人民共和国合伙企业法》规定,合伙企业的负责人和其他人员的经营活动由全体合伙人承担民事责任。由于法人需依法独立承担民事责任,因此合伙企业不视为法人。

(2)生命有限而责任无限。合伙企业相对容易设立和解散,但是合伙企业的合伙人对企业债务承担无限连带责任。当合伙企业财产不足以清偿合伙债务时,合伙人应当以其个人甚至家庭财产来清偿债务(有限合伙企业中承担有限责任的合伙人除外)。

(3)财产共有。合伙人投入的财产由合伙人统一管理和使用。未经其他合伙人同意,任何一位合伙人不得将合伙财产用于个人目的。

(4)利益共享、相互代理。合伙企业在生产经营活动中所取得、积累的财产归合伙人共有。每位合伙人代表合伙企业所发生的经济行为对所有合伙人均有约束力。因此,合伙人之间较易发生纠纷。

合伙企业的主要优势如下。

(1)合伙企业的出资方式较为灵活，合伙人可以以劳务出资，因此合伙企业的资金来源更多元化。

(2)由于合伙人共同承担合伙企业的经营风险和责任，合伙企业的风险和责任相对于个人独资企业更加分散，这为合伙企业的稳定发展提供了保障。

(3)合伙企业无须缴纳企业所得税，只需将从合伙企业分得的利润与其他个人收入汇总后缴纳一次所得税即可，这为合伙企业节省了一定的税务成本。

（三）关于其他设立条件及资料

(1)有两名以上合伙人。自然人为合伙人时，应当具有完全民事行为能力。

(2)签署书面合伙协议。

(3)有合伙人认缴或实际缴付的出资。合伙人可以以劳务出资。

(4)有合伙企业的名称和生产经营场所。合伙企业名称中应当标明"普通合伙"字样。

(5)法律、行政法规规定的其他条件。

设立有限合伙企业的条件与设立普通合伙企业的略有不同。有限合伙企业的合伙人数量不能超过50人，且必须至少有一个普通合伙人。此外，有限合伙企业的名称中必须标明"有限合伙"字样。

五、个体工商户（个体户）

（一）概念

个体工商户是指在法律允许的范围内，依法经过核准登记，从事工商经营活动的自然人或家庭。

（二）主要特征及优势

(1)个体工商户的主体是个体劳动者，即"有经营能力的公民"。单个自然人申请成立个体工商户时，应当是16周岁以上有劳动能力的自然人。

(2)个体工商户可以由个人经营，也可以由家庭经营。申请登记为家庭经营的，作为主持经营者的个人应具备经营能力，其他家庭成员不一定都具有经营能力。个体工商户可以根据经营需要招用从业人员。

(3)个体工商户只能经营法律、政策允许个体经营的行业。

（三）其他设立条件及资料

(1)经营者签署的《个体工商户开业登记申请书》。

(2)经营者的身份证复印件；申请登记为家庭经营的，以主持经营者作为经营者进行登记，由参加经营的全体家庭成员在《个体工商户开业登记申请书》的经营者签名栏中签字确认。此外，还需要提交居民户口簿或结婚证的复印件，以作为家庭成员亲属关系证明，并同时提交其他参加经营的家庭成员的身份证复印件，以备案其姓名和身份证号码。

(3) 申请登记的经营范围中有法律、行政法规和国务院决定规定必须在登记前报经批准的项目的，应当提交有关许可证书或批准文件复印件。

(4) 经营场所使用证明。个体工商户以自有场所作为经营场所的，应当提交自有场所的产权证明复印件；租用他人场所的，应当提交租赁协议和场所的产权证明复印件；无法提交经营场所产权证明的，可以提交市场主办方、政府批准设立的各类开发区管委会、村居委会出具的同意在该场所从事经营活动的相关证明。

(5) 委托代理人办理登记手续的，应当提交经营者签署的《委托代理人证明》及委托代理人的身份证复印件。

本节总结： 不同类型的市场主体各有其优缺点，企业应根据自身情况进行选择。例如，个体工商户注册手续简便，但责任与个人财产相连，扩大经营时会受到资金和信誉等方面的限制；有限责任公司则可以解决以上问题，但注册和管理成本较高；股份有限公司更适合大型企业，但需要满足更高的注册条件和制度要求。在企业发展的不同阶段，不同的市场主体类型可能更适合当时的发展阶段，因此企业可根据企业发展需要对其市场主体类型进行转换。常见的做法是，将个体工商户转为有限责任公司，或者重新成立股份有限公司等，但这些转换也应考虑企业的实际情况和未来发展规划，无须一步到位。

第四节　企业开设流程

随着数字化技术的不断发展和"最多跑一次"等改革新举措的推出，企业的注册流程变得越来越简单和便捷。我国的一些地区已经实现了网上自主申报和"全流程"网上办理营业执照。本节介绍注册企业的过程中普遍涉及的问题，包括确定企业名称、注册地址和经营范围，办理银行开户，以及办理跨境电商企业所需的出口退税资质。此外，还将探讨大学生在创业过程中可能会遇到的问题。

一、企业名称的确定

企业名称的结构一般由四段构成：行政区划+企业字号+名称行业+组织形式。例如，浙江东海信息技术有限责任公司，该名称具体可分为①行政区划：浙江；②企业字号：东海；③名称行业：信息技术；④组织形式：有限责任公司。

确定企业名称时还需要注意不得含有下列内容和文字。

(1) 损害国家利益、社会公共利益的内容和文字；含有迷信、淫秽、暴力或不符合民族、宗教习俗等的内容和文字；

(2) 可能对公众造成欺骗或误解的内容和文字；

(3) 外国国家(地区)名称、国际组织名称；

(4) 政党名称、党政军机关名称、群团组织名称、社会组织名称及部队番号；

(5) 外文、字母和阿拉伯数字；

(6) 违背公序良俗的内容和文字；

(7) 其他法律、行政法规规定禁止的内容和文字。

在我国的一些地区，只要名称系统程序判断通过，就无须再经过人工审核。当企业在线上完成名称查重后，即可进入下一步填写基本信息流程。在填写完基本信息后，系统将为该企业保留已申请的企业名称，保留期为两个月。在这段时间内，企业可以完成设立申报工作。

二、注册地址及经营范围的确定

（一）注册地址的确定

企业的注册地址是指在营业执照上登记的"住址"。一般情况下，写字楼、商铺等商业地产是允许注册公司的，但不同地区对注册地址的要求也不同，需要根据当地工商部门的规定进行登记。普通住宅一般不允许作为企业的注册地址，但某些地区为支持大学生创业，允许大学生申请普通住宅作为企业的注册地址。申请的前提是需征得小区业主委员会的同意，并在小区内公告且承诺不会扰民，一旦出现投诉的情况则需无理由搬出。如果注册的企业具备生产性质，则工商部门对注册地址的要求会更高，因此企业需要提前准备消防许可、环保许可等证明。如果注册的企业具备食品销售、餐饮服务等功能，就需要提供食品经营许可证，哪怕仅在线上销售食品，在入驻电商平台时也需要提供食品经营许可证。此外，企业在选择注册地址时还需要考虑交通便利性、商业氛围、人流量等因素，以确保更好地开展业务。同时，企业还需要考虑租金、物业管理等成本因素，以确保经济效益。

企业的注册地址是企业运营的重要基础，需要认真选择和考虑，具体要求可以咨询当地工商部门或相关部门。

为了鼓励创新、创业，一些地区会为初创期的企业提供经济园区、开发区以供其使用，并为其提供政府扶持政策。如果企业在初创期资金紧张，则可以选择入驻创业孵化器（租用工位、集中办公），使用创业孵化器的地址办理企业营业执照。此外，在选择注册地址时，投资人需要长远规划，尽管后期可以通过工商变更来转换注册地址，但跨区域的税务变更手续比较复杂，因此需要提前全方位考虑。投资人需要比较各个区域的不同政策，以确定在哪个区域注册对企业最为有利。

（二）经营范围的确定

企业的经营范围是指企业在生产经营活动中，依法可以生产和经营的商品的具体类别、品种及服务项目。

企业的经营范围分为一般经营项目和许可经营项目。一般经营项目指的是取得营业执照后即可开展经营活动的项目；许可经营项目需要获得相关审批后，才可以取得营业执照并开始经营。许可经营项目的审批流程分为前置审批和后置审批两种。前置审批指的是需要经营比较特殊的行业或主营业务涉及许可的，必须经过相关部门审批后，才允许注册；后置审批指的是可以先注册，然后再去相关部门进行项目审批。例如，餐饮店经营范围中的"餐饮服务"，有这一经营范围的企业，通常需要在取得营业执照后办理食品经营许可证，才允许经营。通常，企业注册时都采用后置审批流程，经营者可以确定具体的经营范围后，再明确是否需要审批。

虽然绝大部分经营内容不需要审批,但这并不意味着经营内容越多越好。在选择经营范围时,企业需要注意以下几个方面。

1. 经营内容不是越多越好

有些企业为了方便后期业务的开展,会将所有能想到的经营内容都选上。然而,企业需要注意的是,某些经营内容无法享受税收优惠。如果加上这些经营内容,可能会影响其他经营内容享受税收优惠。因此,企业应根据实际业务发展需要,确定企业的经营内容。

2. 注意经营内容的填写顺序

如果企业需要从事多个行业的业务,则应将主营业务放在第一项。通常情况下,税务机关会将经营范围中的第一项经营内容作为企业所属行业。税务局在进行稽查时,会参照所属行业的水平来审核相关指标。如果填写顺序错误,就很容易增加被税务机关稽查的概率。

3. 考虑是否需要核定征收

核定征收是指由于纳税人的会计账簿不健全、资料残缺难以查账或其他原因,导致难以准确确定纳税人应纳税额时,由税务机关采用合理的方法,依法核定纳税人应纳税款的一种征收方式。核定征收方式包括定额征收和核定应税所得率征收两种征收方式。企业在纳税过程中,如果会计账簿不健全或资料残缺,导致难以准确确定应纳税额,则可以考虑采用核定征收方式。具体采用哪种方式,则需要企业根据自身实际情况进行选择。

(1)定额征收:直接核定所得税额。

(2)核定应税所得率征收:按照收入总额或成本费用等项目的实际发生额,根据预先核定的应税所得率计算缴纳所得税。

核定征收方式对于规模较小、难以获取成本费用的企业来说具有优势。例如,假设甲企业本期收入为100万元,但由于无法获取相关成本凭证,导致实际入账成本仅为20万元,因此账面利润为80万元。在这种情况下,如果按照利润来缴纳企业所得税(假设不存在纳税调整项目),企业所得税税率为25%,则需要缴纳20万元(80万元×25% = 20万元)的企业所得税。而如果按照收入进行核定征收企业所得税,税务机关核定的应税所得率为5%,则应缴纳的企业所得税为1.25万元(100万元×5%×25% = 1.25万元)。两种征税方式所缴纳所得税额相差了18.75万元,因此小型企业可根据企业自身实际情况,选择适合本企业的征税方式。

有些经营内容是不允许采用核定征收方式的,如专利代理、商标代理等。因此,如果需要申请采用核定征收方式的新设公司,一定要避免在经营范围中出现不允许核定征收的经营内容,否则将无法享受核定征收的优惠政策。

总之,在确定企业经营范围时,应以企业当前实际业务内容为主,将实际经营内容写入经营范围中。如果预计近期可能会涉及其他经营内容,则可以增加相应的经营内容,但需要注意的是,新增的经营内容必须符合核定征收的规定,以确保企业能够继续享受优惠政策。避免添加不符合核定征收要求的经营项目,以防影响企业享受优惠政策的资格。

(三)跨境电商企业的经营范围

需要从事跨境电商业务的企业,可以向工商和税务机关申请变更经营范围,添加"电子商务、进出口"等经营内容,在取得相应手续后,还需要申请自营进出口权。跨境电商企业的主要经营内容是商贸活动,但随着跨境电商业务的蓬勃发展,跨境电商企业所涉及的经营范围也越来越广泛,主要包括:①商贸活动(不含限制项目);②电商平台的技术开发、技术服务;③供应链解决方案设计;④进口产品展览、展示策划;⑤供应链管理;⑥数据库管理;⑦物流方案设计、物流信息咨询、商务信息咨询、企业管理咨询(以上均不含限制项目);⑧装卸、搬运业务;⑨报关报检代理;⑩广告业务(法律法规、国务院规定需另行办理广告经营审批的,需取得许可后方可经营);⑪票务代理;⑫国内贸易(不含专营、专卖、专控商品);⑬进出口业务(法律、行政法规、国务院决定禁止的项目除外,限制的项目需取得许可后方可经营)。

三、银行开户的办理

自 2019 年年底起,中华人民共和国境内合法设立的企业法人、非法人企业、个体工商户(以下统称企业)在取消企业银行账户许可的地区,开立、变更、撤销基本存款账户、临时存款账户,已从核准制度改为备案制度,中国人民银行不再核发开户许可证。也就是说,企业在取消企业银行账户许可的地区,开户许可证不再作为企业办理银行相关事务的证明文件或依据。企业申请开立基本存款账户、临时存款账户时,银行按规定完成开户审核后,即可为符合条件的企业办理开户手续。企业自开立银行结算账户之日起即可办理资金收付业务。

(一)开立企业银行账户所需资料

(1)营业执照及企业法人、非法人执照正本。

(2)法人身份证原件及代办人身份证原件。如果法人委托他人开户,则还需要出具法人授权书,但是有些银行需要法人亲自到场办理开户手续,不接受全程委托他人开户的情况。

(3)加盖公章的开户申请书。

(4)开户许可证原件(基本存款账户信息)、公章、法人章、财务章、经办人身份证原件。

(5)注册地址的租房合同,某些银行还需要提前到注册地址现场查看后才为企业办理开户手续。

(二)企业银行结算账户种类

1. 基本存款账户

企业必须开立基本存款账户,否则不允许在未开立基本存款账户的情况下开立其他银行账户。企业可以利用基本存款账户办理存取现金、划转款项、代扣款项等业务。此外,存款单位的现金支取只能通过基本存款账户进行。每个企业只允许在一家银行的一个营业机构开立一个基本存款账户,不允许同一企业同时开立多个基本存款账户。

2. 一般存款账户

企业可以在当地开立一般存款账户。企业可以通过该账户办理现金缴存、转账交易等业务，但不能支取现金。同时，企业也可以通过该账户办理代扣业务，如代扣税款等。

3. 临时存款账户

当企业在外地开展业务时，如需使用银行账户，则可申请办理临时存款账户。临时存款账户通常具备一般存款账户的功能，但需经过银行审批，且提取现金业务受一定限额的限制。临时存款账户是指存款人因临时需要，在规定期限内开立的银行结算账户。若存款人需要设立临时机构、异地临时经营活动或进行注册验资，则可申请开立临时存款账户。临时存款账户的有效期限最长不得超过两年。

4. 专用存款账户

专用存款账户是指存款人按照法律、行政法规和规章，对有特定用途的资金进行专项管理和使用而开立的结算账户。

企业在申请结算账户时，除了必须设立基本存款账户外，还可以根据企业自身情况，依法合规地开设其他类型的账户。然而，近年来，一些电商企业为逃避纳税义务，采取了规避手段。例如，部分企业将资金从第三方支付平台提现至一般存款账户，然后再以"备用金"名义转账至法人个人银行卡，以规避税收监管。在会计处理方面，这些企业通常只向会计人员披露基本存款账户信息，故意隐瞒一般存款账户的存在。这种操作虽然看似"聪明"，实质上却是"自欺欺人"。值得强调的是，所有银行账户，不论类型，均受中国人民银行备案监管。税务机关有权要求基本存款账户所在银行提供企业全部银行账户信息，以全面了解其账户设置情况。因此，企业隐匿一般存款账户的做法涉及较高的纳税风险。企业应切实遵守相关法律法规和规章，严格按照法定程序开设和使用银行账户。

四、出口退税资质的办理

跨境电商企业在经营过程中，可能还会涉及出口退税的问题。本书以杭州的跨境电商企业为例，介绍企业从开设起到办理出口退税资质的整体流程。

(1) 注册企业。在注册企业时，企业的经营范围必须涵盖"从事货物及技术进出口"等内容。

(2) 申请开通银行基本账户。若企业在经营过程中需要涉及外币汇款业务，则需要提前准备开通外币账户的资料，具体要求因银行的要求而异。

(3) 在国税局进行登记。只有法人本人到国税局进行实名认证后，方可购买税盘并申领发票。企业可在登记的当天申请为一般纳税人。

(4) 成功申请为一般纳税人后，可到国税局退税分局办理《出口退(免)税备案》资格认定。

(5) 办理对外贸易经营权登记，取得《对外贸易经营者备案登记表》。

(6) 办理海关注册登记，取得《中华人民共和国进出口货物收发货人报关注册登记证书》。

(7) 办理电子口岸备案，领取法人卡、操作员卡。
(8) 办理外管局货物贸易外汇收支账户申请及企业名录登记。
(9) 办理外汇账户。

五、大学生创业相关介绍

大学生创业是指在校大学生和刚毕业的大学生，以自主创业为主要方式的创业过程。在我国经济发展模式转型的大背景下，社会就业压力不断加剧，国家出台了相关政策，以鼓励大学生自主创业。2022年4月，中华人民共和国教育部发布了普通高校学生自主创业政策公告，并提供了税收优惠、担保贷款和贴息、资金扶持、工商登记、户籍、创业服务、学籍管理等多个扶持政策。这些政策旨在为大学生创业提供更多的支持和便利，降低创业风险和创业成本，促进创业创新，推动就业和经济发展。

（一）税收优惠政策

(1) 高校毕业生持人力资源和社会保障部门核发的《就业创业证》，在毕业年度内创办个体工商户的，可按照规定，在3年内以每户每年12000元为限额（最高可上浮20%，具体由各省、自治区、直辖市人民政府根据本地区实际情况确定）扣减其当年实际应缴纳的增值税、城市维护建设税、教育费附加、地方教育费附加和个人所得税。

(2) 对高校毕业生创办小微企业的，可按规定享受小微企业普惠性税费政策；对高校毕业生创办个体工商户的，对其年应纳税所得额不超过100万元的部分，在现行优惠政策基础上减半征收个人所得税。

（二）担保贷款和贴息政策

(1) 创业担保贷款和贴息支持。可在创业地申请创业担保贷款，最高贷款额度为20万元，对符合条件的个人合伙创业的，可根据合伙创业人数适当提高贷款额度，最高不超过贷款总额的10%。对10万元及以下贷款、获得设区的市级以上荣誉的高校毕业生创业者免除反担保要求；对高校毕业生设立的符合条件的小微企业，最高贷款额度提高至300万元，且财政部门按规定给予贴息。

(2) 申请创业担保贷款贴息的个人和小微企业，应向当地人力资源和社会保障部门申请资格审核。通过资格审核的个人和小微企业，可向当地创业贷款担保基金运营管理机构和经办银行提交担保和贷款申请。符合相关担保和贷款条件的，可以与经办银行签订创业担保贷款合同。

需要注意的是，申请创业担保贷款需要符合相关条件和审批程序。同时，政策实施的具体细节和适用范围会因地区而存在差异，因此在具体操作时需要提前了解和确认。

（三）资金扶持政策

(1) 免收有关行政事业性收费：毕业两年以内的普通高校毕业生从事个体经营的，三年内免收管理类、登记类和证照类等有关行政事业性收费。

(2) 求职创业补贴：对在毕业学年内有就业创业意愿并积极求职创业的低保家庭、贫困残疾人家庭、原建档立卡贫困家庭和特困人员中的高校毕业生，以及残疾和获得国家助学贷款的高校毕业生，给予一次性求职创业补贴。

(3)一次性创业补贴：对首次创办小微企业或从事个体经营，且所创办企业或个体工商户自工商登记注册之日起正常运营一年以上的离校两年内高校毕业生，试点给予一次性创业补贴。

(4)享受培训补贴：对大学生在毕业年度内参加创业培训的，按规定给予培训补贴。

(四)工商登记政策

简化注册登记手续：创办企业时只需填写"一张表格"，向"一个窗口"提交"一套资料"，登记部门直接核发带有统一社会信用代码的营业执照，做到"多证合一"。

(五)户籍政策

取消落户限制：高校毕业生可在创业地办理落户手续(直辖市按照有关规定执行)。

(六)创业服务政策

(1)免费创业服务：可免费获得公共就业和人才服务机构提供的创业指导服务。

(2)技术创新服务：各地区、各高校和科研院所的实验室，以及科研仪器、设施等科技创新资源可以面向大学生开放共享，并向其提供低价、优质的专业服务。

(3)创业场地服务：鼓励各类孵化器面向大学生创新创业团队开放一定比例的免费孵化空间。政府投资开发的孵化器等创业载体应安排30%左右的场地，用于免费提供给高校毕业生使用。有条件的地方可以对高校毕业生到孵化器创业给予租金补贴。

(4)创业保障政策：加大对创业失败大学生的扶持力度，按规定提供就业服务、就业援助和社会救助。毕业后创业的大学生可按规定缴纳"五险一金"。

(七)学籍管理政策

(1)折算学分：各高校需设置合理的创新创业学分，建立创新创业学分积累与转换制度，探索将学生开展自主创业等情况折算成学分。

(2)弹性学制：各高校可以根据情况建立并实行灵活的学习制度，可放宽学生修业年限，保留学籍以帮助其创新创业。

以上是中华人民共和国教育部发布的大学生创业支持政策。除此之外，不同地区也有相应的优惠政策。例如，杭州市截至2022年对符合条件的大学生创业者提供了一系列补贴政策，包括5000元的一次性创业补贴、最高20万元的大学生创业项目无偿资助、三年内最高10万元的经营场所房租补贴等。

需要注意的是，不同地区的大学生创业政策会随时变化，因此大学生创业者需提前查阅当地最新文件，了解相关政策、申请所需资料和流程，以便及时获得政策支持和优惠。

本节总结： 目前，各地区都在不断简化企业开设流程，使开设企业的流程变得越来越简单。市场上也有许多专业代理机构可以代办企业注册。在企业注册过程中，除需考虑确定企业名称、注册资本、注册地址及开户行等基本事项外，还需考虑一些重要问题。例如，企业类型、经营范围、股权结构、税务登记等都需要在注册过程中进行明确。此外，还需要了解并遵守相关法律法规。企业在注册前，应认真评估企业自身的发展需求和市场情况，选择适合企业自身的市场主体类型和经营范围，规划未来的发展方向和目标。一旦确定好企业基本事项和发展方向，企业就可以选择正规的代理机构代办企业注册，以获得高效、专业的服务。需要注意的是，企业注册是一个重要的法律行为，需要认真对待，以确保企业注册流程符合相关法律法规和政策要求，避免因操作不当而出现问题和风险。

第五节　发票的涉税问题

一、不合规发票的识别

发票作为会计的记账凭证，是交易凭证经过长期发展的产物。随着经济的发展，发票的功能、形式和内容也在不断改变。作为企业在实务中最常见的扣除凭证，发票对企业而言非常重要。因此，企业需要了解哪些发票属于不合规发票，以避免涉税风险。

（一）虚假发票

虚假发票的形式多种多样，防不胜防。如果企业将虚假发票确认为成本费用，则违反了税务相关规定，企业不仅需要补缴税款，还需要按具体情况缴纳滞纳金和罚款。为了避免这种涉税风险，企业可以通过国家税务总局的纳税申报网站查验发票的真伪。

（二）发票抬头不是本企业

对于发票抬头为其他企业或个人的发票，原则上不能确认为成本费用。然而，在实际业务中，需要根据具体情况进行判断。

如果发票抬头为个人，只要符合以下情况，就可以确认为企业的成本费用：(1)允许税前扣除的医药费票据；(2)机票、火车票和出差期间的人身意外保险费；(3)符合职工教育费范围内的职业技能鉴定、职业资格认证等经费支出；(4)员工入职前到医疗机构体检的体检费票据；(5)员工因公出差的票据，个人抬头的财政收据的签证费；(6)允许税前扣除的外籍人士的住房补贴，由于租房时是员工个人与业主签订的租赁合同，因此发票抬头为个人，员工可凭发票实报实销；(7)其他与经营相关的情况。

当发票抬头为其他企业时，如果是由于与其他企业共同接受应纳增值税劳务发生的支出，如写字楼里的水电费是共用的，需采取分摊方式进行分摊等情况，则企业应按照独立交易原则进行分摊，并以发票和分割单作为确认成本费用的凭证。

总之，发票抬头不是本企业的发票，并不一定不能确认为成本费用。首先企业需要确定该发票是否与本企业的经营相关，其次企业需要提供辅助证据以证明其相关性。如果满足条件，则可以考虑将该发票确认为本企业的成本费用。但是，最终是否可以在税前列支，还需要得到税务机关的认可。特别是对于超过上述范围的发票，如果入账后未得到税务机关认可，则可能需要进行纳税调整，并补缴企业所得税。

(三)发票抬头不完整、无纳税人识别号或统一社会信用代码

如果发票抬头不完整,或者发票上没有注明纳税人识别号(统一社会信用代码),一般不能作为成本费用确认的凭证。企业在索要发票时,务必提供准确的发票抬头及纳税人识别号,以降低涉税风险。

(四)以收据作为入账凭证

企业必须使用合规的发票和行政事业单位开具的行政事业性收费收据作为成本费用入账的凭证。以下收据可以作为证明经营业务发生的入账凭据,但不能确认为企业的成本费用:(1)内部收据,如材料领用、员工押金收取、员工退还的多余出差借款等;(2)单位之间发生的业务往来,如下属单位归还的借款等。

(五)向个人采购劳务取得的收据

根据国税总局公告 2018 年第 28 号《企业所得税税前扣除凭证管理办法》的规定,从事小额零星经营业务的个人,其支出应以税务机关代开的发票、收款凭证或内部凭证作为税前扣除凭证。同时,收款凭证上必须载明收款单位名称、个人姓名及身份证号、支出项目、收款金额等相关信息。如果个人与企业的交易金额低于 500 元,则属于小额经营行为,在这种情况下,提供业务的个人可以不代开发票,但需要向企业提供取得的收据、姓名及个人身份证号等相关信息。

如果个人与企业的交易金额超过 500 元,则企业为确认成本费用,就必须开具增值税发票,个人可以委托税务机关代开发票。然而,代开发票并不一定需要缴纳增值税。根据《增值税暂行条例实施细则》第三十七条,增值税起征点仅适用于个人,其幅度规定如下:(1)销售货物的,月销售额在 5000 元至 20000 元之间;(2)销售应税劳务的,月销售额在 5000 元至 20000 元之间;(3)按次(日)纳税的,每次销售额在 300 元至 500 元之间。因此,个人销售额未达到起征点的就不需要缴纳增值税,而销售额达到起征点的则需要全额缴纳增值税。

个人与企业之间的购销业务可以享受多种税收优惠政策。例如,2023 年,小规模纳税人月度销售额不超过 10 万元、季度销售额不超过 30 万元,则可以免征增值税。个人可以通过办理临时税务登记,享受该项免税优惠政策。如果个人销售的是免税农产品,也可以免征增值税。因此,企业大可不必担心增加成本而不索要正规发票,只有按规定确认成本费用,才能降低涉税风险。

二、跨境电商企业无票采购问题

如果跨境电商企业在采购时难以取得合规的发票,其所销售的货物在出口环节就无法享受退税政策。因此,跨境电商企业在供应商无法提供发票的情况下,如何合规操作是一个重要问题。以下介绍几种报关模式,企业可以根据自身实际需要进行选择。

(一)1039 报关模式

由于跨境电商个体工商户存在大量无票采购业务,因此 1039 报关模式适合市场采购

贸易方式的跨境电商个体工商户。

市场采购贸易方式是指在经过认定的市场集聚区采购商品，由符合条件的经营者办理出口通关手续的贸易方式。市场采购贸易方式的单票报关单的货值最高限额为15万美元。需要注意的是，以下出口商品不适用市场采购贸易方式。

(1) 国家禁止或限制出口的商品。

(2) 未经市场采购商品认定体系确认的商品。

(3) 贸易管制主管部门确定的其他不适用市场采购贸易方式的商品。

1039报关模式的优势主要如下。

(1) 免征不退：无须开具增值税发票，从而可以节省成本。通常情况下，企业如果在采购环节不开具采购发票，就无法报关出口，且需缴纳内销增值税。而1039报关模式允许跨境电商企业在出口报关时，即使没有增值税发票，也可以报关，并且免征增值税，但不退还已缴纳的增值税。

(2) 扩大报关限额：报关单所列商品货值从5万美元提升至15万美元，适用范围更广。

(3) 归类通关：出口货物按大类申报和认定查验，通关手续更加简便。

(4) 关务审核迅速：出口关务审核便利快捷，节省时间成本。

(5) 代收外汇创新：合法代收外汇，允许采用人民币结算，方便跨境电商企业的经营和管理。

以上优势使跨境电商企业在进行出口业务时更快、更便捷。跨境电商企业在符合相关政策的前提下，可以尝试使用这种方式报关。另外需要说明的是，无票采购虽然解决了跨境电商企业在出口环节的增值税"免征不退"问题，但并不能解决跨境电商企业在内销环节的成本确认问题。作为一家境内跨境电商企业，如果没有采购发票，就无法确认相关的成本费用，跨境电商企业的收入就会被转化为利润。因此，采用1039报关模式时，跨境电商企业需要缴纳的所得税可能会因此而增加。

(二) 9610、9710、9810报关模式

9610、9710、9810报关模式主要利用跨境电商综合试验区的核定征收政策。在跨境电商综合试验区内注册的跨境电商企业，其出口货物没有有效的进货凭证，且这些货物不属于财政部和税务总局根据国务院决定，明确取消出口退(免)税的货物。这些货物通过综合试验区所在地海关办理电子商务出口申报手续，适用无票免税政策。在综合试验区内核定征收的跨境电商企业采用应税所得率方式核定征收企业所得税，统一按照4%确定应税所得率。

9610是指海关总署在2014年发布的第12号公告中增列的海关监管方式代码。这种报关模式也称"集货模式"，主要是指B2C(企业对个人)出口。这种"集货模式"可以将商品化整为零，灵活便捷地满足境外消费者的需求，具有链路短、成本低、限制少等特点。该报关模式适用于境内个人或跨境电商企业通过电子商务交易平台实现交易，并采用"清单核放、汇总申报"模式为电子商务零售进出口商品办理通关手续。也就是说，"9610"出口就是境内跨境电商企业直接将商品邮寄到境外消费者手中。

9710简称"跨境电商B2B直接出口"，适用于跨境电子商务中的B2B(企业对企业)直

接出口的货物。境内跨境电商企业通过电商平台与境外企业达成交易后，通过跨境物流将货物直接出口至境外企业。

9810 是指跨境电商 B2B 出口海外仓，适用于境内跨境电商企业首先通过跨境物流将货物出口至海外仓，通过电商平台实现交易后从海外仓送达境外购买者。

采用以上模式可以有效减少跨境电商企业所得税的缴纳，但如果跨境电商企业平时不注意正常成本费用的列支，导致会计账面上利润较大，则可能会涉及股东分红、缴纳个人所得税等问题。

例 1-3：某跨境电商企业 2022 年 1 月收入为 50 万元，能够确认的成本为 20 万元，其余为无票成本。如果按照常规缴纳所得税的方式，该跨境电商企业需要根据净利润 30 万元（假定不存在纳税调整项目）来缴纳企业所得税，本期应纳企业所得税为 7.5 万元（30 万元×25%=7.5 万元）。如果按照上述核定征收的方式，该跨境电商企业直接按照 50 万元收入，基于 4%的应税所得率得出本期的应纳税所得额为 2 万元，再根据 25%的所得税税率，则本期应纳企业所得税为 0.5 万元。因此，在核定征收方式下，缴纳企业所得税的多少主要依据收入，而和企业的成本没有关系。然而，企业需要注意的是，即使使用了上述报关模式，企业会计的账面利润仍然是 30 万元。如果企业后期需要转让股权或解散，就需要首先处理账面上的利润，也就是股东需要先分红。而股东分红的行为就会涉及 20%的个人所得税，可能需要缴纳 6 万元个人所得税。

因此，即使企业使用了上述报关模式，会计的成本核算仍然非常重要。企业需要在平时注意成本费用的积累，将企业发生的成本费用及时入账，避免后期面临其他涉税问题。

三、电子发票介绍

自 2013 年国家税务总局在 8 个城市开展首批电子发票试点以来，电子发票凭借其实时性、交互性、低成本和易储存的优势，开始在全国范围内推广。2021 年 12 月，上海市、广东省、内蒙古自治区三地税务局开展了全面数字化的电子发票试点工作，即全电发票。全电发票的推广，全面推进了税收征管数字化升级和智能化改造，降低了征纳成本，促进了国家从"以票控税"到"以数治税"的转变。

全电发票是指全面数字化的电子发票。与传统电子发票的不同之处在于，全电发票依托全国统一的电子发票服务平台，为纳税人提供 24 小时在线的全电发票开具、交付、查验等免费服务，实现了发票全领域、全环节、全要素的电子化。

（一）全国统一电子发票服务平台

与纸质发票以实物形态流转的方式不同，全电发票的开具、流转、报销、入账等环节涉及全国区域内各类使用发票的单位和个人。只有建立功能完备、性能优越、覆盖海量用户的电子发票服务平台，才能支持全电发票在流转过程中发挥真正的优势。电子发票服务平台的建设是整个电子发票体系建设中至关重要的组成部分。2021 年 11 月，全国统一电子发票服务平台（以下简称"统一服务平台"）开始启动建设。统一服务平台按照标准规范，遵循一体化的建设要求,实现了全电发票的申请、开具、交付、确认、查验、抵扣、风险控制、决策指挥、服务保障等全流程、全生命周期的管理。这一举措打破了传统的因依托第三方发票服务平台而导致的各自为政、数据无法互通的困境,促使全电发票进一步流转和应用。

统一服务平台的推出,扫清了全国推行全电发票的障碍,从而不仅实现了全电发票的无纸化,更实现了电子发票管理系统的数字化。在此背景下,纸质发票将退出历史舞台,全电发票终将成为未来发票管理的主流趋势。

(二)全电发票的优势

1. 发票开具更便捷

全电发票不需要纳税人预先申领专用税控设备,实现了开业即可开票的"无缝衔接"。在后期的发票开具过程中,纳税人可以通过统一服务平台的客户端、移动端手机 App 随时随地开具全电发票。纳税人只需要登录统一服务平台,进行发票开具、交付、查验及用途等选项的勾选操作,无须登录多个平台就能完成相关操作。

2. 发票信息应用更广泛

全电发票具有全领域、全环节、全要素的特征,即无论是哪个行业、哪个环节,全电发票都将全面取代纸质发票。在未来,如车票、过路过桥票、停车票等多种形式的纸质发票,都会以全电发票形式交付。

全电发票无联次,基本内容包括型号、数量、税率等发票信息的全要素。统一服务平台将自动归集全电发票的数据,纳税人可以登录自己的税务数字账户,对全电发票进行查询、下载、打印等操作。

统一服务平台通过"一户式"和"一人式"的数据归集方式,实现各种税费数据的联动,为实现"一表集成"式税费申报预填服务奠定数据基础。

未来,财务软件将通过获取更准确的税费数据信息,并利用税务后台报税端口,最终实现企业一键式自主智能报税。

3. 允许全电发票以电子件形式保存,入账归档一体化

《财政部 国家档案局关于规范电子会计凭证报销入账归档的通知》(财会〔2020〕6 号)规定,仅使用全电发票电子件进行报销入账归档的,可不再另以纸质形式保存。按照此规定,全电发票在流转过程中,不再需要出现纸质版式,实现了全流程数字化流转。

4. 新增发票入账标识功能,解决重复入账问题

统一服务平台将为纳税人提供发票入账标识服务。当纳税人使用该服务时,系统将同步为发票赋予入账状态,供财务人员及时查验,避免重复报销或重复入账。

本节总结:发票是证明企业业务真实性、有效性的重要凭据。只有合规的发票才能确认为企业的成本。企业管理人员需要学会识别不合规发票。此外,我国出台了一系列优惠政策,以扫清跨境电商企业出口环节中的障碍。企业可以根据自身具体情况选择适合的优惠政策,以加速企业的发展。

思 考 题

1. 什么是注册资本？注册资本的作用是什么？如何确定适合企业的注册资本额？
2. 企业超支营运资金的处理方式有哪些？请分析各种处理方式的优劣。
3. 请简述设立有限责任公司的优缺点。
4. 请简述确定企业经营范围时需要注意的问题。
5. 请简述在哪种情况下，当发票抬头不是企业时也可以用于确认企业的成本。

第二章

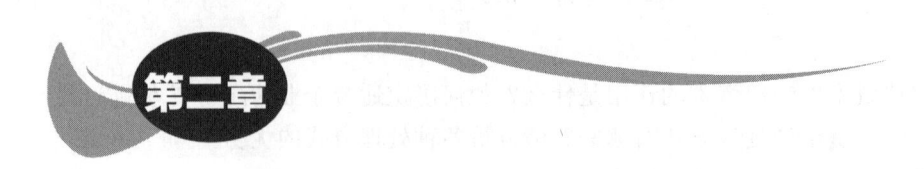

财务报表简介

针对非会计领域的从业者而言,他们或许没有时间和精力来深入学习会计核算方法,亦不必从基础开始学习财务领域的知识。因此,本章从宏观角度出发,帮助企业管理者全面理解财务会计的运作机制,掌握财务报表的解读方法。本章旨在基于财务工作的实际成果,介绍资产负债表和利润表的结构构成、财务报表中各项指标的会计核算细节及可能涉及的问题,以协助企业有效运用财务数据实现高效管理。在本章第六节中,还专门探讨了跨境电商存货业务的特殊性,以协助企业提升跨境电商存货管理的专业水准。

本章概览

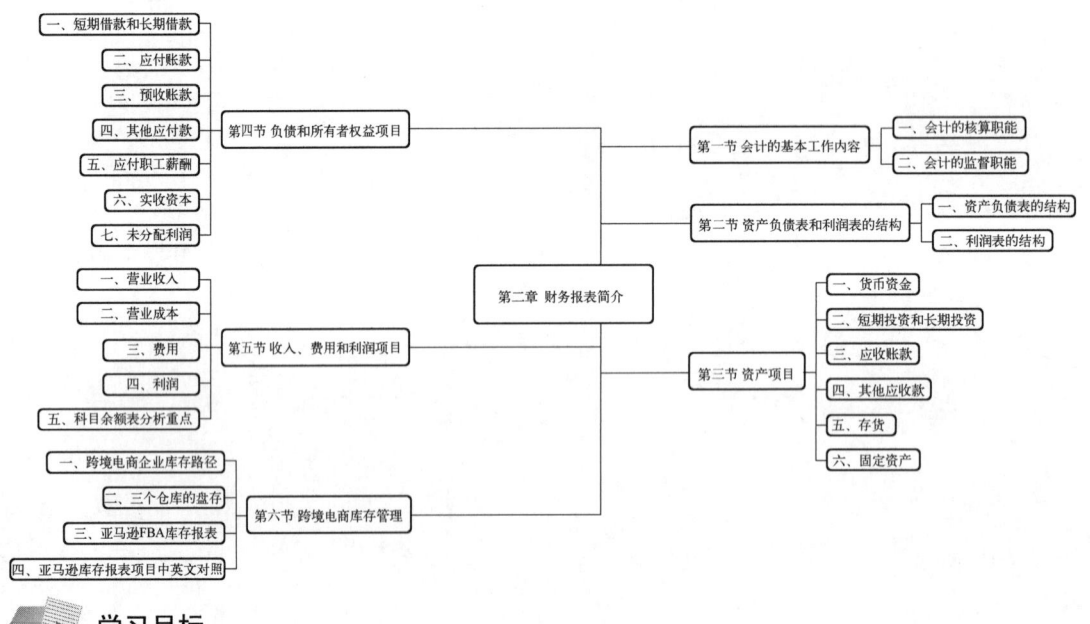

- 第一节 会计的基本工作内容
  - 一、会计的核算职能
  - 二、会计的监督职能
- 第二节 资产负债表和利润表的结构
  - 一、资产负债表的结构
  - 二、利润表的结构
- 第三节 资产项目
  - 一、货币资金
  - 二、短期投资和长期投资
  - 三、应收账款
  - 四、其他应收款
  - 五、存货
  - 六、固定资产
- 第四节 负债和所有者权益项目
  - 一、短期借款和长期借款
  - 二、应付账款
  - 三、预收账款
  - 四、其他应付款
  - 五、应付职工薪酬
  - 六、实收资本
  - 七、未分配利润
- 第五节 收入、费用和利润项目
  - 一、营业收入
  - 二、营业成本
  - 三、费用
  - 四、利润
  - 五、科目余额表分析重点
- 第六节 跨境电商库存管理
  - 一、跨境电商企业库存路径
  - 二、三个仓库的盘存
  - 三、亚马逊FBA库存报表
  - 四、亚马逊库存报表项目中英文对照

学习目标

了解会计的基本工作内容。

理解资产负债表和利润表的结构,掌握各项目之间的内在逻辑。

了解货币资金、短期投资和长期投资、应收账款、其他应收款、存货及固定资产等资产项目。

掌握在企业运营过程中，重点项目中可能存在的问题。

了解跨境电商企业存货管理。

第一节　会计的基本工作内容

会计到底是干什么的？一个企业，即便再小，也要有两个财务岗位，一个是出纳，一个是会计，出纳负责收钱和付钱，会计负责记录收钱和付钱的过程。企业为什么一定要将这两个岗位分开呢？这是因为这两个岗位都要负责与钱打交道的工作，内部控制很重要，企业需要牢牢记住一句话："管钱的不管账，管账的不管钱。"会计最基本的职能主要是核算和监督。

一、会计的核算职能

核算的步骤主要包括确认、计量、记录和报告。企业会计经常会收到各种发票和原始凭证，这些都是经济业务发生的证明。在进行会计核算时，会计人员首先要收集凭证，获取证明该业务发生情况的资料。其次，进行分类汇总工作，并需要分清哪些是成本费用、哪些是收入，还要负责计提工资等工作。最后，会计人员还应根据处理情况，将相关数据填写到对应的报表科目中。通过这样的核算工作，可以反映整个企业经济业务的来龙去脉。

例如，企业当月购买了一台价值5000元的计算机，这应作为企业的资产。通过进行账务处理，最终反映到报表科目中的固定资产上，当期固定资产增加了5000元。因此，会计的核算职能是通过账务处理，将账务处理结果反映到企业的报表上。企业管理者无须了解具体的会计核算过程，只需要知道这个经济业务的开始是购买了一台价值5000元的计算机，而这个经济业务的结果是报表科目中的固定资产增加了。

二、会计的监督职能

会计是以货币为主要计量单位，反映和监督企业的经济活动的一种经济管理工作。通俗地讲，会计就是紧紧盯着企业的钱（资金），通过记录企业资金在企业各部门（采购部、销售部、仓库、人事部、生产车间、资产管理部门等）之间的流转，监督各个部门发生的支出，帮助企业对各部门业务进行管理。所以，会计对企业而言并不是简单的记账、收钱、发钱，而是非常重要的一项经济管理工作。

本节总结：企业管理者学习财务知识的主要目的应该定位在读懂财务报表方面，并需要从财务工作的结果出发，通过分析财务报表展示的数据来完成对企业的管理和监督。企业财务报表（资产负债表和利润表）主要由六个会计要素组成，包括资产、负债、所有者权益、收入、费用和利润。了解清楚构成企业财务报表的六个会计要素，有利于企业管理者完成企业的经济管理工作，并深入了解企业有多少资产、欠了多少钱、股东投资了多少、是否有利润产出、现金是否充沛……最终可以通过这些会计信息做出有效的经济决策。

第二节　资产负债表和利润表的结构

一、资产负债表的结构

首先需要明确的是资产负债表是一张时点报表。以表 2-1 为例，该资产负债表反映的是 2022 年 12 月 31 日的企业资产、负债和所有者权益的状况。该资产负债表仅反映了这一时刻企业的财务状况，如果时间不同，企业的财务状况就会不同。资产负债表的左侧是企业所拥有的资产、右上方是负债、右下方是所有者权益。资产负债表左右两侧的合计数是相等的，即"资产=负债+所有者权益"，这是一个非常有用的公式，该公式称为会计恒等式。会计恒等式是指各个会计要素在总额上必须相等，它揭示了各会计对象要素之间的联系，是复式记账和编制会计报表的理论依据。

表 2-1　资产负债表

编制单位：杭州***科技有限公司　　　　2022 年 12 月 31 日　　　　　　　　　　单位：元

资产	行次	期末数	年初数	负债和所有者权益	行次	期末数	年初数
流动资产：				流动负债：			
货币资金	1	310433.56	270544.22	短期借款	31		
短期投资	2			应付票据	32		
应收票据	3			应付账款	33		
应收账款	4	16698.00	13998.00	预收账款	34	186169.17	149817.17
预付账款	5	17409.83	25309.83	应付职工薪酬	35		73861.48
应收股利	6			应交税费	36	1663.04	11573.59
应收利息	7			应付利息	37		
其他应收款	8	275200.00	215200.00	应付利润	38		
存货	9			其他应付款	39	17543.01	20184.87
其中：原材料	10			其他流动负债	40		
在产品	11			流动负债合计	41	205375.22	255437.11
库存商品	12			非流动负债：			
周转材料	13			长期借款	42		
其他流动资产	14			长期应付款	43		
流动资产合计	15	619741.39	525052.05	递延收益	44		
非流动资产：				其他非流动负债	45		
长期债券投资	16			非流动负债合计	46		
长期股权投资	17	300000.00	300000.00	负债合计	47	205375.22	255437.11
固定资产原价	18	207050.15	196682.17				

续表

资产	行次	期末数	年初数	负债和所有者权益	行次	期末数	年初数
减：累计折旧	19	106428.89	94645.92				
固定资产账面价值	20	100621.26	102036.25				
在建工程	21						
工程物资	22						
固定资产清理	23						
生产性生物资产	24			所有者权益(或股东权益)：			
无形资产	25			实收资本(或股本)	48	300000.00	300000.00
开发支出	26			资本公积	49		
长期待摊费用	27			盈余公积	50		
其他非流动资产	28			未分配利润	51	514987.43	371651.19
非流动资产合计	29	400621.26	402036.25	所有者权益(或股东权益)合计	52	814987.43	671651.19
资产总计	30	1020362.65	927088.30	负债和所有者权益(或股东权益)总计	53	1020362.65	927088.30

(一)资产

资产是指能够用货币表现的经济资源，是能够入账且在报表中反映的经济资源。根据流动性的强弱，即变现能力的强弱，将资产分为流动资产和非流动资产。资产主要包括货币资金、各种债权、存货、固定资产、无形资产及对外投资等。例如，企业从银行借入1000万元，在企业的银行账户上就会增加1000万元，这就说明企业的资产增加了1000万元。但是，企业管理者还需要知道这个资产是从哪里来的。由于该资产是借入的，因而企业的负债也增加了1000万元。也就是说，从银行借入1000万元这个经济事项，不仅导致企业的资产增加了1000万元，而且也导致企业的负债增加了1000万元。因此，当企业管理者看到企业的资产增加时，就要联想到企业的负债或所有者权益是否也增加了，反之亦然。只有全局性地看待企业资产的增加或减少，才能真正明白会计是如何通过记账工作，反映经济业务的来龙去脉的。

(二)负债和所有者权益

企业资产的来源不外乎两种：要么是借来的，也就是企业的负债；要么是自己的，也就是企业的所有者权益。负债是企业从各类债权人处获得的资源，包括向银行借款、拖欠供应商的应付账款、职工垫付的款项、次月需要缴纳给税务机关的税款等。根据偿还速度或偿还时间的长短，负债可以分为流动负债和非流动负债。流动负债是指一年以内需要偿还的负债，长期负债是指一年以上需要偿还的负债。需要注意的是，有些负债需要偿付利息，而有些负债在一定期限内不需要偿还利息(如应付账款、应交税费等)。

所有者权益是指企业从股东那里获得的资源，主要包括股本和资本公积，代表股东对企业的投资；盈余公积和未分配利润可以视为企业的利润积累。所有者权益实际上是资产减去负债后的一种剩余权益，因此也被称为"净资产"。资产负债表中的资产反映了企业所拥有的资源的规模和结构，而资产负债表中的负债和所有者权益则反映了支撑企业资产来源的资金结构。企业的所有者和债权人都是企业资金的提供者，因此二者对企业资产都有要求权。但所有者权益和债权人权益之间存在很大的区别，主要的区别如下。

(1)性质不同：负债是企业对债权人负担的经济责任，债权人有优先获取企业用以清偿债务的资产的要求权；所有者权益则是指企业的所有者对剩余资产的要求权，这种要求权在清偿债务的先后顺序上滞后于债权人。

(2)权利不同：债权人只拥有对企业用以清偿债务的资产的要求权，而没有经营决策的参与权和收益分配权；所有者则可以参与企业的经营决策及收益分配。

(3)偿还期限不同：企业的负债通常都有约定的偿还日期；所有者权益在企业的存续期内一般不存在约定的偿还日期，是企业的一项可以长期使用的资金，只有在企业清算时才予以偿还。

(4)投资风险不同：作为投资人，投资债权获取的利息一般是按一定利率计算、预先可以确定的固定金额，无论企业是否盈利均应按期付息，所以投资风险较小；投资股权获得多少收益，则视企业的盈利水平及经营政策而定，所以投资风险较大。

(5)计量方式不同：负债必须在发生时按照规定的方法单独予以计量；所有者权益则不必单独计量，而是对资产和负债计量后形成的结果。

二、利润表的结构

利润表属于一种时段报表，反映了企业在特定时间内所获得的利润。表 2-2 展示了某企业在 2022 年 1 月 1 日至 2022 年 12 月 31 日整个年度的经营成果。在我国，利润表通常采用多步式结构，按照顺序列出企业的收入和相关成本费用，计算营业利润，再加上营业外收入，减去营业外支出，得到利润总额，最后减去所得税费用，得出净利润。通过分析利润表中的不同收入项目和费用项目，可以了解企业的收入来源和支出情况，因此利润表具有重要意义。

表 2-2　利润表

编制单位：杭州***科技有限公司　　　　2022 年 12 月　　　　　　　　　　　　单位：元

项目	行次	本年累计金额	本期金额
一、营业收入	1	457963.97	166316.96
减：营业成本	2	168308.01	
税金及附加	3	1.73	1.73
其中：消费税	4		
营业税	5		
城市维护建设税	6	1.73	1.73
资源税	7		
土地增值税	8		
城镇土地使用税、房产税、车船税、印花税	9		
教育费附加、矿产资源补偿税、排污费	10		
销售费用	11	20560.16	140.04
其中：商品维修费	12		

续表

项目	行次	本年累计金额	本期金额
广告费和业务宣传费	13	20000.00	
管理费用	14	123655.58	10986.53
其中：开办费	15		
业务招待费	16	766.00	442.00
研究费用	17		
财务费用	18	310.44	204.00
其中：利息费用(收入以"-"号填列)	19	-110.56	
加：投资收益(损失以"-"号填列)	20		
二、营业利润(亏损以"-"号填列)	21	145128.05	154984.66
加：营业外收入	22	5163.36	
其中：政府补助	23	5163.36	
减：营业外支出	24	6.25	6.07
其中：坏账损失	25		
无法收回的长期债券投资损失	26		
无法收回的长期股权投资损失	27		
自然灾害等不可抗力因素造成的损失	28		
税收滞纳金	29		
三、利润总额(亏损总额以"-"号填列)	30	150285.16	154978.59
减：所得税费用	31	6948.92	
四、净利润(净亏损以"-"号填列)	32	143336.24	154978.59

本节总结：在企业财务报表中，资产负债表和利润表是最基础的报表，这两张报表反映了企业最基本的财务状况和盈利能力。这两张报表的项目余额是企业会计做账后的结果反映，企业管理者可以通过分析这两张报表中的项目来了解企业的基本财务情况。资产负债表和利润表包括六个会计要素(资产、负债、所有者权益、收入、费用和利润)。在本章的第三节至第五节中，将结合跨境电商企业业务的特殊性，介绍资产负债表和利润表中的重点项目，并探讨企业经营过程中可能存在的问题，以帮助企业管理者提高财务管理能力。

第三节 资产项目

一、货币资金

(一)货币资金的概念

货币资金以货币形态表现，具有很强的流动性，是唯一能够直接转化为其他任何资产形态的流动性资产，也是最能代表企业现实购买力水平的资产。企业必须拥有一定数量的货币资金，才能确保生产经营活动的正常进行。货币资金的数量是保障企业偿债能力与支付能力的重要指标。

货币资金一般包括企业存于银行或其他金融机构的存款，以及本票和汇票存款等可以立即支付或使用的资金。具体地讲，货币资金包括库存现金、银行存款和其他货币资金。

（二）货币资金在企业经营过程中可能存在的问题

1. 货币资金出现负数

企业账面变成负数、资金倒挂……这都是企业财务管理混乱的表现。

通常，企业会面临如下两种情况：企业管理者认为"自己的钱就是企业的钱"，当企业需要支付货款时，企业管理者通常直接使用自己的钱支付货款，而企业账面上并没有足够的货币资金可以用于支付货款；企业管理者认为"企业的钱就是自己的钱"，当企业收到货款时，企业管理者并没有将货款入账，而是自己直接使用了，这种情况导致货款未及时入账。以上两种情况经常会导致企业账面上的货币资金不足。

2. 库存现金过大

初创期的企业常常面临这样一种现象：账面上显示有大量库存现金，但实际上企业并没有这么多资金。为什么会出现这种情况呢？以一个例子来说明，企业管理者私自从企业中提取现金用于采购货物，但由于各种原因没有获得正规的发票，会计人员无法确认这笔支出，导致企业管理者提取的现金只能记录在账面上。此外还有一种情况，股东从银行提取了现金，但如果将这些现金确认为分红，则需要缴纳20%的个人所得税，如果股东不愿意缴税，则会计人员无法自行处理这笔现金，因此只能将其挂在账面上，"自欺欺人"地认为这笔现金仍然保存在保险柜中。因此，当一个企业的库存现金过多时，有理由怀疑企业存在变相分配和非正常支出的情况。

这种现象对企业的财务状况和经营管理产生了重要影响。过多的库存现金可能意味着企业存在着管理不善和潜在的税务问题，甚至可能涉及欺诈行为。因此，股东、投资者、审计师及监管机构都应对此进行密切关注，以便及时发现并解决任何不正常的情况。了解并解决这些问题，可以确保企业的财务透明度，增强财务诚信，保护投资者和企业的整体利益。

3. 频繁在银行开户、销户

多数企业管理者并不精通财务管理业务，但是为了能够节约成本，他们不愿意聘用专业的会计人员。在与客户开展销售业务时，客户将款项汇至企业银行账户，但又不愿意交税，于是有些企业管理者为了规避税务机关的稽查，频繁地在银行开户、销户。税务机关只要到企业的开户银行调取信息，就能够获得企业所有开户行的信息。因此，这种频繁在银行开户、销户的行为很容易引起税务机关的关注，怀疑企业存在偷税漏税的情况，进而开展稽查工作。

（三）跨境电商企业货币资金的管理问题

1. 资金结算复杂

对于跨境电商企业而言，如何有效管理资金回款是一个难题。尤其是在B2C模式下，由于很多跨境电商企业采用电商平台（又称"第三方平台"）提供的工具进行结算，而第三方平台上的应收账款余额是实时更新的，但由于不同的资金回款时间不同，就导致第三方平台上的应收账款余额与企业账面上的金额不一致。此外，一些跨境电商企业可能在亚马逊、eBay等多个第三方平台上同时运营，这就使得企业账号增多，管理难度加大。

2. 银行存款涉及多币种核算

对于跨境电商企业而言，其银行存款记录往往涉及多个银行的流水和多种的币种。为了准确记录这些信息，企业管理者或会计人员需要借助财务软件的辅助核算功能，将币种、收款账号、现金流量辅助项等作为辅助核算的内容进行记录。这种做法的好处是，可以精确地记录整个收款情况，方便进行后续的账务处理。举例来说，某个跨境电商企业可能有美元、人民币、欧元等不同币种的账户，通过财务软件的辅助核算功能，该企业可以在企业经营过程中进行分类核算，仅需在期末进行调汇操作即可完成相应调整。

3. 增加第三方支付工具

随着第三方支付工具的兴起，跨境电商企业在收款方式上面临着一些变化。银行存款和库存现金已经不再是跨境电商企业主要的收款方式，取而代之的是更多的第三方平台提供的收付核算工具。特别是对于跨境电商企业而言，更多的收付款都是通过第三方平台提供的收付核算工具进行的。因此，为了进行准确的核算，跨境电商企业需要利用"其他货币资金"这个核算科目。该核算科目主要用于记录跨境电商企业在第三方平台上的流水明细，如跨境电商企业在亚马逊等第三方平台收到的款项和支付的款项。为了方便后期管理，会计人员可以按照原币种对各个款项进行核算，并对不同的第三方平台和企业的账号进行分类核算。这样，企业管理者就能够清楚地了解本企业的收款和付款情况。

当跨境电商企业同时在多个平台运营，并且涉及多个国家的跨境业务时，会计人员应该尽可能详细地设置核算科目。只有详细核算，才能实现逐一对应账目的核对。因此，即使在初创期，跨境电商企业也应规范设置会计科目，并尽量要求会计人员将核算科目设置得详细一些。

目前，大部分在线财务软件都提供了辅助核算的功能，可以完全满足企业的核算要求，会计人员可以关注这方面的功能。

二、短期投资和长期投资

（一）短期投资和长期投资的概念

短期投资是指能够随时变现并且企业持有时间不超过1年的投资，包括股票、债券、基金等。长期投资是指企业持有一年以上的对外投资，即不准备在一年之内变现的投资。

（二）企业初创期可能存在的问题

企业在初创阶段经常会面临一系列问题。其中一个普遍存在的问题是，企业管理者的管理意识不强，往往将股东个人的投资行为与企业的投资行为混淆。例如，股东可能会动用企业资金进行个人投资，并将其视为企业的投资行为。然而，必须明确的是，个人投资行为和企业的投资行为是不可混为一谈的。

另一个可能存在的问题是，企业只关注投资行为而忽视了投资收益的确认。例如，虽然企业可能持有短期或长期投资，但从未确认应收股利、应收利息等，这可能引起税务机关的关注，怀疑企业是否存在偷税漏税的情况。

对于跨境电商企业而言，涉及海外投资的操作非常复杂，这里不再展开讨论。

三、应收账款

(一)应收账款的概念

应收账款是企业资产负债表上非常重要的一个资产项目，代表企业应收而未收的货款（销售行为已经发生，发票已经给客户开具）。在会计实务中，应收账款主要包括企业销售商品或产品、提供劳务而应向客户收取的商品价款，应收取的增值税销项税及为客户垫付的运杂费等。这些款项对企业的现金流和经营状况有着重要的影响，因此应收账款的管理和催收工作也显得尤为重要。

(二)应收账款可能存在的问题

1. 余额出现负数

如果应收账款的余额出现负数，则可能是因为应收款项冲销"过头了"，说明不是对方欠企业钱，而是企业欠对方钱。这种情况可能是由于有预收款项或企业没有及时确认收入，未按规定给客户开具发票所导致的。因此，企业应该加强对应收账款的管理，及时核对账目，确保账目准确无误，以避免应收账款的余额出现负数。

2. 款项长期挂账

如果企业存在超过一年仍未收回的货款，则可能存在两种原因：一种原因是，钱款实际上早已收到，但是没有冲销应收账款，此时需要企业加强应收账款的管理，确保账目准确无误；另一种原因是，企业虚构了某个经济业务，存在虚开发票的嫌疑，导致这类应收账款永远也无法收回，在这种情况下，应收账款很难冲销，只能长期挂账。虚开增值税发票的行为是违法的，如果涉案金额巨大、性质恶劣，还会涉及刑事处罚。因此，企业必须加强内部控制，确保财务管理合规。

(三)跨境电商企业应收账款的管理

应收账款与货币资金一样，都是企业非常重要的资产项目之一。对于跨境电商企业而言，应收账款的核对过程非常复杂但又非常重要。由于跨境电商企业在多个第三方平台上进行销售，因而资金都是通过第三方平台提供的收款工具收取的。然而，通过第三方平台提供的收款工具收取的资金存在到账周期。因此，企业未收回的那一部分款项就会被视为应收账款。

对于跨境电商企业来说，资金从客户付出到最终成为跨境电商企业真正的销售收入，中间需要经过多个环节，如退换货、确认收货、货款提现等。同时，跨境电商企业将货物发送给海外客户时，运输时间很长，这就增加了客户确认收货的时间，导致付款周期延长。

即使货款已经由客户付出并已到达第三方平台提供的收款工具，但由于第三方平台设定的回款周期和会计的做账周期不一致(如亚马逊规定的回款周期一般是 14 天，其欧洲站点允许跨境电商企业不定期自行提款，但是会计的做账周期固定是一个月)，因而会增加应收账款的核对难度。此外，只要跨境电商企业在第三方平台上发生销售回款、退款等资金变动，第三方平台的应收账款余额就会实时变动。又由于第三方平台的各个站点位于不同时区，这也增加了跨境电商企业核对应收账款的难度。在这种情况下，跨境电商企业需要加强对应收账款的管理，以确保账目准确无误，并避免出现漏收款或重复收款的情况。同时，跨境电商企业还应及时与第三方平台提供的收款工具核对账目，以确认资金的流转和到账情况。

核对应收账款的工作是非常重要的，这直接影响跨境电商企业的销售款项能否真正转化为销售收入。如果跨境电商企业不重视应收账款的核对工作，销售款项未能及时收回，那么即便跨境电商企业的营销做得再成功，销售量再大，跨境电商企业的资金流也会存在断裂的危险，其经营也难以长久维持。所以，为了便于核对账目，跨境电商企业应要求会计人员细分应收账款明细科目，尽量将明细科目与不同的第三方平台和店铺相对应，实现对账和冲销的便利，从而帮助企业管理者分析期末应收账款明细账的余额，清楚了解未收回的款项，并及时采取相应的回款措施。

通过细致地设置明细科目，跨境电商企业可以更好地跟踪不同第三方平台和店铺的应收账款情况，确保账目的准确性和及时性。这种精细化的管理方式有助于企业提高对应收账款的监控和控制能力，减少漏收款或重复收款的风险，确保销售款项能够及时、准确地转化为销售收入，维持企业的正常运营和健康发展。

当跨境电商企业在不同时区的站点同时运营时，会计人员可以根据跨境电商企业实际运营情况，选择在同一固定时段导出不同第三方平台的后台数据。这样做可以确保会计人员在同一时间段内获取各个平台的交易数据，并进行核对和记录。在导出数据时，会计人员需要确保交易时间的精确性，精确到分钟级别，从而可以准确地记录每一笔交易，并确保账目的准确性，以避免出现重复记账或漏记账的情况。

此外，会计人员还应注意确认数据导出的完整性，确保所有交易数据都被正确导出并进行核对。会计人员可以通过数据验证和比对，如比对各个平台的交易总额，以确保数据的一致性和准确性。这样的操作能够提高核对的准确性，并确保跨境电商企业的财务管理工作顺利进行。

(四) 预留金额

预留金额是指第三方平台冻结在该平台进行销售的跨境电商企业账户中的资金，以用于支付潜在的或已发生的与买家争议的相关款项。在支付完相关款项后，如果第三方平台判定不再需要再预留款项，则会将预留金额的余额返还给跨境电商企业。通常情况下，第三方平台不会扣压跨境电商企业的资金。然而，如果跨境电商企业的退货率较高、货物存在质量安全等问题，或者跨境电商企业自发货后客户确认收货的周期经常比较长，则第三方平台就可能预留一部分资金以作为交易的保障。

在计算期末应收账款时，跨境电商企业需要考虑预留金额的因素，以确定是否将其作为应收账款的一部分。通常，预留金额需要被排除在应收账款范围之外，因为这部分资金并不是跨境电商企业已经确认收取的销售款项。跨境电商企业应根据第三方平台的政策和实际情况对预留金额进行预判，并相应调整应收账款。通过对预留金额的预判和排除，跨境电商企业可以更准确地计算应收账款，确保财务报表准确及时地反映实际销售收入的情况。这有助于企业更好地管理和控制应收账款，确保资金的正常流转和健康经营。

四、其他应收款

(一)其他应收款的概念

其他应收款与应收账款所核算的内容却完全没有重合。其他应收款主要用于核算除正常经营业务外的应该收取而尚未收到的款项，包括各种应收赔款、备用金、应收包装物租金、应收各种赔款或罚款、应向职工收取的各种垫付款项等。

非会计人员经常将应收账款和其他应收款混淆，这主要是因为他们对核算的内容了解不够。通俗地讲，应收账款核算的是在正常经营过程中，与销售过程相关的应该收取而没有收到的款项；而其他应收款核算的是正常经营业务外的应该收取而没有收到的款项，如员工出差预支的差旅费、保险公司应赔偿的保险金等，这些款项都属于其他应收款的核算范围。例如，如果企业因为各种原因预支了某笔款项，但由于没有相关的发票可用于确认成本，会计人员只能将该款项登记在其他应收款科目下。然而，这种做法可能导致其他应收款账户中的余额过大，从而带来税务风险。

为了避免这种情况，企业应加强对其他应收款的管理，具体措施包括确保预支款项的合规性和合理性，及时核实和追踪相关发票，以减少其他应收款的余额。此外，企业还应确保准确计提坏账准备，及时清理无法收回的其他应收款项，以保持财务状况的准确性和健康性。

总之，企业应当加强对应收账款和其他应收款的区分，理解二者的核算范围和含义，并采取相应的管理措施，以确保财务报表的准确性和合规性。

(二)其他应收款长期大量挂账的问题

其他应收款属于流动资产，理论上应该在一年内就能够被收回，如果将这些款项长期大量挂账，其原因有可能是股东以个人名义借款、关联企业白条借款等。当股东和关联企业需要向企业拆借资金时，若拆借程序正规，则这些款项应该被登记在短期借款科目下，而不是登记在其他应收款科目下。短期借款和其他应收款之间最大的区别是，短期借款是需要支付利息的，而其他应收款不需要支付利息。另外，一些股东在拆借资金后并不打算归还，其原因是他们认为企业是自己的，企业的钱就是自己的钱，这种想法是完全错误的。

根据财务的规范和原则，企业应准确核算和披露其他应收款和短期借款，确保财务报表的准确性和合规性。如果存在股东以个人名义借款或关联企业白条借款等情况，则应对相应款项进行明确区分，并正确登记在相应的科目下，以保证财务信息的真实性和透明度。

同时，企业应加强对资金运作的管理，确保资金的使用符合法律法规和企业管理的要求，以维护企业的利益和长期稳定发展。

企业通过经营产生的利润并不全部属于企业的股东。在产生利润后，企业首先需要缴纳企业所得税。例如，某企业产生了 100 万元的利润，根据 25%的企业所得税税率，该企业需缴纳 25 万元的企业所得税，剩下的净利润为 75 万元。然而，如果该企业打算将这 75 万元平均分给 5 位股东，每位股东并不能获得 15 万元。在分红之前，该企业还需要按照 20%的个人所得税税率代股东缴纳个人所得税。扣除个人所得税后，可供分配给所有股东的总额为 60 万元，因此每位股东只能获得 12 万元。这就意味着，该企业产生了 100 万元的营业利润，最终能够分配给股东的总额是 60 万元。在分配过程中，100 万元的利润需要缴纳 25 万元的企业所得税和 15 万元的个人所得税。因此，有些企业可能会将款项登记为其他应收款，以便将资金转移并分配给股东，以实现分红并避免缴纳个人所得税的目的。然而，这实际上是一种股东的变相分红。如果其他应收款超过一年且被股东占用并不归还，就会被视为股东的变相分红。税务机关将追缴相应的个人所得税，并进行相应的处罚。因此，在企业财务管理中，应注意合规操作，遵守税法规定，确保准确申报和缴纳所得税，以维护企业的合法权益和税务的合规性。

其他应收款长期挂账的情况可能被视为虚假注资和抽逃资金，这是一种违反财务规定和法律法规的行为。

注册资本和注册地是企业创办时需要解决的重要问题，注册资本是企业开展经营活动和承担法律责任的保证。在某些国家规定需要实缴注册资本的行业（如影视行业，需要相应的许可证），投资者可能会通过借款的方式以满足注册资本的要求，并在完成企业验资后使用各种手段将资金提取出来以归还借款。这样，资金从账面上被转移到其他应收款中，形成了其他应收款的长期挂账的情况。这种做法严重违反了财务规定和法律法规，可能会引发税务机关的调查和处罚。税务机关发现企业存在其他应收款长期挂账的情况时，有理由怀疑企业可能存在虚假注资和抽逃资金的行为。为确保合规经营和遵守法律法规，企业应当遵守相关财务规定，准确记录和披露企业的财务状况，合法合规地处理注册资本和资金的注入和使用情况。如果企业需要借款以满足注册资本的要求，则应确保相关借款和还款程序合法合规，避免任何违规行为的发生。

五、存货

（一）存货的概念

存货是指企业在日常经营活动中持有的、用于出售的产成品或商品，处于生产过程中的在产品，在生产过程中或提供劳务过程中耗用的材料和物资等。根据存货的具体内容和性质，可以将其划分为原材料、在产品、半成品、产成品/商品、周转材料等不同种类。存货通常具有较高的流动性，预计在一年内会被消耗、出售或转化为现金、银行存款或应收账款等。因此，存货属于流动资产的一部分。在大多数企业中，存货占据了流动资产中的重要比重，是流动资产的关键组成部分。

有效管理存货对企业的经营和财务状况至关重要。合理的存货管理可以确保企业供应链的顺畅运作，避免过度的或不足的存货库存，最大限度地提高企业资金的周转效率，并减少存货的损耗和过期风险。同时，存货的准确计量和评估也对企业的财务报告和决策提供了重要的信息。

（二）跨境电商企业存货管理中可能存在的问题

对于跨境电商企业而言，存货管理非常重要，也是最容易出现问题的资产之一。以下是两个常见的问题。

1. 账实不符

存货账实不符是指企业库存账面记录的库存量和实际的库存量不一致。在跨境电商企业中，由于存在海外仓、复杂的供应链和物流环节，且涉及多个仓库和物流渠道，可能导致存货的进出、损耗和过期等情况没有被及时准确地记录和处理，从而导致账面库存与实际库存存在差异。这种账实不符现象可能会导致库存管理混乱，影响跨境电商企业财务报告的准确性和经营决策的可靠性。

2. 库存量过大

跨境电商企业中，一些企业为了增加进项抵扣，可能会采取虚构经济业务的手段增加库存量。因虚构经济业务造成的虚构库存只存在于账面上，无法真实销售和结转成本，这样就会导致账面库存量过大。这种行为可能会被税务机关视为不正当的增值税抵扣行为，引起关注和审查。过大的库存量也会对跨境电商企业的资金周转和经营效率造成负面影响。

综上所述，跨境电商企业应建立有效的库存管理制度，加强内部控制，确保库存记录的准确性和及时性，确保准确记录库存的进出，避免库存过剩或不足的情况发生。同时，跨境电商企业需要关注商品的品质和保质期，避免存货过期或损坏。有效的库存管理系统和流程可以帮助跨境电商企业实时跟踪库存状况，并及时采取补充或调整措施。同时，跨境电商企业要遵守相关税法法规，进行合规经营，避免出现不当的库存操作和虚构业务的行为。

（三）跨境电商企业的存货管理

对于具备轻资产的商贸企业性质的跨境电商企业来说，存货管理是其资产管理中的关键环节，因为存货往往占据了跨境电商企业资产的绝大部分比重。跨境电商企业的存货仓库通常不仅包括国内仓库，还涉及FBA仓和海外第三方仓库等。此外，跨境电商在第三方平台销售的产品的规则繁多、数据量庞大，这使得跨境电商企业难以准确进行盘点工作，增加了存货管理的复杂性。

针对跨境电商企业存货的特点，会计人员在进行核算时应充分利用第三方平台提供的相关成本报表，根据本企业销售产品的品类和仓库等因素，设定明细科目以进行核算。本书将在随后的内容中介绍如何对跨境电商企业的存货进行核对和管理，并提供相应的方法和指导。

在存货管理过程中，跨境电商企业需要考虑以下几点工作内容。

（1）设立明细科目：根据存货的品类、仓库等因素，设置明细科目，以便更好地追踪和核算存货的数量和金额。

（2）利用平台数据：充分利用第三方平台提供的数据报表和功能，结合本企业财务系统，及时获取存货的相关成本和销售数据。

（3）定期盘点：根据本企业实际情况，制订合理的存货盘点计划，定期对存货进行盘点，确保账面库存与实际库存一致，并及时处理损耗和过期存货。

（4）内部控制：建立有效的内部控制机制，确保存货的采购、入库、出库和销售等环节的准确性和规范性，防止存货出现遗失、损毁和盗窃等问题。

（5）风险管理：对存货管理中存在的潜在风险进行评估和控制，包括库存过大、滞销品过多、库存损耗等，采取适当的措施以降低风险。

通过科学的存货管理，跨境电商企业可以提高资产利用率、降低存货风险、确保财务报表的准确性，从而为跨境电商企业的可持续发展提供有力支持。

六、固定资产

（一）固定资产的概念

固定资产是企业生产经营过程中的重要劳动资料，能够在多个生产经营周期中发挥作用并保持其原有的实物形态，但其价值会随着损耗而逐渐减少。这部分减少的价值以折旧的形式，被分期转移到产品成本或费用中，并通过销售收入进行补偿。固定资产是企业持有一年以上的有形资产，通常分为六大类别：房屋和建筑物、一般办公设备、专用设备、文物和陈列品、运输设备、图书。

固定资产折旧是财务核算的重要环节，通过根据固定资产的使用寿命和残值计算折旧费用，并逐期转移至产品成本或费用中，能够准确反映固定资产的价值减少和使用情况。企业应建立健全资产管理制度，包括固定资产的登记、分类、估值、折旧计算和报废处理等环节，以确保固定资产的合理利用和准确核算。同时，企业应遵守相关法律法规和会计准则的要求，确保固定资产的报表披露符合规定。规范的固定资产管理能够有效控制资产风险、提高资产利用效率，为企业的经营和发展提供有力支持。

（二）跨境电商企业固定资产的管理

对于具备轻资产的商贸企业性质的跨境电商企业来说，容易忽视对固定资产的管理，因此可能导致以下问题。

1. 账实不符

跨境电商企业为了增加成本，可能会虚增固定资产。例如，将个人使用的电脑、空调、洗衣机、冰箱纳入企业名下。虽然某些固定资产可以用于为员工提供福利，但如果跨境电商企业的账面上存在过多不合理的资产就是不合规的，如一家出售服装的跨境电商企业的账面上有多台冰箱。此外，跨境电商企业为了增加成本可能会滥用加速折旧，即在短期内摊销完成本，以实现增加当期成本费用的目的。这样的操作会导致账面上的资产与实际资产不符。

2. 随意变更折旧年限

税法和会计准则对固定资产有最低折旧年限的规定。然而，一些企业为了增加成本，可能会随意变更折旧年限以增大折旧率，这是不被税法和会计准则允许的。税法规定了固定资产的最低折旧年限，如房屋和建筑物的最低折旧年限为20年；飞机、火车、轮船、机器、机械和其他生产设备的最低折旧年限为10年；与生产经营活动有关的器具、工具、家具等的最低折旧年限为5年；除飞机、火车、轮船外的运输工具的最低折旧年限为4年；电子设备的最低折旧年限为3年。企业不应随意变更折旧年限以追求其利益需求。

3. 资产处置时，清理手续不完备

跨境电商企业在进行资产处置时，会涉及缴纳增值税、企业所得税等相关税费。如果跨境电商企业随意处置资产，清理手续不完备，就可能存在漏交所得税的情况。

因此，跨境电商企业需要重视固定资产管理，并避免出现上述问题。

本节总结： 资产管理对于跨境电商企业而言非常重要，主要包括货币资金、往来款项、存货和固定资产的管理。

(1) 货币资金管理：结合跨境电商的结算特点，确保资金流转的及时性和准确性。注意管理跨境支付账户和银行账户的资金，并进行有效的资金调配和风险控制。

(2) 往来款项管理：重点在于及时核对明细账，确保在记录与供应商和客户之间的往来款项时准确无误。避免出现长期挂账或逾期未结的情况，及时追踪和核销款项。

(3) 存货管理：应特别关注在途及海外仓存货的管理，确保账面数据与实际情况相符。注意及时结转存货成本、处理损耗和过期货物，保持存货管理的准确性和及时性。

(4) 固定资产管理：重点在于账实相符的管理，避免虚增固定资产、随意变更折旧年限等情况的发生。确保固定资产清晰登记，正确计提折旧，严格控制资产的处置和变更手续。

跨境电商企业需要重视资产管理，合规运营，确保资产信息的准确性和财务数据的可靠性，从而有效管理企业的经营风险和提升经营效率。

第四节 负债和所有者权益项目

一、短期借款和长期借款

（一）短期借款和长期借款的概念

短期借款是指借款期限在一年以内的借款方式。短期借款主要用于满足企业短期资金需求。通过短期借款，企业能够在亟需流动资金时快速获取资金，并减少利息支出。长期借款是指借款期限超过一年的借款方式。长期借款主要用于满足企业长期资金需求，弥补企业流动资金的不足，如用于购置设备、建造厂房等。长期借款的优势在于企业可以利用这些资金来抓住发展机遇，同时还能分散偿还压力。此外，长期借款到期时间较长，偿还压力相对较小，企业既可以获得一笔长期的资金，又无须分享企业的控制权，是企业需要大量资金时不错的选择。

无论是短期借款还是长期借款都会产生利息支出，这些利息支出属于企业的财务费用，可以在税前利润中列支。当企业盈利时，利息支出可以减少企业所得税的缴纳，为投资人增加现金流。

综上所述，短期借款和长期借款在企业资金管理中发挥着不同的作用。短期借款可以满足企业短期资金需求，而长期借款则可以满足企业的长期发展和资本投资需求。合理运用借款可以帮助企业提高资金利用效率和经营的灵活性。

(二)短期借款和长期借款可能存在的问题

无论是短期借款还是长期借款，在管理时都会存在一些常见问题。

1. 无借款协议，不产生利息费用

如果在企业的财务报表中显示存在短期借款或长期借款，但实际上企业并没有签订借款协议或产生相应的利息费用，则可能意味着企业存在虚构借款或股东变相分红的嫌疑。

2. 漏交印花税

印花税是针对签订具有法律效力的凭证行为征收的一种税费，因其在应税凭证上粘贴印花税票作为完税标志而得名。通常，企业认为只有在购销过程中才需要缴纳印花税。然而实际上，在签订借款合同时也需要缴纳相应的印花税。因此，当企业签订短期借款合同或长期借款合同时，都需要缴纳相应的印花税。

以上这些问题的存在可能导致企业面临法律和税务风险。为了避免这些问题，企业在进行借款时应确保签订合法的借款协议，并按规定缴纳相关的利息费用和印花税。同时，建议企业与专业的财务顾问或会计师合作，以确保借款过程的合规性和准确性。

二、应付账款

(一)应付账款的概念

应付账款是指企业在购买材料、商品或接受劳务供应等经营活动中尚未支付的款项。应付账款代表了企业的债务，因此需要根据供应商提供的发票或账单记录，并按照事先约定的支付条件和期限进行付款。应付账款的管理对于企业的资金流动和财务状况具有重要意义。

(二)应付账款长期大量挂账的问题

企业在采购货物时，为了证明采购货物的真实性并确认其作为成本的有效性，一般需要满足"三流一致"的要求，即货物流、资金流和发票流必须形成完整的闭环。具体来讲，企业在采购货物时，需要有货物的运输发票或清单，有相应的资金支付记录，以及收到正规的货物发票等。

一些企业为了夸大成本、冲减收入、减少企业所得税的缴纳，可能会虚构经济业务。由于这些虚构的经济业务没有实际支付款项，就会导致应付账款长期挂账且金额庞大。因此，长期挂账的应付账款可能存在接受虚开发票冲抵成本的情况。

企业可以存在应付账款，但如果由于虚构经济业务而将虚构的支出挂到应付账款科目下，只是为了达到账面平衡，这是不正确的做法。税务机关之所以关注"三流一致"，是因为这样可以证实经济业务的真实性。如果企业能够证明货物流、资金流和发票流的一致性，并提供相应的证据，那么这个经济业务就可以被证实。

三、预收账款

（一）预收账款的概念

预收账款是在买卖双方商定的情况下，购货方提前支付一部分货款给供应方，从而使供应方形成的负债。预收账款可能存在两种情况，一种情况是购货方支付了定金或保证金，另一种情况是供应方已经收到全部货款，但尚未开具发票。对企业而言，由于企业会计尚未将预收账款确认为收入，因而预收账款就是一种负债。

（二）预收账款长期挂账的问题

在正常的资金往来中，企业存在预收账款是正常的，但预收账款的挂账时间一般不会超过一年。如果预收账款的余额过大且挂账时间较长，则可能存在以下两种情况。

(1) 企业财务管理不善，导致预收账款实际上早就应该确认为收入，但却没有进行冲销。

(2) 企业在主观上不愿意冲销预收账款，导致存在收入的延迟确认和未及时缴纳税款等问题。

长期挂账的预收账款可能引发财务和税务上的问题，因此企业应注意及时核销预收账款，确保财务记录准确。

四、其他应付款

（一）其他应付款的概念

其他应付款是指除短期借款、应付票据、应付账款、应付职工薪酬、应交税费、应付利润及预提费用外，各种在一年内偿付的款项。这些款项可能包括出租、出借包装物所收取的押金等。

简单地讲，其他应付款是指除正常经营业务外应支付但尚未支付的款项。因此，企业在确定一笔款项的入账问题时，首先需要判断该款项是否属于应付账款，如果不是，则很有可能是其他应付款。

（二）其他应付款可能存在的问题

1. 余额负数或长期挂账

如果其他应付款科目中出现负数余额，就说明该款项应被归类为其他应收款。为了避免这种情况的发生，企业的会计人员应经常检查和分析科目余额表，以确定是否存在不合理的负数余额。如果发现问题，则应及时查找原因并进行相应的调整。此外，如果其他应付款长期挂账，即在资产负债表上长期出现负数余额，则可能表明存在股东以个人名义借款或关联企业之间的借款情况。

2. 漏交印花税

在一些情况下，其他应付款可能是由于无借款合同而产生的债权债务关系。然而，即使没有正式的借款合同，相关的债务交易也可能需要缴纳印花税。因此，企业在处理其他应付款时，需要留意是否有缴纳印花税的义务，并确保及时履行相关税务义务。

五、应付职工薪酬

(一) 应付职工薪酬的概念

应付职工薪酬是企业在职工提供服务后，应支付给职工的各种形式的报酬或补偿的负债项，包括企业支付给职工的工资、薪金、津贴、补贴，以及各种福利费用。企业应明确职工的范围不仅应包括企业的全职员工，还应包括与企业订立劳动合同的所有人员(全职、兼职和临时职工)，既有企业正式任命的人员，还有向企业提供类似职工服务的人员(如通过企业与劳务中介公司签订用工合同而向企业提供服务的人员)。因此，应付职工薪酬还应该包括企业支付给上述所有人员的工资薪金，包括短期薪酬，离职后福利，辞退福利，其他长期职工福利，给职工配偶、子女、受赡养人、已故员工遗属及其他受益人等的福利。

在应付职工薪酬中，最常见的是短期薪酬，指的是企业在职工提供相关服务的年度报告期间结束后的十二个月内需要支付的职工薪酬。

合理的薪酬范围包括以下内容：

(1)职工工资、奖金、津贴和补贴；
(2)职工福利费；
(3)医疗保险费、养老保险费、失业保险费、工伤保险费和生育保险费等社会保险费；
(4)住房公积金；
(5)工会经费和职工教育经费；
(6)非货币性福利；
(7)因解除与职工的劳动关系给予的补偿；
(8)其他与获得职工提供的服务相关的支出等。

(二) 应付职工薪酬可能存在的问题

应付职工薪酬可能存在以下问题。

1. 虚列人工工资

有些企业可能会将非企业员工列为企业员工，并虚构支付工资的记录，以确认人工成本。这些非企业员工既没有与企业签订劳动合同，也没有相应的考勤记录，这种行为会为企业带来严重的涉税风险。

2. 不缴纳社保

某些企业在用工过程中违反相关法律法规的要求，与员工私下约定只发放工资而不缴纳社会保险。这样做不仅不能保障员工的权益，而且企业与员工签订的不缴纳社保的书面约定也不受法律保护。按照法律规定为员工缴纳社会保险是企业的责任，企业必须遵守相关规定。企业合规为员工缴纳社会保险不仅可以避免不必要的劳动争议，还可以在员工发生工伤等问题时获得财务上的保障。

3. 超范围发放福利

根据相关税法规定，福利发放应在一定的范围内进行。职工福利费包括为职工提供卫生保健、生活、住房、交通等方面的各种补贴和非货币性福利，如职工因公在外地就医费用、未实行医疗统筹企业职工医疗费用、职工供养直系亲属医疗补贴、供暖费补贴、职工防暑降温费、职工困难补贴、救济费、职工食堂经费补贴、职工交通补贴等。然而，一旦超出这个范围，企业就不能将超范围发放的费用列支为职工福利费。

以下是一些不属于职工福利费科目的例子：

(1) 退休职工的费用；

(2) 被辞退职工的补偿金；

(3) 职工劳动保护费；

(4) 职工在病假、生育假、探亲假期间领取的补助；

(5) 职工的学习费；

(6) 职工的伙食补助费。

六、实收资本

(一) 实收资本的概念

实收资本是指投资者投入企业的各种财产。作为企业注册登记的法定资本总额的来源，实收资本反映了所有者对企业的基本产权关系。实收资本与注册资本并不完全相同，注册资本是法律上的强制性要求，而实收资本是企业在实际业务中，根据法律规定进行的资本实际缴纳情况。例如，某有限责任公司的注册资本为100万元，但该有限责任公司的公司章程规定注册资本可以分5年缴纳，每年缴纳20万元。在这种情况下，该有限责任公司的注册资本始终为100万元，因此该有限责任公司承担的有限责任的金额也是100万元。而实收资本则随着股东缴纳资金逐步增加，直到全部缴足为止。当100万元资金全部缴足后，注册资本和实收资本才会相等。

在企业生产经营过程中，企业可能会通过利润留存、股权融资等方式增加资本，导致实收资本超过注册资本。这时，企业应向原登记主管机关申请变更登记，以确保企业的资本结构符合法律规定。另外，企业还可以通过将资本公积转增资本的方式增加实收资本，但需要遵守相关法律法规的规定。

(二) 实收资本可能存在的问题

1. 实收资本账实不符，存在虚假出资的可能

如果企业实收资本账实不符，则可能存在虚假出资的情况。虚假出资是指企业股东采

用虚假手段或违反法律规定，使企业实收资本与注册资本不符。例如，企业股东将借款作为注册资本，但实际上并未真正出资，或者在企业成立后将注册资金抽走，这些行为属于虚假出资、抽逃注册资金。

2. 股东变更后漏交税款

在企业运营过程中，若发生股东变更，则企业应及时在账务上进行处理，并缴纳相应的税款，同时还应前往工商部门进行变更登记并缴纳相关税款。这里主要指的是原股东需要缴纳的个人所得税。如果企业存在未分配利润，股东变更就相当于原股东将自己的股份转让给新股东，其中包括原股东享有的未分配利润转让给新股东。在这个过程中，原股东需要针对未分配利润及时缴纳个人所得税。

七、未分配利润

（一）未分配利润的概念

未分配利润是指企业实现的净利润经过弥补亏损、提取盈余公积和向投资者分配利润后留存在企业的、历年结存的利润，它是企业留待以后年度分配或待分配的利润。

未分配利润有两层含义：一是指企业留待以后年度处理的利润；二是企业暂时未指明特定用途的利润。相对于所有者权益的其他部分来说，企业对于未分配利润的使用有较大的自主权。

简单地讲，未分配利润是指企业在扣除各项费用和税金后，剩余的利润留存在企业内部，尚未分配给股东或用于其他用途。这部分利润可以用于企业的再投资、分配给股东或留作备用金等。

例如，假设某企业的收入为200万元，成本费用为100万元，计算得到利润为200万元减去100万元，等于100万元。如果该企业需要缴纳所得税25万元，则净利润为100万元减去25万元，等于75万元。若企业将20万元作为分红给股东，则剩余的55万元（75万元–20万元=55万元）即为未分配利润。

（二）未分配利润可能存在的问题

1. 三年以上一直为负数

通常，人们普遍认为，企业在刚开始运营时可能会投入大于产出，因此未分配利润为负数是正常现象。然而，如果企业持续超过三年，未分配利润均为负数并仍能继续经营，就可能存在异常情况。这可能是由于企业的实际收入未及时入账，或者成本被虚增，未能真实反映企业的利润状况。

2. 负数金额过大

有些企业的未分配利润负数金额过大，甚至超过实收资本的金额，这表明该企业累计亏损严重，已经亏空了所有的注册资本。如果这是实际情况，则说明该企业的资本已经全部亏损，无法维持正常经营，应该考虑是否还需要继续经营。经营状况如此不好的企业若还在继续经营，就可能有以下两种情况。

第一种情况，财务报表上反映的经营状况不真实，存在隐匿收入或其他财务不端行为。这可能导致未分配利润负数金额看起来很大，但实际情况并非如此。

第二种情况是未分配利润负数金额反映的是真实的经营状况，企业确实在经历持续亏损。如果企业打算继续经营，就必须充实资本，即增加注册资本，否则可能无法通过工商年检。

本节总结：负债主要包括借款、往来款项及一些自发性负债（如应付职工薪酬、应交税费等）。对于这些科目的管理，企业需要根据具体的经济业务情况来确定管理重点。企业应重点关注虚列支出、漏交税款等问题，以避免因负债管理不善给企业带来财务风险。对于所有者权益，需要关注的重点在于实收资本和未分配利润两个科目。企业应重视实收资本与注册资本的相关性。同时，企业还应关注未分配利润长期为负的情况，及时调整经营策略，提高盈利能力，以避免未分配利润负数金额过大。

第五节　收入、费用和利润项目

利润表是一张重要的财务报表，具有多步式结构。利润表反映了企业在一定期间内的收入、成本和利润情况。填写利润表的过程可以展示整个利润的计算过程。通过分析利润表了解企业的盈利能力、收入来源、成本支出和经营状况，是企业管理者进行决策的重要依据。

在利润表中，需要关注的重要项目包括营业收入、营业成本、费用和利润。

一、营业收入

营业收入是利润表中的一个重要项目，它表示企业在经营过程中，通过销售商品、提供劳务或让渡资产使用权等方式所获得的收入。

（一）收入的概念

收入是指销售商品收入、提供劳务收入和让渡资产使用权收入等。根据企业经营业务的主次不同，收入可以划分为主营业务收入和其他业务收入。

销售商品收入的一般确认原则如下。

(1) 企业已将商品所有权的主要风险和报酬转移给购货方。

(2) 企业既不保留与所有权相联系的管理权，也不对已售出的商品实施控制。

(3) 与交易相关的经济利益很可能流入企业。

① 与交易相关的经济利益主要表现为销售商品的价款；

② 企业售出的商品符合合同或协议规定的要求，并已将发票交付给购货方，购货方也承诺付款，即表明销售商品的价款能够收回；

③ 如企业判断价款不能收回，则应提供可靠的证据。

(4) 相关收入和成本能够可靠地计量。

① 收入能否可靠地计量，是确认收入的基本前提；

② 成本不能可靠地计量，即使其他条件均已满足，相关收入也不能被确认。

(二)收入确认可能存在的问题

1. 客户没有索要发票,企业就不确认收入

通常,企业会认为只有开具发票才能够确认为本企业的收入。实际上,企业应意识到,即使没有开具发票,经济业务确实发生时,仍可以确认无票收入,即企业自主申报相关收入即可。对于跨境电商企业,即使境外客户没有要求开具发票,跨境电商企业也应该确认相关的无票收入,并申报纳税。因此,企业应该重视无票收入的确认和申报工作,以避免财务风险。

2. 不考虑税收问题

有些企业在定价时,只考虑货物本身的采购成本,而没有考虑相关税费。如果企业在销售过程中没有合理计算税费和合理纳税,那么有可能加上销售的税费后导致交易没有利润空间,甚至可能出现亏损。在跨境电商领域,各国第三方平台越来越注重税费合规的操作。随着税务机关加强监管和信息共享,跨境电商企业通过合理避税来实现低价优势的可能性越来越小。因此,跨境电商企业需要重视税费缴纳问题,并进行合规操作,综合考虑相应的税费成本对企业的影响。

3. 不关注业务内容,不细分税率

各国的税率都有多个档次,如在我国,标准税率是 13%,而农产品的税率是 9%。此外,一般纳税人和小规模纳税人的税率也不同,小规模纳税人还可以享受 3% 或 5% 的优惠税率。因此,企业在开展经济业务时,必须关注经济业务的内容,根据经济业务的内容细分税率,避免税率不当的情况。如果企业没有细分税率,无论是就高缴税,还是就低缴税,税务机关都将对其进行处罚或要求其补税。

(三)跨境电商企业收入的特殊处理

1. 统一主营业务收入口径

企业收入中最重要的部分是主营业务收入,主营业务收入主要核算的是企业的销售收入。对于跨境电商企业而言,需要注意统一确认收入的口径,以确保收入确认前后的一致性,从而实现可比性。因此,跨境电商企业需要统一确认收入的口径,这意味着需要考虑是按照第三方平台的结算报告时间还是发货时间来确认收入。不同的时间点可能会对收入的确认产生影响,因此企业需要明确本企业确认收入的原则,并在财务管理过程中进行一致应用。

为了能够更好地核对账目,建议跨境电商企业要分别针对不同的第三方平台上的账号进行辅助核算,并尽量使用原币种进行核算。在期末结算时,如果涉及不同币种之间的兑换,还需要进行外币调汇,以确保核算的准确性。此外,跨境电商企业还要综合考虑含税收入和不含税收入、时区和时差等问题。

2. 细分退货、退款的处理

退货和退款是商贸企业无法回避的问题,也是跨境电商企业在经营过程中经常遇到的问题。跨境电商企业在处理退货和退款时,需要注意以下几点。

(1) 如果发生退货和退款的情况，则需要同时冲销收入和冲减成本。这是因为退货和退款会对财务报表产生双重影响，所以需要同时调整销售收入和相关成本。

(2) 如果发生只退款不退货的情况，则可以只冲销收入，而不冲减成本。因为在这种情况下，商品并未返回企业，成本并没有发生实质性变化。这个做法和传统企业是一样的。但需要注意的是，如果是海外仓发货的情况，则应在海外仓收到退货时冲减成本；而如果是退回到国内的自发货形式，则应在国内收到退货时冲减成本。

二、营业成本

(一) 营业成本的概念

营业成本是指在正常经营业务过程中产生的合理成本。企业合理合规地确认营业成本非常重要，只有符合规定的正常合理的营业成本，才能在税前列支，以达到节税的目的。

(二) 营业成本可能存在的问题

1. 采购货物或服务时没有索要发票

成本的确认是一个非常敏感的问题。企业在采购货物时，如果要求对方开具发票，对方可能会额外计算相关税费并要求企业支付这部分费用。某些企业可能会选择不索要发票，这样的做法虽然可以避免支付额外的税费而节省成本，但违反了税务和会计准则的规定。企业在采购货物或服务时，如果选择不索要发票，将导致无法正常确认采购成本。企业应该重视合规操作，确保合法索取发票并按规定确认采购成本。

2. 公私不分的费用冲抵

有些企业在财务核算时将个人消费的费用，如在超市购物的发票、开车加油的油费发票等，作为企业费用来冲抵企业的成本，这是一种不合规的行为。企业应确保财务公私分明，将个人消费和企业成本明确区分开来，遵循准确的成本确认原则。

3. 成本列支结构不合理

企业在列支成本时，应按照实际业务内容和相关成本支出的性质进行合理的分类和确认。如果企业将与实际业务不符的成本发票列支为成本，就会导致成本列支结构不合理。这种情况可能会影响企业财务报表的准确性和真实性。

(三) 成本的合理性

合理确定成本是企业财务管理的重要任务之一。每个企业所从事的经济业务各不相同，因此其成本的构成也呈现出个性化的差异。例如，制造企业可能具有较高的库存成本，而高新科技软件开发企业可能人工成本占比较大。同样，对于一家专营鞋类的企业而言，过多地列支采购衣服的成本发票就是不合理的，而对于一家专营服装的企业而言，其成本应主要是衣服。因此，企业首先需要明确哪些成本能够纳入其账务处理中，并可以被确认为企业的成本。确认成本是否合理需要考察其是否真实反映了企业的经济业务情况，这是成本能否被确认为企业成本的基本标准。成本的合理性主要体现在内容合理和结构合理两个方面。

1. 内容合理

营业成本是企业在正常经营业务中产生的合理成本。任何与企业正常经营业务相关的成本和费用都可以被列为营业成本。例如，对于两家软件开发企业，A 企业因为业务范围涉及全国，所以差旅费用较高；而 B 企业只在本地开展业务，所以差旅费用较少。在这种情况下，A 企业的差旅费用较高是合理的。

2. 结构合理

结构合理是指企业的成本项目构成比例合理。例如，对于一家跨境电商企业，销售货物所产生的成本应占主要比例，其次是人员工资、销售广告费等。如果某电商企业销售货物的成本几乎为零，而成本为办公用品费、差旅费等，就会被认为是不合理的。这可能是因为企业为了节约采购成本而没有索要发票，进而无法正常确认成本，只能用其他成本费用来冲减收入。

总之，什么成本能够入账、什么成本不能够入账，最清楚的应该是企业的管理者，因为他们最了解企业的经营模式和经营状况。

（四）跨境电商企业主营业务成本的核算方法

在库存成本的核算过程中，常用的方法包括移动加权平均法、月末一次加权平均法、先进先出法和个别计价法等。在选择核算方法时，需要确保前后的连贯性，避免随意变更，并根据实际情况进行选择。

对于跨境电商企业而言，需要在不同的第三方平台和账号下进行独立的成本核算，将特定的第三方平台和账号相关的成本与相应的销售收入进行配对。这样可以帮助企业管理者更准确地了解每个第三方平台和账号的盈利情况，以确保收入和成本相互匹配，并为决策提供准确的数据依据。

三、费用

（一）费用的概念

费用可以分为广义和狭义两种。广义的费用中不仅包括期间费用，还包括主营业务成本、其他业务成本、营业外支出等；狭义的费用主要是指企业的期间费用。

期间费用是指企业日常经营活动中发生的无法分摊到特定产品成本中的费用，应直接计入当期损益，以减少当期利润。例如，企业的宽带费、水电费、购置办公用品、广告费等费用，很难分摊到每个产品的成本中，但这些费用确实是为了企业的正常经营活动而发生的。这些费用应直接计入期间费用项目，并作为当期损益，最终扣减利润。

因此，营业成本和期间费用最大的区别是，营业成本发生后将被计入产品的成本中，并以资产的形式存在，直到产品被销售后才会被确认为当期的成本并扣减当期利润；而期间费用一经发生，即被确认为企业的费用并扣减当期利润。

期间费用主要包括管理费用、财务费用和销售费用。这些费用是企业日常经营活动中的支出，无法直接归属于特定产品。

(二)跨境电商企业期间费用的管理

1. 销售费用

销售费用主要包括广告费用。在跨境电商企业中,广告费用可以分为线上推广费用和线下推广费用。通常,可以通过"销售费用—平台费用"科目和"销售费用—推广费用"科目来区分,线上推广费用可以列入平台费用,而线下推广费用可以列入推广费用。由于跨境电商企业主要依靠第三方平台进行销售,因此会涉及许多推广费用,这些费用应计入销售费用。但是,跨境电商企业需要注意的是,税法对于某些费用有限额规定,如广告费用,扣除金额不能超过当年营业收入的15%,超出部分可以结转到下一年扣除。换句话说,企业广告费用的开支并不意味着可以在税前全额扣除,因为存在扣除比例的限制。

2. 管理费用

管理费用主要是指企业行政管理部门为组织和管理生产经营活动而发生的各种费用,具体包括工资福利费、折旧费、工会费、职工教育经费、业务招待费、房产税、车船使用税、土地使用税、印花税、技术转让费、无形资产摊销、咨询费、诉讼费、坏账损失、公司经费、劳动保险费、董事会会费等。这些费用围绕企业的经营活动展开,但无法分摊到单个产品的成本中,只能以一次性或分期的方式冲减当期利润。跨境电商企业需要特别注意的是,某些管理费用(如职工福利费、业务招待费等)能否在税前扣除是有限额规定的。例如,企业招待客户、向客户赠送礼品等都属于交际应酬费用。尽管这些支出是合理的,但在税法上有限额扣除的规定:交际应酬费用应按照本期收入的 0.5%或交际应酬费用的 60%中较低者进行税前扣除。假设本期收入是 1000 万元,交际应酬费用为 10 万元,那么税前扣除的交际应酬费用限额为较低者(1000 万元的 0.5%为 5 万元,交际应酬费用 10 万元的 60%为 6 万元),因此,企业只能列支 5 万元的交际应酬费用。换句话说,尽管企业当年支出了 10 万元的交际应酬费用,但税前扣减的费用只能认定为 5 万元,剩余的 5 万元将被认作企业利润,需要缴纳企业所得税。

3. 财务费用

财务费用是指企业在筹集资金过程中发生的各项费用,包括生产经营期间发生的不应计入固定资产价值的利息费用(减去利息收入)、金融机构手续费、汇兑损失(减去汇兑收益)及其他财务费用。企业在计算财务费用时,需要注意科目之间的逻辑关系和内在的一致性。例如,如果企业有投资但没有利息收入,或者有借款但没有利息支出,就需要仔细检查财务费用的计算是否合理。这些问题可能会导致在计算财务费用时发生错误,影响企业的财务状况分析和经营决策。

对于跨境电商企业而言,财务费用主要包括银行手续费和汇兑损益。其中,银行手续费主要是指各跨境电商企业在使用第三方平台提供的支付工具汇款时产生的手续费;汇兑损益是指在进行外币兑换时产生的汇兑损失或收益。相比传统企业,跨境电商企业会支出更多的第三方支付手续费,并且由于跨境贸易需要进行外币兑换,因而也会产生汇兑损益。因此,跨境电商企业需要格外重视财务费用核算。

（三）跨境电商企业的运费处理

由于跨境电商企业的业务具有特殊性，运费在产品成本中可能占据较大比例，因而最好的处理方法是将运费分摊到产品的成本中，以使产品的成本核算更为准确。准确核算成本非常重要，因为它直接影响产品定价的合理性。如果无法将运费分摊到产品成本中，则可以将其归入头程运费和尾程运费。如果头程运费无法按照库存单位（SKU）进行分摊，就有可能需要将其直接计入销售费用。

四、利润

企业在财务报表中需要明确三个重要的利润概念：营业利润、利润总额和净利润。这些利润科目的计算涉及多个成本和费用的减除，并与税法中的利润概念存在差异。

（1）营业利润：营业利润是指企业在经营活动中，用收入减去成本、管理费用、销售费用和财务费用等科目后的利润金额。

营业利润=收入–成本–管理费用–销售费用–财务费用等

（2）利润总额：利润总额是在营业利润的基础上，加上营业外收入，减去营业外支出等科目后的利润金额。

利润总额=营业利润+营业外收入–营业外支出等

（3）净利润：净利润是指利润总额减去所得税后的利润金额。

净利润=利润总额–所得税

企业需要区分会计上的利润和税法上的利润，明确二者不是同一个概念，利润总额并不等于应纳税所得额。利润表上的利润总额是会计上的利润的概念，而应纳税所得额可以认为是税法上认可的利润的概念。应纳税所得额是在利润总额的基础上，调整一些收入或成本的确认而得到的，包括扣除税法认可的成本、增加税法不认可的成本、增加税法额外确认的收入及扣除不征税的收入等。

应纳税所得额=净利润–税法认为可以多扣除的成本+税法不承认的成本+税法额外确认的收入–不征税的收入

企业需要缴纳的企业所得税是根据应纳税所得额乘以适用的税率计算的，而不是依据财务报表上的利润总额来确定的。

例如，某公司本期收入为 200 万元，其中利润总额为 100 万元，交际应酬费为 5 万元。应纳税所得额的计算方法如下。

计算起点是利润总额，在利润总额的基础上，进行加减得到应纳税所得额。首先需要判断交际应酬费的 5 万元能否全额税前扣除。根据税法规定，交际应酬费的扣除存在限额：按照收入的 0.5%和交际应酬费用的 60%中的较低者进行扣除。本例中，200 万元收入的 0.5%为 1 万元，5 万元的 60%为 3 万元，根据较低者原则，可税前扣除的交际应酬费为 1 万元。但是，在会计利润的计算中，企业扣除的是 5 万，因此多扣除的 4 万需加回到利润总额中。因此，应纳税所得额应该是 100 万元+4 万元 = 104 万元。企业的所得税也应根据这个基础进行计算。假设企业所得税税率为 25%，那么企业当期需要缴纳的企业所得税为 104 万元×25% = 26 万元。

五、科目余额表分析重点

科目余额表是一种财务报表，用于显示各个科目在特定时期的余额情况，一般包括上期余额、本期发生额和期末余额。财务报表是对企业财务状况和经营业绩的总体概括，而科目余额表提供了更为详细的信息，它是财务报表科目的基础。企业管理者通过分析科目余额表，可以了解企业的财务状况，及时评估和分析财务处理的合理性。本节根据中小企业的实际业务情况，对重要科目进行分类和整理（如表 2-3 所示），以方便企业进行对照分析。

需要注意的是，会计科目的编号有一定规范。一级科目的编号通常是 4 位数，这是会计准则规定的标准编号。二级科目一般是 6 位数，在一级科目的基础上，企业可以根据自身需要自行增减，以满足企业对科目的具体管理和分析要求。

例如，某企业有三家银行账户，那么"银行存款"是一级科目，并且有一个固定的编号，如编码为 1002。而一级科目"银行存款"下设立的二级科目可以由企业根据自身情况自行决定，如 100201 可以表示"银行存款—工商银行"，100202 可以表示"银行存款—农业银行"，100203 可以表示"银行存款—建设银行"等。在学习表 2-3 所示的科目时，需要注意区分一级科目和二级科目，了解它们在科目体系中的关系和作用。

表 2-3 科目余额表分析重点

科目编码	科目名称	分析重点
1001	库存现金	库存现金不允许为负数。如果出现负数，则可能存在以下情况：①费用支出只是拿到了发票，但是钱款由股东或员工垫付，企业没有实际付款；②销售产生的现金收入没有及时入账
1002	银行存款	企业每个月都需要对银行存款科目余额与银行提供的对账单余额进行核对。这是一项重要的财务管理措施，通过核对银行提供的对账单余额可以确保企业的财务记录准确无误，并避免遗漏经济业务
1122	应收账款	企业每个月都需要关注应收账款二级明细科目，以确定是否存在与预收账款相同的二级明细都有余额的情况，这种情况可能是由于企业在会计账务处理时没有核对清楚所致。例如，"应收账款—甲"科目的余额为 1 万元，说明甲欠本企业 1 万元；"预收账款—甲"科目的余额为 1 万元，说明本企业欠甲 1 万元。在实际情况中，这种互相欠款的情况很可能并不存在，这是由于会计处理时的工作疏忽或错误所导致的
1123	预付账款	企业每个月都需要检查预付款项，以确保本企业已收到相应的发票，并及时冲销预付账款。有些企业在采购货物时未能及时向对方索要发票，从而导致预付账款一直留在账面上，无法冲销
1221	其他应收款	其他应收款一般是指租房押金、员工预支现金等。虽然定金、押金可以长期挂账，但必须提供对应的收据以作为入账凭证。对于员工预支的款项，则需要定期核对并冲销，对于多余款项要及时催收。若款项超过一年未能催收回来，就可能被认定为借款
1601	固定资产	目前，企业通常使用财务软件来处理账务，这种处理方式更加简单、便捷，并且能够提高准确性。当企业新增固定资产时，不仅需要对新增固定资产进行账务处理，还需要创建一张固定资产卡片。这样操作的目的是让财务软件在后续可以自动计提折旧

续表

科目编码	科目名称	分析重点
1602	累计折旧	累计折旧反映了固定资产被消耗并被确认为成本费用的过程。企业可以充分利用财务软件的固定资产卡片功能,使之可以自动计提折旧
2203	预收账款	在分析预收款项和应收款项时,企业应注意是否存在可以对冲的情况。企业要尽量避免同一客户存在预收账款和应收账款都有余额挂账的情况;有时企业会因为预收客户的款项而确认预收账款,又因为向该客户开具了发票而确认应收账款,但实际上这是同一笔经济业务。如果将预收账款和应收账款分开记账,预收账款和应收账款就可能会长期挂账,导致账目混乱
2211	应付职工薪酬	注意其下二级明细科目的核算
221102	工资	企业的工资薪金一般在当月计提,下月发放。因此,"应付职工薪酬-工资"科目的余额通常代表下个月需要支付的工资的实发金额。工资的实发金额的计算公式为:工资的实发金额=工资应发金额-社保个人缴纳部分-个人所得税-公积金个人部分等企业代扣款项
221103	社会保险费企业部分	当月需要扣缴的社会保险企业部分金额。这部分费用是由企业按照国家相关规定承担的社会保险费用,包括养老保险、医疗保险、失业保险、工伤保险和生育保险等
221105	住房公积金企业部分	住房公积金企业部分的科目在财务记录中一般不会有余额,因为公积金费用通常是按月计提、按月缴纳的。因此,该科目的发生额即为当月应缴纳的住房公积金费用金额
2221	应交税费	当月应该缴纳的各项税费。企业可以通过与国税后台的相关税费申报表进行核对,以确认应交税费的余额是否正确
2241	其他应付款	注意其下二级明细科目的核算
224102	职工往来	用来记录与职工相关的交易和往来款项的科目。企业应定期核对职工往来账目的实际情况,特别要关注其他应付款的余额是否过大。某些中小企业存在虚构成本、没有实际支出的情况,这可能导致其他应付款余额长期挂账且金额较大等问题
224103	公积金个人部分	职工个人在工资中扣除的公积金金额。它代表了个人承担的公积金部分,一般不会形成余额,而是每个月根据工资计算和扣除的具体数额
224104	社会保险个人部分	职工个人在工资中扣除的社会保险金额。它代表了个人承担的社会保险部分,一般会形成余额,该余额通常是当月需要扣缴的社会保险个人部分的金额。企业可以将该余额与国税后台的社会保险申报表进行比对,以确保余额的准确性和一致性
3103	本年利润	企业在当前财务年度内所获得的净利润。对于初创期的企业,由于初始投资和运营成本较高,常常出现本年利润为负数的情况。通常情况下,初创期企业的负利润时间不会超过三年
3104	利润分配	企业在获得利润后,按照一定规定和程序进行分配的过程
310415	未分配利润	企业在过去的经营活动中所获得的净利润中,尚未进行分配的部分。若企业的未分配利润期末余额为负,则说明企业亏损较大,没有可供分配的利润
5001	主营业务收入	企业在本期内通过其主要经营活动所获得的全部收入的合计数。它是评估企业经营状况和盈利能力的重要指标
5401	主营业务成本	企业在经营主营业务过程中所发生的、与销售商品或提供劳务直接相关的成本支出
5403	营业税金及附加	企业在经营活动中应向税务机关缴纳的各项税费和附加费用。这些税费和附加费用包括增值税、消费税、营业税、城市维护建设税等,根据不同地区和行业的规定而有所不同。在分析营业税金及附加科目时,一般需要与应交税费科目进行对应分析。通过与国税后台的申报表核对,可以验证当月应缴纳的相关税费是否正确,并及时发现和纠正可能存在的差异或错误

续表

科目编码	科目名称	分析重点
5601	销售费用	企业在销售产品或提供服务的过程中发生的各项费用。期末时，销售费用会被完全结转，因此不会有余额留存。分析销售费用的发生额可以帮助企业评估费用的合理性。企业可以比较不同期间的销售费用发生额，观察其变化趋势，判断销售活动的成本控制和效果。对于某些具有限额扣除要求的销售费用（如广告宣传费），企业需要关注相关二级明细科目的限额扣除情况
5602	管理费用	企业在经营过程中发生的各项费用，用于支持和管理企业的运营活动，而非直接与产品销售相关。管理费用包括人力资源管理费用、行政费用、业务招待费、办公费用等。管理费用通常作为损益表中的一个费用科目列示。期末时，管理费用会被完全结转，因此不会有余额留存。通过分析本期管理费用的发生额，可以评估费用的合理性。对于某些具有限额扣除要求的管理费用（如业务招待费），企业需要关注相关二级明细科目的限额扣除情况
560220	研发支出	企业在研发活动中发生的各项费用，用于研究和开发新产品、新技术、新工艺等。针对企业未来可能申请高新科技企业的情况，需要在账务处理中注意将符合要求的成本放在研发支出科目中进行核算，并进行三级明细的记录
5603	财务费用	注意其下二级明细科目的核算
560302	利息	企业在借款或投资活动中所产生的利息支出或利息收入。当利息科目的余额为负数时，通常表示企业的利息收入，而不是利息支出

本节总结：本节主要介绍利润表的三大会计要素：收入、费用（包括营业成本和期间费用）及利润。在收入管理方面，应重点关注收入确认的时点、无票收入的确认、不同收入业务所对应的税率细分及跨境电商企业收入的特殊处理。在营业成本管理方面，应重点关注成本确认的合理性，包括内容合理和结构合理。在期间费用管理方面，应重点关注各期间费用所核算的内容有所不同，且个别核算内容存在税前限额扣除的情况。在利润管理方面，应重点关注区分会计利润和税法上的利润，以及如何计算企业税前利润。在管理企业财务方面，了解利润表的要素和核算原则非常重要。通过准确确认收入、合理核算费用及准确计算利润，可以帮助企业管理者更好地掌握企业的财务状况，并进行合理的决策和分析。同时，注意查看余额表可以了解更详细的财务信息，帮助企业管理者进行更深入的财务分析和评估。

第六节 跨境电商库存管理

跨境电商企业的库存管理是企业财务管理的一大难点。确保准确核对期末库存非常具有挑战性，这是因为跨境电商企业的库存不仅包括国内仓库存，还包括FBA仓的库存和在途库存(运输途中的库存)。海外仓的库存和在途库存无法进行实地盘点，因此需要采用一些方法来确保期末库存的准确性。

一、跨境电商企业库存路径

跨境电商企业从采购货物到最终将货物销售给客户，其库存路径通常为：供应商→本地仓→在途仓→海外仓→客户。这里涉及三个仓库，分别是本地仓、在途仓和海外仓。

（1）本地仓。本地仓的库存核对相对简单，跨境电商企业可以对其进行实地盘点。其操作流程如下：将供应商发来的货物入库于本地仓；当有海外买家购买该货物时，将该货物发往海外仓，即出库；本地仓的期末库存数量即为余额。跨境电商企业应定期与实际盘存数进行核对。（注：期末库存数量=期初库存数量+已接收入库数量−销售出库数量+退货数量+/−盘库数量−移除数量）

（2）在途仓。在国内进行销售时，物流时间一般较短，最多几天，甚至能够做到隔天到货，因此国内企业通常不会设置在途仓。但是，跨境销售的物流时间往往较长，若不考虑在途库存，则账面库存量总额和实际库存量总额就会存在较大差异。因此，对于跨境电商企业，设置在途仓是非常必要的。在途仓一般包括入库、出库和余额三种情况。在途仓的入库是指存货在本地仓出库时，在途仓相应地接收货物入库，相当于企业有一个虚拟的仓库，存货从本地仓出库后，进入了在途仓。在途仓的出库是指海外仓已接收货物，同时在途仓中需要减去这批货物的数量。在途仓的余额指的是在运输途中的库存，在途仓的余额可以通过与物流供应商核对来确认。

（3）海外仓。海外仓的情况相对复杂，除入库、出库和余额外，还包括退货和其他出库或入库的情况。本书以亚马逊的 FBA 仓为例，介绍海外仓的管理流程。海外仓的入库是指 FBA 仓已接收库存，也可能包括退货入库（客户退货退款）。如果客户需要退货，且当 FBA 仓已收到退货时，企业就可以进行入库处理。此时，可以与《Amazon 客户退货报告》进行核对。海外仓的出库指的是根据收到的订单进行出库和成本结转处理。其他出库或入库指的是 FBA 仓的移除、毁损、找回等情况。FBA 仓库存管理较为先进，可以较为精确地反映库存的移除、毁损、找回等情况。海外仓的余额指的是 FBA 仓的库存的剩余量，可以通过核对《Amazon 每月库存报告》来确认。如果核对后发现差异较大，则可以通过与亚马逊联系或委托第三方代理等方式进行索赔。

二、三个仓库的盘存

在了解经营中的三个仓库的特点及用途后，通过分析库存的流转路径，跨境电商企业应采用不同的方式对这三个仓库进行盘存。通常情况下，跨境电商企业需要定期（季度或半年）对本地仓进行盘存。在途仓的盘存相对较为困难，只能通过与物流商核对数据来实现。如果跨境电商企业使用了 ERP 系统，则可以通过该系统获取库存信息，因为 ERP 能够实时记录库存明细，并可以与跨境电商平台的数据进行对接。

对于自发货模式的跨境电商企业，其盘存的重点在于管控存货的进出库。如果存在销售退款的情况，则需要关注是否有退回的货物。若货物没有被退回，即跨境电商企业实际上未收到客户退回的货物，则跨境电商企业不能进行入库处理，否则会导致库存余额不匹配。因此，退换货是盘存的难点，跨境电商企业需及时记录退货入库、换货出库等情况，并通过标注原订单号的方式进行存货出库或入库的管理。跨境电商企业还需要对期末库存进行分析。理论上，库存余额应与备货期的波动一致。例如，在旺季提前备货时，在途货物相较平时会更多。

三、亚马逊 FBA 库存报表

FBA 是指由亚马逊提供的代发货服务。采用 FBA 发货的跨境电商企业，需要在亚马逊提供的后台创建发货计划，并按照系统生成的计划将货物发至亚马逊 FBA 仓储中心。亚马逊为跨境电商企业提供仓储服务，并根据货物的体积、重量、存放时长等因素收取相应的仓储费用。跨境电商企业通过亚马逊平台销售其存放在亚马逊的货物，当客户下订单后，亚马逊 FBA 仓储中心就会自动为跨境电商企业提供货物的分拣、打包、配送、收款、客服和售后处理等相关服务。亚马逊针对每个订单都会收取相应的订单处理费、分拣包装费和称重处理费等费用。对于在 FBA 仓库存放时间过长的货物，亚马逊还会在每年 2 月 15 日和 8 月 15 日向这些货物的拥有者收取长期仓储费用。

如果跨境电商企业使用 ERP 系统，就可以及时获取 FBA 库存数据；如果跨境电商企业处于初创期或业务量不大，且没有使用 ERP 系统，则可以手动核对库存数据。因此，跨境电商企业了解亚马逊后台库存报告非常重要。导出亚马逊后台中的库存报告的路径是：数据报告→库存和销售报告。在亚马逊的后台，跨境电商企业可以查看《已接收库存报告》《退货报告》《移除报告》《盘库报告》《库存报告》《已完成订单销售报告》《每月库存报告》《库存状况报告》等报告。

(1)《已接收库存报告》：用于显示 FBA 仓储中心已接收的库存数量。通常，报告中的已接收的库存数量为正数。如果已接收的库存数量为负数，则可能是 FBA 仓储中心在接收货物时计算出现了错误，因此在本期进行了调整。

(2)《退货报告》：用于反映客户退回的 FBA 库存，报告详细提供了退货原因和退货状况。此报告还包括《换货报告》，该报告用于记录退货货物的更换情况。跨境电商企业需要重点关注《退货报告》中提供的退货数量，并通过库存属性来了解退货的原因。即使货物已损坏，仍建议将其重新入库，进行入账处理，以便进行财务管理和库存核对工作。

(3)《移除报告》主要包括《移除订单》和《建议移除》两个报告，用于显示已从 FBA 仓储中心中移除的库存。《移除订单》报告详细列出了每个移除订单的类型、状态和移除费用等详细信息。《建议移除》报告详细列出了在下一次库存清点时需支付长期仓储费的滞销库存。跨境电商企业需要权衡仓储成本和移除成本，以决定是否需要通过弃置库存来及时减少损失。

(4)《盘库报告》：详细记录 FBA 仓储中心调整的项目(如找回、丢失、毁损等)，跨境电商企业可以利用《盘库报告》查看库存非正常减少的原因。该报告中通过代码表示货物的不同状态，如已残损、已弃或丢失。例如，代码 6、7、E、H、K、U 代表已残损(不同代码表示残损的原因不同，详见表 2-4)；代码 5、M 代表丢失。

(注：《盘库报告》中的商品数量 = 找回的数量 + 丢失数量 + 弃置数量 + 其他的商品数量。)

如果跨境电商企业对货物管理不严格，则只需按照最终减少的数量即可；如果跨境电商企业需要了解货物非正常减少的具体原因，则需要分析《盘库报告》以进行了解。

表 2-4 《盘库报告》代码定义

代码	原因	含义
6	在亚马逊运营中心残损	因承运人造成货物残损导致库存水平降低。此代码后面始终是 P 代码，表示运营中心残损库存水平提高
7	在亚马逊运营中心残损	过期库存水平降低。此代码后面始终是 P 代码，表示运营中心残损库存水平提高
E	在亚马逊运营中心残损	可售库存水平降低。此代码后面始终是 P 代码，表示运营中心残损库存水平提高
H	在亚马逊运营中心残损	买家导致残损的库存水平降低。此代码后面始终是 P 代码，表示运营中心残损库存水平提高
K	在亚马逊运营中心残损	表示瑕疵库存水平降低。此代码后面始终是 P 代码，表示运营中心残损库存水平提高
U	在亚马逊运营中心残损	表示分销商残损库存水平降低。此代码后面始终是 P 代码，表示运营中心残损库存水平提高
M	误放库存	库存水平降低，因为库存在运营中心的货位丢失
5	误放库存	库存水平降低，因为库存在运营中心的货位丢失

(5)《库存报告》主要包括《库存动作详情》和《库存调整》两个报告。《库存动作详情》根据库存变动状态，展示每个 SKU 的接收入库、配送发货、客户退回、盘库、移除等详细信息。《库存调整》按 SKU 当月数据汇总，展示当月接收入库、配送发货、客户退回、盘库、移除等所有信息。由于存在时间差，《库存动作详情》中的数据和上述报告中的数据可能存在一些差异，因此跨境电商企业可以将《库存动作详情》作为检查库存的主要依据。但需要注意的是，在《库存动作详情》中仅显示移除和调整的动作，未显示这些动作的具体原因，如果需要了解这些动作的具体原因，则需要分析上述报告。总之，《库存调整》和上述报告在反映内容方面侧重点不同，《库存调整》按照动作来汇总每个 SKU 的变动情况，以反映库存的变动状态，而上述报告则详细记录每个 SKU 的变动情况。因此，跨境电商企业可以首先按照《库存动作详情》入账，再根据《库存调整》进行调整。如果跨境电商企业对库存管理不严格，则每年年底对库存进行一次调整即可。

(6)《已完成订单销售报告》：FBA 已配送订单的发货报告。对于按照已发货模式来确认收入的跨境电商企业，可以通过分析《已完成订单销售报告》来核对货物数量。需要注意的是，《已完成订单销售报告》中提供的是货物的单价而不是货物的总金额，但运费和礼品包装费却是总金额。因此，跨境电商企业在计算销售收入时，需要根据不同项目进行分析和计算。由于《已完成订单销售报告》中不包含销售折扣，因此，跨境电商企业应根据以下公式计算销售收入："销售收入=商品单价×销售数量+运费+商品包装费−销售折扣"，而销售折扣则需要通过交易明细和订单编号来获得。此外，《已完成订单销售报告》只提供 FBA 发货状态下的订单销售数据。如果存在自发货的情况，则跨境电商企业在计算销售收入时需要自行添加自发货的销售收入。

(7)《每月库存报告》：主要显示 FBA 运营中心实际库存，包括数量、位置和库存属性（可售或不可售），企业管理者在每个月的月底都需要重点关注《每月库存报告》。

将 FBA 仓库期末实际库存数量与亚马逊《每月库存报告》中的数量进行核对后，如果差异很大,则跨境电商企业就要查找原因。如果是由于亚马逊丢失或毁损造成的库存减少,则跨境电商企业可以向亚马逊索赔。

(8)《库存状况报告》:主要显示销量、当前可售和不可售数量、库龄、周销售存货数等详细数据,这份报告不仅内容详细,而且还提供了存货的库龄,因此跨境电商企业可根据该报告核对存货的期末库存数量。《库存状况报告》展示基于过去7天、30天、90天、180天、365天的销售量,以及在亚马逊运营中心内可售库存的可维持周数。由于FBA库存管理费用较高,跨境电商企业可以利用《库存状况报告》提供的存货库龄来进行有效的库存管理。合理管控存货的库龄有利于跨境电商企业降低运营成本。例如,如果存货的库龄均为3个月至6个月,则说明库存管理良好;如果不可售库存较大,则需要考虑对库存进行移除或弃置等动作。通过分析《库存状况报告》,跨境电商企业可以对备货的时间点和备货量做出准确判断。需要注意的是,《库存状况报告》中的数据是实时变动的,而其他报告可能是每月生成一次,因此数据可能存在差异,应综合考虑使用。

表2-5和表2-6分别为《库存状况报告》中可售库存的库龄和库存情况分析的中英文对照表。

表2-5 可售库存的库龄中英文对照表

英文	中文
inv-age-0-to-90-days	0～3个月库存
inv-age-91-to-180-days	3～6个月库存
inv-age-181-to-270-days	6～9个月库存
inv-age-271-to-365-days	9～12个月库存
inv-age-365-plus-days	大于12个月库存

表2-6 库存情况分析中英文对照表

英文	中文
total-quantity	总库存
sellable-quantity	可售库存
unsellable-quantity	不可售库存
units-shipped-last-24-hrs	最近24小时内发货量
units-shipped-last-7-days	最近7天发货量
units-shipped-last-30-days	最近30天发货量
units-shipped-last-90-days	最近90天发货量
units-shipped-last-180-days	最近180天发货量
units-shipped-last-365-days	最近365天发货量

四、亚马逊库存报表项目中英文对照

现将各主要库存报表项目的中英文对照罗列如下(见表2-7),仅供参考。

表 2-7　各主要库存报表项目的中英文对照

报告名称	英文	中文
《已接收库存报告》	receipt_date	货件接收流程完成日期
	FNSKU	亚马逊物流 SKU 编号
	SKU	卖家的商品编号
	product-name	商品名称
	quantity	接收的货物中此商品的总数量
	FBA_shipment ID	配送编号
	FC	接收商品的运营中心
《已完成订单销售报告》	shipment-date	配送中心完成配送日期
	fulfillment-center-id	配送订单的运营中心的唯一编号
	quantity-shipped	配送此商品的数量
	Amazon-order-id	亚马逊为订单提供的唯一编号
	currency	购物时使用的货币
	item-price-per-unit	买家支付的商品金额
	shipping-price	运费金额(总额)
	gift-wrap-price	礼品包装费(总额)
《退货报告》	return-date	退货日期
	order-id	订单编号(对应销售订单)
	product-name	商品名称
	quantity	退货数量
	detailed-disposition	库存属性
	reason	买家退货原因
	status	状态
	reimbursed	亚马逊已赔偿★
	unit returned to inventory	已入库
《移除报告》	request-date	提交移除订单日期
	order-id	已入库
	order-type	移除订单类型(退货或弃置)
	order-status	移除订单状态
	last-updated-date	订单最近更新日期
	requested-quantity	请求移除的商品数量
	cancelled-quantity	取消移除的商品数量
	disposed-quantity	弃置数量
	shipped-quantity	已完成(退货)的数量
	in-process-quantity	处理中的数量
	removal-fee	移除费用

续表

报告名称	英文	中文
《库存状况报告》	beginning quantity	开始数量，亚马逊运营中心在报告开始日期对卖家商品进行实物盘点时商品的数量
	ending quantity	结束数量，卖家选择的报告日期当天，商品在亚马逊运营中心的实际数量
	received	已收到数量，发往亚马逊运营中心的、已经入库的商品数量
《库存状况报告》	returned	已退货数量，买家退货到亚马逊运营中心的商品数量，以及退货到卖家库存的商品数量
	found	已找到数量，以前丢失、现在找到的、已经退回到库存的商品数量
	sold	已销售数量，卖家库存中出售和正在配送的商品数量
	removed	已移除数量，亚马逊运营中心配送的商品数量，以及通过移除订单移除的商品数量
	lost	已丢失数量，亚马逊运营中心库存遗失的、卖家可以获得补偿的商品数量
	disposed	已弃置数量，从库存中移除并且被弃置的商品数量
	other	其他

★注：为了保证库存的账实相符，跨境电商企业应该在只有已入库的情况下确认入库。

本节总结：跨境电商企业的存货管理具有特殊性，因此在进行管理时需要充分利用"在途仓"这个虚拟仓库，以准确盘点企业库存。跨境电商企业可以利用财务软件的进销存功能、ERP系统及各平台后台报表数据，实现精细化的库存管理，从而降低成本、实现更高的利润。

思 考 题

1. 会计的基本工作内容是什么？会计是如何发挥其监督职能的？
2. 会计的恒等式是什么？
3. 跨境电商企业货币资金管理的重点是什么？
4. 请举例说明企业在初创期时，针对自身的负债有哪些管理重点。
5. 请举例说明跨境电商企业存货管理的特殊性，以及管理的重点是什么。

第二篇 跨境电商境内税务篇

跨境电商境内税务篇主要涵盖第三章"增值税"、第四章"企业所得税"和第五章"其他税费"。由于跨境电商企业所经营的货物需要跨越国境,因此在报关时将涉及跨境税收问题。本章从境内跨境电商企业的视角出发,帮助其厘清应缴纳哪些税、应缴纳多少税、如何缴纳税款、如何最大限度地享受国家税收优惠政策,以及如何有效地控制税务风险。这将为跨境电商企业打下坚实的税收业务基础。

第三章增值税。本章从增值税的定义开始介绍增值税的基本原理,回答了谁应缴纳增值税(纳税人)、对什么征收增值税(征税范围)、税负高不高(税率)、需要缴纳多少增值税(计税规则)、有什么样的优惠政策可以享受等问题。同时,本章还介绍了一般企业与跨境电商企业在出口和进口业务方面的增值税政策的差异。本章聚焦跨境电商企业,根据业务内容的不同,分别从进口和出口两个方向介绍相关政策,并配合案例进行讲解,帮助跨境电商企业掌握政策的实际应用。需要明确的是,一般贸易的货物进口需要缴纳关税、进口环节的增值税和进口环节的消费税,而跨境电商零售进口货物则需要缴纳综合税,行邮物品则需要缴纳行邮税。为了保持业务的完整性,本章在介绍政策的过程中还适当介绍了关税、消费税等相关政策,以便跨境电商企业综合掌握业务内容。

第四章企业所得税。本章详细介绍了企业所得税的基本政策规定,并分别对税收三要素"纳税人""征税对象""税率"进行了解读。在介绍企业所得税时,本章着重介绍了间接计税法的原理及应用,并对税前扣除原则和范围进行了较为详细的介绍。特别需要注意的是,税前扣除需要企业提供合法合规的原始凭证,因此企业在日常的经营管理过程中要加强票证管理。同时,本章专门介绍了资产的税务处理,以帮助跨境电商企业了解各类资产在税法和会计上的处理差异。在税收优惠部分,本章梳理了跨境电商企业可能涉及的优惠政策,特别是跨境电商小微企业可以享受的小微企业税收优惠政策,以及政策的适用条件。在纳税期限方面,企业所得税实行按年计征、分月或分季预缴、年终汇算清缴、多退少补等方法,而小微企业所得税目前统一实行按季度预缴制度。需要指出的是,无论企业是盈利还是亏损,都需要报送纳税申报的相关资料,以履行申报及纳税义务。

第五章其他税费。本章主要介绍跨境电商企业通常涉及的高频税费,包括关税、城市维护建设税和印花税。本章按照纳税人、征税对象、税收优惠、应纳税额计算和征收管理的思路编写,以便跨境电商企业有针对性地学习。在介绍城市维护建设税相关知识时,本章还介绍了教育费附加和地方教育费附加的制度内容。在政策适用过程中,跨境电商企业需要留意最新的政策文件,以充分享受相关税费优惠。

第三章

增值税

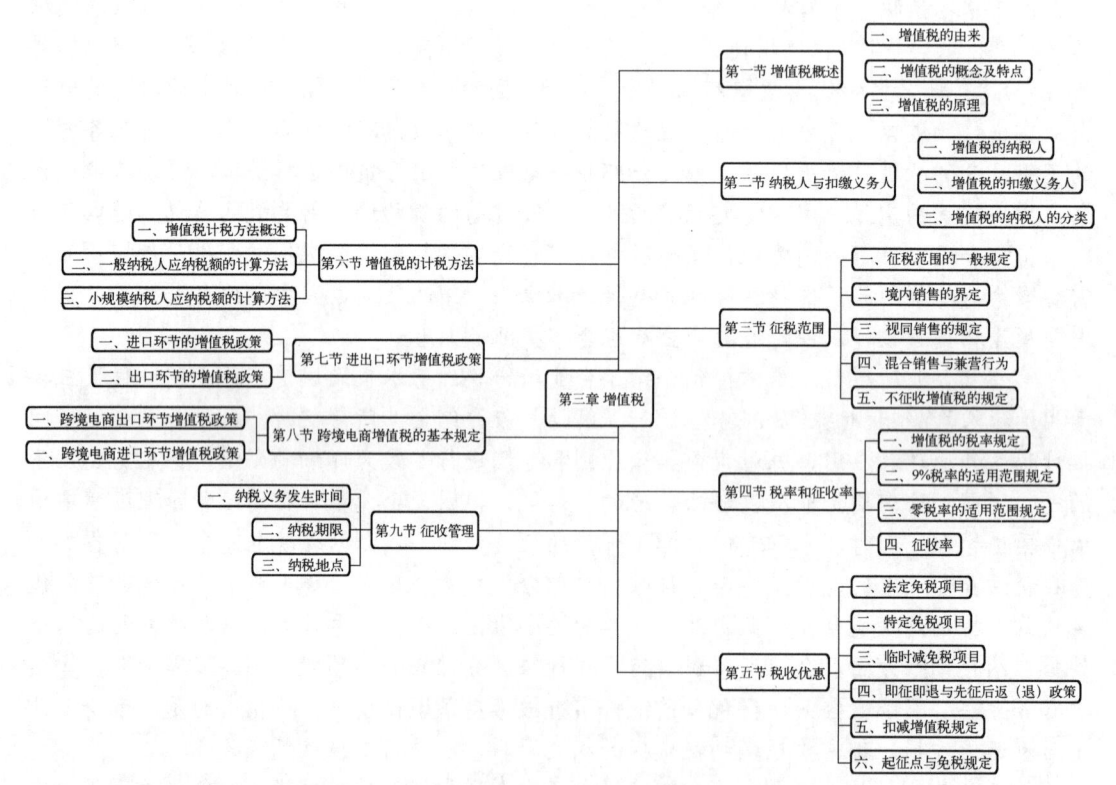

本章概览

- 第一节 增值税概述
  - 一、增值税的由来
  - 二、增值税的概念及特点
  - 三、增值税的原理
- 第二节 纳税人与扣缴义务人
  - 一、增值税的纳税人
  - 二、增值税的扣缴义务人
  - 三、增值税的纳税人的分类
- 第三节 征税范围
  - 一、征税范围的一般规定
  - 二、境内销售的界定
  - 三、视同销售的规定
  - 四、混合销售与兼营行为
  - 五、不征收增值税的规定
- 第四节 税率和征收率
  - 一、增值税的税率规定
  - 二、9%税率的适用范围规定
  - 三、零税率的适用范围规定
  - 四、征收率
- 第五节 税收优惠
  - 一、法定免税项目
  - 二、特定免税项目
  - 三、临时减免税项目
  - 四、即征即退与先征后返（退）政策
  - 五、扣减增值税规定
  - 六、起征点与免税规定
- 第六节 增值税的计税方法
  - 一、增值税计税方法概述
  - 二、一般纳税人应纳税额的计算方法
  - 三、小规模纳税人应纳税额的计算方法
- 第七节 进出口环节增值税政策
  - 一、进口环节的增值税政策
  - 二、出口环节的增值税政策
- 第八节 跨境电商增值税的基本规定
  - 一、跨境电商出口环节增值税政策
  - 二、跨境电商进口环节增值税政策
- 第九节 征收管理
  - 一、纳税义务发生时间
  - 二、纳税期限
  - 三、纳税地点

学习目标

1. 了解增值税的计税原理，熟悉我国增值税改革的历史。
2. 熟悉增值税纳税人、征税对象和税率的基本规定。
3. 熟悉进出口环节的增值税税收政策。
4. 掌握两类增值税纳税人的计税规则。
5. 掌握跨境电商增值税的基本政策规定。

6. 了解我国增值税税收优惠政策。
7. 熟悉我国增值税的征收管理制度。

第一节　增值税概述

一、增值税的由来

增值税这一概念最早由美国学者提出，于 1954 年被法国采用。截至 2015 年，全球已有 190 多个国家或地区实行了增值税制度。我国于 1979 年引入增值税相关制度，并在部分地区主要针对第二产业进行了试点，后逐步扩大了适用范围。

自 2016 年 5 月 1 日起，随着《财政部　国家税务总局关于全面推开营业税改征增值税试点的通知》（财税〔2016〕36 号）的发布，我国已完成全部服务业的营业税改征增值税的改革试点工作，营业税正式退出历史舞台，全行业纳税人都纳入了增值税征收范围。增值税是我国 18 个税种中贡献税收收入最多的税种之一。在 2021 年全国一般公共预算收入中，国内增值税收入达到 63519 亿元，同比增长 11.8%，约占全部税收收入的 36.77%。这充分体现了增值税税种的重要性。

二、增值税的概念与特点

（一）增值税的概念

增值税是一种以纳税人在生产经营过程中获得的增值额为课税对象的一种流转税。

根据购入固定资产的进项税额是否可以抵扣，增值税可分为三种类型：生产型、收入型和消费型。生产型增值税要求购入固定资产时不得抵扣进项税额；收入型增值税允许抵扣当期折旧部分对应的增值税；消费型增值税允许一次性抵扣购入固定资产的进项税额。在我国，2009 年之前执行的是生产型增值税制度，自 2009 年 1 月 1 日起改为执行消费型增值税制度。不同类型增值税的区别如表 3-1 所示。

表 3-1　不同类型增值税的区别

增值税类型	区别
生产型	根据国内生产总值的统计口径确定课税基数，不允许扣除任何外购固定资产的价款； 法定增值额＞理论增值额
收入型	课税基数相当于国民收入部分，允许扣除外购固定资产价款中当期计入产品价值的折旧费部分； 法定增值额=理论增值额
消费型（我国自 2009 年起全面实施）	课税基数仅限消费资料价值的部分，允许一次性全部扣除当期购入的固定资产价款； 法定增值额＜理论增值额

(二)增值税的特点

增值税属于流转税、价外税和共享税,具有以下特点。

(1)具有典型的中性税种的优点。征收增值税并不会对产业结构和投融资产生影响,增值税仅对价值增值部分征税,并且遵循"道道征而不重复征"的原则。

(2)最终负税人是消费者。作为一种价外税,增值税通过流转链条,由产品和服务的最终消费者承担。最终消费者既要支付商品或服务的价款,也要支付增值税额。消费的规模越大,承担的税负也越高。

(3)税基宽广,全行业征收。增值税征收的范围覆盖了全部产业的生产和经营活动,只要涉及有价值的增值环节,就会纳入增值税的征税范围。这使得增值税能够在一定程度上反映国家经济的发展情况。

三、增值税的原理

(一)理论增值额

增值税,顾名思义就是对价值增值的部分征税。价值增值是指一个商品价值($C+V+M$)中的 $V+M$ 部分[①]。对一个国家来说,增值税相当于净产值或国民收入部分。可以通过商品生产过程来更好地理解增值税的原理。如表3-2所示,生产流程中的每个环节的价值增值均为100元(假定初始购入为0元),如果对每个环节征收相同比例税率的增值税,那么各环节在价值增值一样的情况下,承担的税收负担是一样的。但如果各环节都是按照销售额来征收相同比例的税,那么环节越靠后则税负就越高。

增值税仅对商品价值的增值部分进行征税,即对商品价值中的 V(可变资本)和 M(剩余价值)征税。在国家层面上,增值税属于净产值或国民收入的一部分。以下通过商品在生产流程中每个环节的价值增值来更好地说明增值税的原理。如表3-2所示,生产流程中的每个环节中的价值增值均为100元(假设初始购入价值为0元)。如果每个环节都按照相同比例的税率征收增值税,那么在每个环节中承担的税收负担也是相同的。然而,如果每个环节都按照销售额来征收相同比例的税,那么环节越靠后则税负就会越高,因为销售额包含了之前环节的增值和税款。由此可知,增值税是按照价值增值来征税的,而不是按照销售额来征税的。

表3-2 生产流程中的增值额计算 单位:元

环节	买入金额	卖出金额(销售额)	增值额	税额(税率13%)
生产	0	100	100	13
制造	100	200	100	13
批发	200	300	100	13
零售	300	400	100	13
合计			400	52

---

① 马克思在《资本论》中对商品价值的定义,商品价值 = $C+V+M$,即商品价值 = 不变资本(Constant Cost) + 可变资本(Variable Cost) + 剩余价值(Merit Value)。

(二)法定增值额

由于增值额的计算方式存在差异,因而各国在税法中规定的法定增值额与理论增值额可能存在不一致的情况。例如,如表 3-1 所示,生产型增值税的法定增值额要大于理论增值额。目前我国实行消费型增值税制度,法定增值额小于理论增值额。

(三)计税原理

根据核算水平(会计核算制度是否健全)和经营规模(年应税销售额 500 万元)的标准,可将增值税纳税人划分为一般纳税人和小规模纳税人两类。

一般纳税人和小规模纳税人的区别如表 3-3 所示。

表 3-3　一般纳税人和小规模纳税人的区别

纳税人类型	计税公式	要求
一般纳税人	一般计税:应纳税额=销项税额−进项税额 简易计税:应纳税额=销售额×征收率	需要凭借发票或计算来抵扣进项税额
小规模纳税人	简易计税:应纳税额=销售额×征收率	无须考虑进项税额的抵扣

(四)计税方法介绍

1. 直接计税法

直接计税法是一种计算增值税的方法,其应纳税额的计算方法是用项目的增值额乘以适用税率。直接计税法又可以分为加法计算方法和减法计算方法两种方法。

(1)加法计算方法。对于企业来说,增值部分通常包括工资、利润、利息、租金和其他非增值税增值项目。在加法计算方法中,将这些增值项目汇总后的值乘以税率,即可计算出应该缴纳的增值税。然而,实际中并不常使用此计算方法。

(2)减法计算方法。减法计算方法以企业在当期全部应税项目的全部销售额,减去规定的外购项目金额后的余额作为增值额,再用该增值额乘以税率来计算应该缴纳的增值税。这种方法又称扣除法。使用减法计算方法时,需要假设购入和售出时适用的增值税税率保持一致,否则计算出的应纳税额可能不准确。

2. 间接计税法

间接计税法是一种两阶段的计税方法。利用间接计税法计算应纳增值税税额的方法时,以销售额的合计值乘以所适用的税率来计算销项税额,再用该销项税额扣除外购非增值项目已缴纳的税额(进项税额)。这种方法又称购进扣税法,是常用的核算增值税的方法。目前我国采用这种计税方法。

例 3-1:A 企业当期购入商品以用于销售,取得增值税专用发票,注明价款为 100 万元,其中增值税为 13 万元。A 企业将当期商品全部销售给客户甲,并开具普通发票,收取价款 150 万元,其中增值税 19.5 万元。A 企业核算当期的工资 20 万元、利润 10 万元、利息 10 万元、租金 10 万元。本例无其他增值项目。

针对例 3-1,各种计税方法比较如表 3-4 所示。

表 3-4　计税方法比较　　　　　　　　　　　　　　　　　　　　　单位：万元

计税方法	计算应纳税额
直接计税法——加法计算方法	(20+10+10+10)×13% = 6.5
直接计税法——减法计算方法	(150−100)×13% = 6.5
间接计税法	150×13%−13=19.5−13 = 6.5

本节总结： 增值税对商品或服务的价值增值的部分征税，只有存在价值增值才会征收增值税。目前我国实行的是消费型增值税制度，实际操作中通常采用间接计税法来核算应缴纳的增值税。

第二节　纳税人与扣缴义务人

一、增值税的纳税人

在中华人民共和国境内销售货物或者加工、修理修配劳务（以下简称劳务）、销售服务、无形资产、不动产以及进口货物的单位和个人，为增值税的纳税人。其中，单位包括有应税行为的企业、行政单位、事业单位、军事单位、社会团体及其他单位；个人是指有应税行为的个人，包括个体工商户和其他个人（自然人）。

以承包、承租、挂靠方式经营的单位，若以发包人、出租人、挂靠人名义经营并由发包人承担法律责任的，则以发包人为纳税人，否则，以承包人为纳税人。

对于报关进口的货物，以进口货物的收货人或办理报关手续的单位和个人为进口货物的纳税人。对于代理进口的货物，以海关开具的完税凭证上的纳税人为增值税纳税人。

对于跨境电子商务零售进口货物，应根据具体货物征收进口环节增值税。购买跨境电子商务零售进口货物的个人负有增值税的纳税义务。

二、增值税的扣缴义务人

扣缴义务人是指承担代扣代缴、代收代缴税款义务的单位和个人。对于境外的单位或个人在中华人民共和国境内发生的应税行为，若其在境内未设立经营机构，则其应纳税款由其境内代理人作为扣缴义务人；若其在境内没有代理人，则由其在境内的购买方作为其扣缴义务人。对于进行跨境电子商务零售进口货物相关交易的跨境电子商务企业，电子商务企业、电子商务交易平台企业或物流企业均可作为其代收代缴义务人。

三、增值税的纳税人的分类

（一）一般纳税人

根据现行规定，企业应建立健全会计核算制度。年应税销售额超过 500 万元的纳税人,应登记为一般纳税人。对于年应税销售额未达到一般纳税人标准的纳税人,若其会计核算制度健全,也可向税务机关办理一般纳税人登记,并按照一般计税规则计算应缴纳的税款。

(二)小规模纳税人

年应税销售额在 500 万元以下、会计核算制度不健全、无法按照规定报送有关税务资料的纳税人,应登记为小规模纳税人,并应采用简易计税方法缴纳增值税。年应税销售额超过小规模纳税人标准的其他个人(自然人),应按照小规模纳税人规则纳税。年应税销售额超过规定标准的纳税人,应当向主管税务机关申请办理一般纳税人登记。

年应税销售额是指纳税人在连续不超过 12 个月或 4 个季度的经营期内,累计应征增值税销售额,包括纳税申报销售额、稽查查补销售额和纳税评估调整销售额。应税销售额不包括增值税销售额。对于销售服务、无形资产或不动产中有扣除项目的纳税人,其销售额按未扣除这些项目之前的销售额计算,偶然发生的销售额不计入销售额范围。

本节总结:跨境电商企业在注册时,在综合考虑投资规模、客户类型、企业业务范围等因素的前提下,选择登记为一般纳税人或小规模纳税人。当跨境电商企业的投资规模较大或主要客户是规模较大的企业时,选择登记为一般纳税人更为合适;需要进行出口退税业务的跨境电商企业,选择登记为一般纳税人更为合适。

第三节 征税范围

一、征税范围的一般规定

在中华人民共和国境内,征收增值税的范围包括销售货物、进口货物、提供加工修理修配劳务、提供销售服务、销售无形资产或不动产。

(一)销售货物

货物是指有形动产,包括电力、热力、气体等。销售货物是指有偿转让货物的所有权。有偿是指从购买方获得货币、实物或其他经济利益。销售跨境电子商务零售进口商品清单中列明的商品属于销售货物。目前,清单列明的商品总数达到了 1476 个[①],包括运动用品、家用电器、日常饮食等。

(二)进口货物

进口货物是指进入中华人民共和国海关境内的货物。

(三)提供加工修理修配劳务

在增值税中,劳务特指加工、修理、修配等业务。加工是指委托方提供原料或主要材

---

① 参考《关于调整跨境电子商务零售进口商品清单的公告》

料，受托方按照委托方的要求制造货物并收取加工费的业务。修理、修配是指受托对委托方提供的损伤和丧失功能的货物进行修复，使这些货物恢复原状和功能的业务。

（四）销售服务

销售服务是指提供交通运输服务、邮政服务、电信服务、现代服务、生活服务、金融服务及建筑服务等。在跨境电商企业提供的相关服务中，以下几种服务是常见的销售服务。

1. 交通运输服务

交通运输服务是指使用运输工具将货物或旅客送达目的地，使其空间位置得到转移的业务活动。根据运输方式不同，交通运输可以划分为陆路运输（地上或地下）、水路运输、航空运输和管道运输等。

无运输工具的承运业务，按照"交通运输服务"缴纳增值税。提供交通运输服务时，对于已售票但客户逾期未消费而取得的运输票证收入，按照"交通运输服务"缴纳增值税。

2. 邮政服务

邮政服务是指中国邮政集团公司及其所属邮政公司提供的邮件寄递、邮政汇兑和机要通信等邮政基本服务的业务活动，包括邮政普遍服务、邮政特殊服务和其他邮政服务。

3. 电信服务

电信服务是指利用有线或无线的电磁系统或光电系统等各种通信网络资源，提供语音通话服务，以及传递、发射、接收或应用图像、短信等电子数据和信息的业务活动。电信服务包括基础电信服务和增值电信服务。

4. 现代服务

现代服务是指围绕制造业、文化产业、现代物流产业等提供技术性服务和知识性服务的业务活动。现代服务可划分为以下 9 类服务：研发和技术服务、信息技术服务、文化创意服务、物流辅助服务、租赁服务、鉴证咨询服务、广播影视服务、商务辅助服务和其他现代服务。

（1）研发和技术服务：包括研发服务、合同能源管理服务、工程勘察勘探服务、专业技术服务（如气象服务、地震服务、海洋服务、测绘服务、城市规划服务、环境与生态监测服务等专项技术服务）。

（2）信息技术服务：包括软件服务、电路设计及测试服务、信息系统服务、业务流程管理服务和信息系统增值服务。

（3）文化创意服务：包括设计服务、知识产权服务、广告服务和会议展览服务。其中，宾馆、旅馆、旅社、度假村和其他经营性住宿场所等提供的会议场地及配套服务，按照"会议展览服务"缴纳增值税。

（4）物流辅助服务：包括航空服务、港口码头服务、货运客运场站服务、打捞救助服务、装卸搬运服务、仓储服务、收/派服务（如同城集散中心提供的服务）。

（5）租赁服务：包括融资性租赁和经营性租赁。租赁服务的服务范围包括有形动产租赁和不动产租赁。例如，建筑物的广告位出租属于不动产租赁，汽车广告位出租属于有形动产租赁。

(6) 鉴证咨询服务：包括认证服务、鉴证服务和咨询服务。其中，翻译服务和市场调查服务按照"咨询服务"缴纳增值税。

(7) 广播影视服务：包括广播影视节目(作品)的制作服务、发行服务、播映(含放映)服务。

(8) 商务辅助服务：包括企业管理服务、经纪代理服务、人力资源服务、安全保护服务。

(9) 其他现代服务：除研发和技术服务、信息技术服务、文化创意服务、物流辅助服务、租赁服务、鉴证咨询服务、广播影视服务、商务辅助外的所有现代服务。其中，对安装运行后的机器设备提供的维护保养服务，按照"其他现代服务"缴纳增值税；退票费、手续费等与客户办理退票相关的收入，也按照"其他现代服务"缴纳增值税。

5. 生活服务

生活服务是指为满足城乡居民日常生活需要而提供的各类服务活动，包括文化体育服务、教育医疗服务、旅游娱乐服务、餐饮住宿服务、居民日常服务和其他生活服务。

其中，纳税人在游览场所经营索道、摆渡车、电瓶车、游船等获取的收入，按照"文化体育服务"缴纳增值税。纳税人提供植物养护服务，按照"其他生活服务"缴纳增值税。

6. 金融服务

金融服务是指经营金融保险的业务活动，包括贷款服务、直接收款的金融服务、保险服务和金融商品转让等。

(五)销售无形资产

销售无形资产是指有偿转让无形资产的所有权或使用权的业务活动。无形资产是指不具备实物形态但能为持有人带来经济利益的资产，包括技术、商标、著作权、自然资源使用权和其他权益性无形资产。其他权益性无形资产包括基础设施资产经营权、公共事业特许权、配额、经营权(包括特许经营权、连锁经营权、其他经营权)、经销权、分销权、代理权、网络游戏虚拟道具、域名、肖像权、冠名权等。

(六)销售不动产

销售不动产是指有偿转让不动产所有权的业务活动。不动产包括建筑物、构筑物等。其中，建筑物是指房屋、建筑物、房产和其他与土地固定结合的建筑结构；构筑物是指道路、桥梁、隧道、水坝等工程建筑物。在销售不动产的过程中，不动产的所有权以有偿交易的方式从卖方转移到买方。

二、境内销售的界定

(一)境内销售

境内销售货物是指货物的起运地或所在地在中国境内。境内销售服务、无形资产或不动产是指提供服务(租赁不动产除外)或销售无形资产(自然资源使用权除外)的销售方或购买方位于中国境内。对于跨境电商企业而言，在中国境外注册的跨境电商企业自中国境外向中国境内销售跨境电商零售进口货物的，属于境内销售，需履行纳税义务；在中国境内注册的跨境电商企业或机构向中国境外消费者销售跨境电商零售出口货物的，且货物起运地在中国境内的，也属于境内销售，同样需履行纳税义务。

不动产在中国境内，无论跨境电商企业是提供销售服务还是提供租赁服务，其纳税义务均在中国境内；自然资源在中国境内，销售自然资源使用权的纳税义务也在中国境内。

（二）不属于境内销售

(1) 下列情形不属于在中国境内销售服务或无形资产。

① 境外单位或个人向中国境内单位或个人销售的服务完全在境外进行。

② 境外单位或个人向中国境内单位或个人销售的无形资产完全在境外使用。

③ 境外单位或个人向中国境内单位或个人出租的无形资产完全在境外使用。

(2) 境外单位或个人发生下列行为时，不属于在中国境内销售服务或无形资产。

① 为出境的函件、包裹在境外提供邮政服务、收/派服务。

② 向中国境内单位或个人提供建筑服务、工程监理服务，但是工程施工地点在境外。

③ 向中国境内单位或个人提供工程勘察勘探服务，但工程、矿产资源在境外。

④ 向中国境内单位或个人提供会议展览服务，但会议展览地点在境外。

(3) 中国境内单位和个人作为工程分包方，为施工地点在境外的工程项目提供建筑服务时，从中国境内工程总承包方取得的分包款收入视为境外收入。

三、视同销售的规定

视同销售的规定主要是为了解决税法和会计上的收入确认差异问题。根据该规定，以下情况需视同销售。

（一）视同销售货物

(1) 将货物委托其他单位或个人代销。

(2) 销售代销货物。

(3) 对于设有两个以上机构并实行统一核算的纳税人，将货物从一个机构移送到另一个机构以用于销售，但相关机构在同一县(市)的除外。

(4) 将自产的货物、委托加工的货物或购进的货物用于集体福利或个人消费。

(5) 将自产的货物、委托加工的货物或购进的货物作为投资，提供给其他单位或个体工商户。

(6) 将自产的货物、委托加工的货物或购进的货物分配给股东或投资者。

(7) 将自产的货物、委托加工的货物或购进的货物无偿赠送给其他单位或个人。

（二）视同销售服务、无形资产或不动产

(1) 单位或个体工商户向其他单位或个人无偿提供服务，但不包括用于公益事业或以社会公众为对象的服务。

(2)单位或个人向其他单位或个人无偿转让无形资产或不动产,但不包括用于公益事业或以社会公众为对象的转让。

四、混合销售与兼营行为

(一)混合销售

混合销售是指一项销售行为既涉及货物,又涉及服务。在混合销售中,货物和服务之间存在从属关系,且其价款同时取得。在进行混合销售时,销售方按照主营项目缴纳增值税。

(二)兼营行为

兼营行为是指纳税人的经营范围既包括销售货物或加工、修理、修配劳务,又包括销售服务、无形资产或不动产。纳税人应分别核算不同销售项目的销售额,并按照相应的税率进行纳税。如果未能进行分别核算,则将适用较高的税率或征收率,并且不得享受减免税政策。

需要注意的是,混合销售和兼营行为在税收征管中有其特殊性,纳税人应根据实际经营情况和税法规定进行准确的核算和申报,以确保税收的合规性。

五、不征收增值税的规定

(1)同时符合以下条件代为收取的政府性基金或者行政事业性收费。
① 经国务院或财政部批准设立的政府性基金,以及经国务院或省级人民政府及其财政、价格主管部门批准设立的行政事业性收费。
② 收取时开具省级以上(含省级)财政部门监(印)制的财政票据。
③ 所收款项全额上缴财政。
(2)单位或个体工商户聘用的员工为本单位或雇主提供取得工资的服务。
(3)单位或个体工商户为员工提供应税服务。
(4)各党派、共青团、工会、妇联、中科协、青联、台联、侨联收取党费、团费、会费,以及政府间国际组织收取会费,属于非经营活动,不征收增值税。
(5)存款利息。
(6)被保险人获得的保险赔付。
(7)其他依据国务院财政、税务主管部门规定的情形。

需要注意的是,以上列举的情况根据国务院财政、税务主管部门的规定不征收增值税。在具体操作中,纳税人应确保符合相关规定,并按规定进行核算和申报。

本节总结:在货物交易或提供服务的正常环节中,增值税的征收范围广泛。在实际操作中,特别需要关注视同销售和混合销售业务的处理。视同销售规定针对会计和税法在确认收入标准上的差异,规定了在一些情况下需按照销售处理并纳税。混合销售涉及货物和服务的销售行为,根据主营项目缴纳增值税。在处理这些情况时,纳税人应遵循相关规定,并准确核算和申报增值税。

第四节 税率和征收率

一、增值税的税率规定

目前,我国的增值税税率包括13%、9%、6%和零税率,具体税率规定如下。

(一)13%的税率规定

纳税人销售货物,提供加工、修理、修配劳务,提供有形动产租赁服务及进口货物,适用13%的税率。

(二)9%的税率规定

纳税人销售农产品,进口农产品,提供交通运输服务、邮政服务、基础电信服务、建筑服务、不动产租赁服务,销售不动产,转让土地使用权等,适用9%的税率。

(三)6%的税率规定

纳税人提供增值电信服务,销售无形资产及其他服务(另有规定除外),适用6%的税率。

(四)零税率的规定

纳税人出口货物,或者中国境内单位或个人跨境销售服务、无形资产、不动产,适用零税率。

二、9%税率的适用范围规定

(一)农业产品

种植业、养殖业、林业、牧业、水产业生产的各类植物、动物的初级产品。

(二)其他适用范围

食用植物油、食用盐、自来水、暖气、热水、冷气、煤气、石油液化气、天然气、二甲醚、沼气、居民用煤炭制品、图书、报纸、杂志、音像制品、电子出版物、饲料、化肥、农药、农机、农膜等。

三、零税率的适用范围规定

(一)国际运输服务

在中国境内载运旅客或货物出境、在境外载运旅客或货物入境、在境外载运旅客或货物。

(二)航天运输服务

(三)境外消费的服务

向境外单位提供的完全在境外消费的服务，包括研发服务、合同能源管理服务、设计服务、广播影视节目(作品)的制作和发行服务、软件服务、电路设计及测试服务、信息系统服务、业务流程管理服务、离岸服务外包业务、转让技术服务。

完全在境外消费是指服务的实际接收方在境外，且与中国境内的货物和不动产无关；无形资产完全在境外使用，且与中国境内的货物和不动产无关。

(四)中国香港、中国澳门、中国台湾地区有关应税行为零税率的适用

中国境内单位或个人发生的与中国香港、中国澳门、中国台湾地区有关的应税行为，除另有规定外，适用零税率。

四、征收率

征收率是指增值税的税率，是在使用简易计税方法计税时使用的。根据相关规定，增值税有3%和5%两种征收率。

对于小规模纳税人，采用简易计税方法征收增值税，适用3%的征收率。这意味着小规模纳税人的销售额及其他适用3%征收率的应税销售行为，都按照3%的税率计征增值税。部分应税销售行为适用5%的征收率，如小规模纳税人销售不动产的行为。

本节总结：跨境电商企业进口一般货物时，通常适用13%的增值税税率，如果是低档税率货物则适用9%的增值税税率。跨境电商企业出口货物一般适用零税率。因此，了解增值税税率的适用范围，熟悉增值税征收率的基本规定，对跨境电商企业非常重要。只有准确掌握税率的适用范围，跨境电商企业才能避免因错误使用税率而导致税务风险。

第五节 税收优惠

一、法定免税项目

(1)农业生产者销售的自产农产品。
(2)避孕药品和用具。
(3)古旧图书。
(4)直接用于科学研究、社会实验和教学的进口仪器、设备。
(5)由残疾人的组织直接进口供残疾人专用的物品。
(6)外国政府、国际组织无偿援助的进口物资和设备。
(7)其他个人销售自己使用过的物品。

二、特定免税项目

(一)销售货物

(1)销售饲料。

(2)蔬菜流通。

(3)部分鲜活肉蛋产品流通环节。

(二)销售服务

(1)中国台湾地区航运公司、航空公司从事海峡两岸海上直航、空中直航业务时,在大陆取得的运输收入。

(2)纳税人提供直接或间接国际货物运输代理服务。

(三)金融服务

(1)以下利息收入。

① 国家助学贷款。

② 国债、地方政府债。

③ 人民银行对金融机构的贷款。

④ 符合条件的统借统还利息收入。

(2)符合条件的金融商品转让收入。

(四)进口货物

(1)中国经济图书进出口公司、中国出版对外贸易总公司为大专院校和科研单位免税进口的图书、报刊等资料,在其将这些资料销售给上述院校和单位时,免征中国境内销售环节的增值税。

(2)中国教育图书进出口公司、北京中科进出口公司、中国国际图书贸易总公司销售给高等院校、科研单位和北京图书馆的进口图书、报刊资料,免征增值税。

(3)中国科技资料进出口总公司为科研单位、大专院校进口的用于科研、教学的图书、文献、报刊及其他资料(包括只读光盘、微缩平片、胶卷、地球资源卫星照片、科技和教学声像制品),免征中国境内销售环节增值税。

(4)中国图书进出口总公司销售给国务院各部委、各直属机构及各省、自治区、直辖市所属科研机构和大专院校的进口科研、教学书刊,免征增值税。

(5)自2018年5月1日起,对进口抗癌药品,减按3%征收进口环节增值税;自2019年3月1日起,对进口罕见病药品,减按3%征收进口环节增值税。

(五)海南离岛免税

(1)海南离岛免税政策规定的免税税种为关税、进口环节增值税和消费税。离岛免税政策是指对乘飞机、火车、轮船离岛(不包括离境)旅客实行限值、限量、限品种免进口税购物,在实施离岛免税政策的免税商店(以下称离岛免税店)内或经批准的网上销售窗口付款,在机场、火车站、港口码头指定区域提货离岛的税收优惠政策。离岛免税政策中的免税税种为关税、进口环节增值税和消费税。离岛旅客每年每人免税购物额度为10万元人民币,不限次数。该政策自2020年7月1日起执行。

(2)2020年11月1日起,海南离岛免税店销售免税商品,免征增值税和消费税。

三、临时减免税项目

(一)抗病毒药物

(1)2019年1月1日至2023年12月31日,继续对国产抗艾滋病病毒药物免征生产环节和流通环节增值税。

(2)2021年1月1日至2030年12月31日,对卫生健康委委托进口的抗艾滋病病毒药物,免征进口关税和进口环节增值税。

(二)金融机构发放小额贷款

2017年12月1日至2023年12月31日,对金融机构向农户、小型企业、微型企业及个体工商户发放的小额贷款取得的利息收入,免征增值税。

(三)中国(上海)自由贸易试验区

2021年1月1日至2024年12月31日,对注册在洋山特殊综合保税区内的企业,在保税区内提供交通运输服务、装卸搬运服务和仓储服务取得的收入,免征增值税。

(四)粤港澳大湾区建设

2020年10月1日至2023年12月31日,对注册在广州市的保险企业向注册在南沙自贸片区的企业提供国际航运保险业务取得的收入,免征增值税。

四、即征即退与先征后返(退)政策

(一)即征即退政策

2018年1月1日至2023年12月31日,对动漫企业增值税一般纳税人按照适用税率征收增值税后,对其实际税负超过3%的部分,实行即征即退政策;对动漫软件出口免征增值税。

(二)先征后返(退)政策

2018年1月1日至2023年12月31日,对特定主体的出版物,在出版环节执行先征后返(退)政策。

五、扣减增值税规定

(一)税控系统专用设备

自2011年12月1日起,纳税人初次购买的税控系统专用设备支付的费用,可以凭增值税专用发票,在增值税应纳税额中全额抵减(价税合计),不足抵减时,可以结转下期继续抵减。非初次购买的设备支付费用自行负担,不得抵减。

(二)技术维护费

自 2011 年 12 月 1 日起,纳税人支付的技术维护费,凭发票在增值税应纳税额中抵减,不足抵减时,可以结转下期继续抵减。

六、起征点与免税规定

(一)个人销售起征点

对个人(自然人)销售额未达到起征点的,免征增值税。按期缴纳的,起征点为月销售额 5000～20000 元(含本数);按次缴纳的,起征点为每次(日)销售额 300～500 元(含本数)。

(二)小规模纳税人免税规定

2021 年 4 月 1 日至 2022 年 12 月 31 日,小规模纳税人发生增值税应税销售行为,合计月销售额未超过 15 万元(以 1 个季度为 1 个纳税期的,季度销售额未超过 45 万元)的,免征增值税。开具专用发票的销售额不得免税(下同)。

2022 年 4 月 1 日至 2022 年 12 月 31 日,增值税小规模纳税人适用 3%征收率的应税销售收入,免征增值税(开具专用发票的销售额不能免税);适用 3%预征率的预缴增值税项目,暂停预缴增值税。

2023 年 1 月 1 日至 2023 年 12 月 31 日,对月销售额 10 万元以下(含本数)的增值税小规模纳税人,免征增值税。

2023 年 1 月 1 日至 2023 年 12 月 31 日,增值税小规模纳税人适用 3%征收率的应税销售收入,减按 1%征收率征收增值税;对适用 3%预征率的预缴增值税项目,减按 1%预征率预缴增值税。

本节总结: 企业利用增值税的税收优惠政策,可以充分享受国家政策福利。企业应熟悉免税、减税、扣减规定,以及起征点与免征额等政策,注意优惠政策的享受条件和执行期间。特别需要注意的是,企业需要对未开票收入进行纳税申报,开具专用发票的部分不能享受免征增值税的优惠。

第六节 增值税的计税方法

一、增值税计税方法概述

(一)一般计税方法

一般纳税人按照一般计税方法计算应缴纳的增值税,其计算公式如下:

当期应纳增值税税额=当期销项税额-当期进项税额

(二) 简易计税方法

通常情况下，小规模纳税人按照简易计税方法计税，并且不能抵扣进项税额。一般纳税人发生特定销售行为时，也可以采用简易计税方法计税，且同样不能抵扣进项税额。简易计税方法的计算公式如下：

$$当期应纳税额=当期不含税销售额\times 征收率$$

(三) 扣缴计税法

境外单位或个人在中国境内发生应税行为，在中国境内没有经营机构的，由其在中国境内的代理人作为扣缴义务人；在中国境内没有代理人的，以购买方作为扣缴义务人。扣缴税款的计算公式如下：

$$应扣税额=接收方支付的价款\div (1+税率)\times 税率$$

二、一般纳税人应纳税额的计算方法

(一) 销项税额

销项税额是指纳税人发生应税行为时，按照销售额与规定税率计算并向购买方收取的增值税税额，其计算公式如下：

$$销项税额=销售额\times 税率$$

值得注意的是，此处的销售额为不含增值税的销售额，如果销售方取得的是价税合计的销售金额，则需要首先将含增值税的销售额转换为不含增值税的销售额，然后再进行计算。

1. 销售额的一般规定

增值税销售额是指纳税人销售货物或提供应税劳务后向购方收取的全部价款和价外费用，但不包括收取的销项税额。

价外费用是指向购买方收取的除销售价格外的手续费、补贴、基金、集资费、返还利润、奖励费、违约金(延期付款利息)、赔偿金、包装费、包装物租金、储备费、优质费、运输装卸费、代收款项、代垫款项及其他各种性质的价外收费。

凡是价外费用，无论纳税人的会计制度如何计算，均应并入销售额以计算应纳税额。同时，《增值税暂行条例实施细则》也规定了不包括在价外费用内的三种情况。

(1) 向购买方收取的销项税额。
(2) 受托加工应征消费税的消费品所代缴的消费税。
(3) 同时符合以下条件的代垫付运费：承运部门给购货方开具运费发票的；纳税人将该项发票转交给购货方的。

通常情况下，价外收费视同含增值税的销售额时，则需要首先将含增值税的销售额转换为不含增值税的销售额，然后再计算应纳税额。

2. 特殊销售方式的销售额

(1) 折扣方式销售货物。

折扣方式销售包括折扣销售(商业折扣)、销售折扣(现金折扣)和销售折让三种方式。

折扣销售是指各种打折促销行为,包括比例折扣和定额折扣。根据税法规定,如果销售额和折扣额在同一张发票金额栏上分别注明,则可按照折扣后的金额征收增值税;如果折扣额另开发票,则不能从销售额中扣减折扣额。

销售折扣是企业在售后进行的一种融资行为,折扣额不得从销售额中扣减,通常将折扣额计入企业的"财务费用"中。

销售折让通常是由于产品质量瑕疵等原因,企业为了保证商业信誉而给予购买方的一种折扣。纳税人需要开具红字专用发票,以冲减相应的销售额,这是税法允许的。

(2) 以旧换新方式销售货物。

以旧换新方式销售货物时,销售方应按照新货物的同期销售价格计算缴纳增值税。

例如,超市进行电饭煲以旧换新活动,消费者凭旧电饭煲作价 300 元以换购正常售价 499 元的电饭煲,并补差价 199 元。在计算增值税时,应按照 499 元作为计税依据计算缴纳增值税,不能扣减旧货物的价值。

但也有例外,如在进行金银首饰的以旧换新业务时,增值税和消费税都是按照差额计算的,此时以实际收到的差价款作为计税依据。

(3) 还本销售方式销售货物。

还本销售是企业销售货物后,在一定期限内,按照约定,将全部或部分销货款一次或分次无条件退还给购货方的一种销售方式。这种行为本质上是售后融资行为,还本部分不得从销售额中扣除。

(4) 以物易物方式销售货物。

以物易物方式销售货物时,购销双方都应进行购销处理。例如,甲方用冰箱与乙方的彩电进行以物易物,从甲方的角度来看,应理解为甲方向乙方销售冰箱,并同时又从乙方购买彩电,这是两个交易行为;乙方的销售行为则相反。

(5) 直销方式销售货物。

直销方式通常涉及两种模式,第一种模式是直销企业直接向消费者销售货物;第二种模式是直销企业通过直销员向消费者销售货物。对于第一种模式,由直销企业负责缴纳增值税,消费者作为最终消费者不需要缴纳增值税。对于第二种模式,如果直销员购买了产品并对外销售,则直销员需要按照现行规定缴纳增值税。

(6) 包装物押金的计税规则。

包装物是指纳税人包装本单位货物时所使用的各种物品。在对包装物收取押金时,根据时间和内容的不同有不同的计税规则。在单独记账核算一般货物的包装物押金时,如果时间在 1 年以内且未逾期,则不需要将押金并入销售额征税;如果因逾期未收回包装物而不再退还押金,则应将押金并入销售额征税;除啤酒、黄酒外的其他酒类产品的包装物押金,无论是否返还或如何核算,收取包装物押金时都应并入当期销售额。

计算公式如下:

应纳增值税=逾期押金÷(1+税率)×税率(包装货物适用税率)

例 3-2：某酒厂为增值税一般纳税人，其主要业务为生产白酒和黄酒。该酒厂 2022 年 8 月销售某种酒，销售额为 800 万元，已开具增值税专用发票。同时，该酒厂收取了该种酒的包装物押金 226 万元，其中有 56.5 万元的押金逾期未退还。试计算该酒厂 2022 年 8 月的增值税销项税额。

参考答案：

若销售的是白酒：

$$销项税额 = 800 \times 13\% + 226 \div (1 + 13\%) \times 13\% = 130(万元)$$

若销售的是黄酒：

$$销项税额 = 800 \times 13\% + 56.5 \div (1 + 13\%) \times 13\% = 110.5(万元)$$

(7) 销售货物退回或销售折让。

在销售货物过程中，如果由于货物质量、规格等原因发生销售货物退回或销售折让，则退还给购买方的增值税额应从销项税额中扣减。

3. 视同销售的销售额

视同销售按照以下顺序确定销售额。

(1) 按纳税人最近时期同类货物平均销售价格确定销售额。

(2) 按其他纳税人最近时期同类货物平均销售价格确定销售额。

(3) 按组成计税价格确定销售额。

一般货物：　组成计税价格=成本×(1+成本利润率)

应税消费品：　组成计税价格=成本×(1+成本利润率)+消费税

或

组成计税价格=成本×(1+成本利润率)÷(1−消费税税率)

以上公式中的成本是指在销售自产货物时为实际生产成本，在销售外购货物时为实际采购成本。一般货物的成本利润率为 10%，而以上公式中应税消费品的成本利润率由国家税务总局确定。

例 3-3：某生产企业为增值税一般纳税人，2023 年 1 月将自产的新产品(非应税消费品)赠送给客户，该批新产品的制造成本(不含税)为 2000 元，成本利润率为 10%。试计算销项税额。

参考答案：

$$销项税额=2000\times(1+10\%)\times13\% =286(元)$$

4. 销售额的特殊规定

全面实施"营改增"制度后，由于时间性、政策性等原因，目前仍然存在无法通过抵扣机制避免重复征税的问题，因此引入了差额征税的办法，以解决纳税人税收负担增加的问题。

(二)进项税额

进项税额是指纳税人购进货物时支付或负担的增值税额。通常情况下，购入时会取得符合规定的发票，若所购货物用于连续生产经营，则可凭票计算抵扣进项税额。

1. 准予从销项税额中抵扣的进项税额

(1) 取得增值税专用发票后，以票面注明的增值税金额作为进项税额。

(2) 取得海关进口增值税专用缴款书后，以缴款书注明的增值税金额作为进项税额。

(3) 取得农产品销售发票或收购发票后，计算抵扣的规则为，若生产适用 9%或 6%税率的目的物，则抵扣进项税额=购买金额×9%；若生产适用 13%税率的目的物，则抵扣进项税额=购买金额×10%。

(4) 取得国内旅客运输服务增值税电子普通发票后，可以抵扣的进项税额为发票上注明的税额。

(5) 取得通行费增值税电子普通发票(主要是指纳税人支付的道路、桥、闸通行费)后，可以抵扣的进项税额为发票上注明的税额。

(6) 取得不动产销售发票后，可以抵扣的进项税额为票面注明的税额。

(7) 自境外单位或者个人购进劳务、服务、无形资产或者境内的不动产，从税务机关或者扣缴义务人取得的代扣代缴税款的完税凭证上注明的增值税额。

(8) 其他符合条件的发票。

(9) 加计抵减政策，2022 年 12 月 31 日前，对主营业务为邮政、电信、现代服务和生活服务业的纳税人，按进项税额加计 10%抵减应纳税额；允许生活性服务业纳税人按照当期可抵扣进项税额加计 15%抵减应纳税额。

2023 年 1 月 1 日至 2023 年 12 月 31 日，允许生产性服务业纳税人按照当期可抵扣进项税额加计 5%抵减应纳税额，允许生活性服务业纳税人按照当期可抵扣进项税额加计 10%抵减应纳税额。

(10) 留抵退税政策，针对一般纳税人进项税额较多且进项税额被长期留在账面待抵扣的情况，现有政策规定，符合条件的企业可以申请增量和存量进项税额的留抵退税。最新政策见《关于进一步加大增值税期末留抵退税政策实施力度的公告》(财政部 税务总局公告 2022 年第 14 号)。2022 年我国实施大规模留抵退税政策，留抵退税金额约 1.5 万亿元，从而有效缓解了企业的资金压力。

2. 不得从销项税额中抵扣的进项税额

(1) 用于简易计税方法计税项目、免征增值税项目、集体福利或个人消费的购进货物、应税劳务、服务、固定资产、无形资产及不动产。其中，涉及的固定资产、无形资产、不动产，仅指专用于上述项目的固定资产、无形资产(不包括其他权益性无形资产)、不动产。

(2) 非正常损失的购进货物及相关的应税劳务和交通运输服务。

(3) 非正常损失的产品、产成品所耗用的购进货物，或者应税劳务和交通运输服务。

(4) 非正常损失的不动产，以及该不动产耗用的购进货物、设计服务和建筑服务。

(5) 非正常损失的不动产在建工程所耗用的购进货物、设计服务和建筑服务。

(6) 购进的贷款服务、餐饮服务、居民日常服务(住宿除外)、娱乐服务。

(7) 财政部和国家税务总局规定的其他情形。

以上所述非正常损失是指，由于管理不善造成货物被盗、丢失、霉烂变质，以及因违反法律法规，造成货物或不动产被依法没收、销毁、拆除的情形。

自然灾害和正常损耗的情形，其进项税额可正常抵扣。

3. 进项税额转出的相关规定

(1) 税款抵扣后，若货物改变用途，如将已抵扣的货物用于免税项目、集体福利或个人消费等，则需要将进项税额转出。转出进项税额时应按照历史成本计价，不需要考虑其价格变动。

(2) 购进时已经做进项抵扣的非正常损失的购进货物，若跨期出现非正常损失，则需要将原已抵扣的进项税额转出，区别于上述不得抵扣情形(当期发生)。

(三) 应纳税额的计算

一般纳税人应纳税额计算公式如下：

$$一般纳税人应纳税额 = 当期销项税额 - 当期进项税额$$

例3-4：某企业为增值税一般纳税人，主要生产工作服，2022年10月发生以下业务。

(1) 销售给A客户1000件工作服，不含税单价1500元。

(2) 销售给B客户2000件工作服，不含税单价1400元。

(3) 销售给C客户500件工作服，不含税单价500元。

(4) 用100件工作服与D客户换取生活资料，收到D客户开具普通发票，注明价税合计金额161966.29元。

(5) 当月生产一种新款工作服500件，生产成本每件2000元，全部用于发放给职工和赠送客户。

(6) 购进原材料一批，取得增值税专用发票，注明金额2000000元，另支付运费并取得增值税专用发票，注明金额100000元。

(7) 购进原材料10吨，每吨不含税单价60000元，因购买数量多，销售方给予九五折优惠，折扣额和销售额在同一张发票上，已收到对方开具的增值税专用发票。

(8) 当月发现上月购进一批原材料丢失，查明系因管理不善造成，账面显示入账成本为300000元。

试计算该企业当月应缴纳增值税税额。

参考答案：

(1) 销项税额 = 1000 × 1500 × 13% = 195000(元)

(2) 销项税额 = 2000 × 1400 × 13% = 364000(元)

(3) 销售给C客户的价格明显偏低，因此需要核定销售额，按当月同类货物平均价格计算销售额，平均销售价格 = (1000×1500+2000×1400)÷(1000+2000) = 1433.33(元)。

$$则销项税额 = 1433.33 × 500 × 13\% = 93\,166.45(元)$$

(4)与 D 客户换取生活资料应视同销售，销项税额=100×1433.33×13% = 18633.29(元)

(5)新款工作服按照组成计税价格确认销项税额 = 500 × 2000 ×(1+10%)×13% = 143000(元)

(6)进项税额 = 2000000×13% +100000 × 9% = 269000(元)

(7)进项税额 = 10×60000 × 95% × 13% = 74100(元)

(8)进项税额转出 = 300000×13% = 39000(元)

(9)当月应交增值税=销项税额−(进项税额−进项税额转出)=

195000+364000+93166.45+18633.29+143000−(269000+ 74100−39000)=509699.74(元)

例 3-5：某运输公司为增值税一般纳税人，具备国际运输资质，2022 年 7 月经营业务如下。

(1)在境内运送旅客，按售票统计，取得价税合计金额 176 万元。

(2)运送货物，开具增值税专用发票，注明运输收入不含税金额 260 万元。

(3)提供仓储服务，开具增值税专用发票，注明仓储收入不含税金额 70 万元。

(4)修理、修配各类车辆，开具普通发票，注明价税合计金额 34.8 万元。

(5)购进机动车 4 辆，作为自用，每辆单价 16 万元，取得销售公司开具的增值税专用发票，注明金额 64 万元、税额 8.32 万元；另支付销售公司运输费用，取得运输业增值税专用发票，注明运费金额 4 万元、税额 0.36 万元。

(6)购进汽油，取得增值税专用发票，注明金额 10 万元、税额 1.3 万元。其中，购进汽油的 90%用于该运输公司运送货物、10%用于该运输公司接送员工上下班。

(7)购进矿泉水一批，取得增值税专用发票，注明金额 2 万元、税额 0.26 万元。其中，购进矿泉水的 70%赠送给该运输公司运送的旅客、30%用于该运输公司集体福利。

根据上述资料，试计算该运输公司 2022 年 7 月应向主管税务机关缴纳的增值税税额。

参考答案：

(1)销项税额 = 176÷(1+9%) ×9% = 14.53(万元)

(2)销项税额 = 260×9% = 23.4(万元)

(3)销项税额 = 70×6% = 4.2(万元)

(4)销项税额 =34.8÷(1+13%)×13% = 4(万元)

(5)购进机动车可抵扣进项税额 = 8.32 + 0.36 = 8.68(万元)

(6)购进汽油可抵扣进项税额 = 1.3×90%=1.17(万元)

(7)购进矿泉水 70%用于赠送给旅客，视同销售销项税额 = 2×70%×13%=0.182(万元)，同时抵扣进项税额 0.26 × 70% = 0.182(万元)

(8)应向主管税务机关缴纳的增值税 = 14.53+23.4+4.2+4−8.68−1.17+0.182−0.182 = 36.28(万元)

三、小规模纳税人应纳税额的计算方法

小规模纳税人采取简易计税方法计算应缴纳的增值税，通常情况下征收率为 3%，涉及不动产销售、租赁转让土地使用权等业务时，适用 5%的征收率。小规模纳税人销售使

用过的物品,可以享受3%的征收率并减按2%征收。应纳税额计算公式如下。

$$应纳税额 = 销售额 \times 征收率$$

此处的销售额为不含增值税的销售额。通常情况下,小规模纳税人对外销售取得价款(零售额)为价税合计款项,需要转换成不含税销售额。

例 3-6:某电商企业为增值税小规模纳税人,主营业务为在线销售女装,2022 年 5 月购进服装,并取得增值税普通发票,共计金额 14.4 万元;经税务主管机关核准初次购进税控收款机一台,取得普通发票,支付金额 2850 元;当月在线销售服装取得含税收入 24.72 万元,并开具增值税专用发票给买家。试计算该电商企业当月应缴纳增值税税额。

参考答案:

销售额 = 24.72÷(1+3%) = 24(万元)

应纳税额 = 24×10000×3% − 2850 = 4350(元)

注:购买税控机的普票和专票都可以全额(价税合计)抵扣,但是对于小规模纳税人开具专用发票的销售额的部分不能包含在免税额度中,因此不能享受免税政策。

本节总结:通过学习本节内容,可准确理解增值税的计税方法,正确掌握一般纳税人和小规模纳税人的应纳税额计算方法,熟悉销项税额、进项税额的相关确定。纳税人应加强对增值税发票的使用和管理,防控发票的涉税风险。

第七节　进出口环节增值税政策

根据国际惯例,一国对出口的货物通常不负担出口环节的增值税,这有利于增强本国货物的国际竞争力。通常情况下,各个国家均会通过对进口货物征收进口环节增值税的方式,以平衡国内市场的竞争。目前我国规定,单位和个人在对进口货物报关时,由海关负责征收进口环节的增值税。

一、进口环节的增值税政策

(一)纳税人

进口货物的增值税纳税义务人为进口货物收货人或办理报关手续的单位和个人。然而在实际操作中,由于海关有时会将完税凭证开具给委托方,有时则会开具给受托方,因此对于代理进口货物的情况,以海关开具的完税凭证上的纳税人作为增值税纳税人。

跨境电子商务零售进口货物按照具体货物征收关税和进口环节增值税、消费税,购买跨境电子商务零售进口货物的单位和个人作为纳税义务人。跨境电子商务企业、电子商务交易平台企业或物流企业可作为代收代缴义务人。

(二)征税范围

从海关报关进口的货物,无论其用途是什么,均应缴纳增值税(免税进口货物除外)。

因"来料加工""进料加工"等贸易方式进口国外的原材料、零部件等,在国内加工后复出口的,对进口的料件按规定免税或减税;在国内加工后内销的,则需要补税。

自2018年6月1日起,对申报进口监管方式为1500(租赁不满一年)、1523(租赁贸易)、9800(租赁征税)的租赁飞机(税则品目:8802),海关停止代征进口环节增值税。进口租赁飞机增值税的征收管理,由税务机关按照现行增值税政策组织实施。

从其他国家或地区进口《跨境电子商务零售进口商品清单》范围内的以下货物,均适用跨境电子商务零售进口增值税税收政策。

(1)所有通过与海关联网的电子商务交易平台交易,能够实现交易、支付、物流电子信息"三单"比对的跨境电子商务零售进口货物。

(2)未通过与海关联网的电子商务交易平台交易,但快递、邮政企业能够统一提供交易、支付、物流等电子信息,并承诺承担相应法律责任的跨境电子商务零售进口货物。

不属于跨境电子商务零售进口的个人物品,以及无法提供交易、支付、物流等电子信息的跨境电子商务零售进口货物,按现行政策规定作为一般货物进口业务征收增值税。

(三)税率

按照增值税征税货物的适用税率征税。

(四)进口环节增值税的计算

纳税人进口货物时,按照组成计税价格和适用税率计算进口环节应缴纳的增值税。

1. 组成计税价格

若进口货物为一般货物(非应税消费品),则组成计税价格的计算公式如下:

$$组成计税价格=关税完税价格+关税$$

或

$$组成计税价格=关税完税价格\times(1+关税税率)$$

若进口货物为应税消费品,则组成计税价格的计算公式为:

$$组成计税价格=关税完税价格+关税+消费税$$

或

$$组成计税价格=(关税完税价格+关税)\div(1-消费税税率)$$

根据《中华人民共和国关税法》和《中华人民共和国进出口关税条例》的规定,一般贸易项下进口货物的关税完税价格以海关审定的成交价格[①]为基础的到岸价格作为完税价格。

[①] 成交价格是指购买方为购买该项货物向卖方实际支付或应当支付的价款;到岸价格包括货价加上货物运抵我国关境输入地点起卸前的包装费、运费保险费、劳务费等费用。

2. 应纳税额

应纳税额的计算公式如下。

$$应纳税额=组成计税价格\times 税率$$

根据现行政策规定，纳税人真实进口货物，从海关取得海关进口增值税专用缴款书，可以按照规定抵扣增值税税款。

例 3-7：某跨境电子商务企业(有进出口经营权)为增值税一般纳税人，2022 年 8 月进口一批货物，买入价为 85 万元，境外运费及保险费共计 5 万元。假定该批货物当月全部对国内市场销售，取得不含税销售额 150 万元。适用消费税税率为 15%，关税税率 15%，增值税税率为 13%，试计算当月该企业应缴纳的增值税税额。

参考答案：

(1) 关税完税价格=85+5 = 90(万元)
(2) 组成计税价格= 90×(1+15%)÷(1−15%)=121.7647(万元)
(3) 进口环节应纳增值税=121.7647×13% =15.8294(万元)
(4) 境内销售环节的销项税额=150×13% =19.5(万元)
(5) 境内销售环节应纳税额=19.5−15.8294 = 3.6706(万元)

注：进口环节增值税上缴报关的海关，国内销售环节的增值税上缴当地主管税务局。

(五)征收管理

进口环节增值税由海关代征，纳税义务发生时间为进口报关当天，纳税期限为海关填开进口增值税专用缴款书之日起 15 日内。

跨境电子商务零售进口货物自海关放行之日起 30 日内退货的，可申请退税，并相应调整企业年度交易总额。

跨境电子商务零售进口货物的进口环节增值税、消费税取消免征税额，暂按法定应纳税额的 70%征收综合税。

二、出口环节的增值税政策

一国对出口货物、劳务和跨境应税行为实行增值税退(免)税政策，这是国际惯例，该政策有利于公平的国际竞争。从原理上讲，出口环节不应该负担增值税，因为出口企业在境内生产或购入货物时负担了一定的增值税。对于这部分增值税的退还，在实务中结合特定的业务类型，分为不同的处理办法。总体来看，出口增值税政策包括出口免税并退税("免、抵、退"税和"免、退"税)、出口免税不退税(适用免税政策)、出口不免税也不退税(正常征税)。以下主要以出口货物为例介绍相关政策。

(一)出口免税并退税的政策规定

1. 出口企业出口货物

出口企业出口货物包括自营出口货物和委托出口货物。

2. 出口企业或其他单位视同出口的货物

(1)出口企业对外援助、对外承包、境外投资的出口货物。

(2)出口企业经海关报关进入国家批准的出口加工区、保税物流园区、保税港区、综合保税区、珠澳跨境工业区(珠海园区)、中哈霍尔果斯国际边境合作中心(中方配套区域)、保税物流中心(B型)等(以下简称"特殊区域"),并销售给特殊区域内单位或境外单位、个人的货物。

(3)免税货物经营企业销售的货物(国家规定不允许经营和限制出口的货物、卷烟和超出免税货物经营企业经营范围的货物除外)。

(4)经出口企业或其他单位销售的,用于国际金融组织或外国政府贷款国际招标建设项目的中标机电产品。上述中标机电产品包括外国企业中标再分包给出口企业或其他单位的机电产品。

(5)出口企业或其他单位销售给国际运输企业的,用于国际运输工具上的货物。

(6)出口企业或其他单位销售给特殊区域内生产企业生产耗用且不向海关报关而输入特殊区域的水(包括蒸汽)、电力、燃气。

3. 生产企业出口视同自产货物

出口环节免征增值税,相应的进项税额可以抵减应纳增值税额,未抵减完的部分予以退还。

视同自产货物的具体范围如下。

(1)持续经营以来从未发生骗取出口退税、虚开增值税专用发票或农产品收购发票、接收虚开增值税专用发票(善意取得虚开增值税专用发票除外)等行为,且同时符合下列条件的生产企业出口的外购货物,可视同自产货物,适用增值税退(免)税政策。

① 已取得增值税一般纳税人资格。

② 已持续经营2年及2年以上。

③ 纳税信用等级A级。

④ 上一年度销售额5亿元以上。

⑤ 外购出口的货物与本企业自产货物同类型或具有相关性。

(2)持续经营以来从未发生骗取出口退税、虚开增值税专用发票或农产品收购发票、接收虚开增值税专用发票(善意取得虚开增值税专用发票除外)等行为,但不能同时符合上述规定条件的生产企业,出口的外购货物符合下列条件之一的,可视同自产货物,适用增值税退(免)税政策。

① 同时符合下列条件的外购货物:与本企业生产的货物名称、性能相同;使用本企业注册商标或境外单位或个人提供给本企业使用的商标;出口给进口本企业自产货物的境外单位或个人。

② 与本企业所生产的货物属于配套出口,且出口给进口本企业自产货物的境外单位或个人的外购货物,符合下列条件之一的:用于维修本企业出口的自产货物的工具、零部件、配件,或者不经过本企业加工或组装,出口后能直接与本企业自产货物组合成成套设备的货物。

③ 经集团公司总部所在地的地级以上国家税务总局认定的集团公司，其控股的生产企业之间收购的自产货物，以及集团公司与其控股的生产企业之间收购的自产货物。

④ 同时符合下列条件的委托加工货物：与本企业生产的货物名称、性能相同，或者用本企业生产的货物再委托深加工的货物；出口给进口本企业自产货物的境外单位或个人；委托方与受托方必须签订委托加工协议，且主要原材料必须由委托方提供，受托方不垫付资金，只收取加工费，并开具加工费（含代垫的辅助材料）的增值税专用发票。

⑤ 用于本企业中标项目的机电产品。

⑥ 用于对外承包工程项目的货物。

⑦ 用于境外投资的货物。

⑧ 用于对外援助的货物。

⑨ 生产自产货物的外购设备和原材料（农产品除外）。

4. 出口企业对外提供加工、修理、修配劳务

对外提供加工、修理、修配劳务，是指对进口复出口货物或从事国际运输的运输工具进行的加工、修理、修配。

5. 融资租赁货物出口退税

对融资租赁企业、金融租赁公司及其设立的项目子公司，以融资租赁方式租赁给境外承租人，且租赁期限在5年（含）以上，并向海关报关后实际离境的货物，试行增值税、消费税出口退税政策。融资租赁出口货物的范围包括飞机、飞机发动机、铁道机车、铁道客车车厢、船舶及其他货物。同时，这些货物需满足"固定资产"的相关规定。

（二）增值税出口退税率

1. 退税率的一般规定

除另有规定外，出口货物、应税服务和无形资产的退税率为其所适用的增值税出口退税率。目前，增值税出口退税率分为13%、10%、9%、6%和零税率[①]。

2. 退税率的特殊规定

（1）跨境电商企业购进按简易计税方法计税的出口货物、从小规模纳税人购进的出口货物，其退税率分别为简易计税方法计税实际执行的征收率、小规模纳税人征收率。上述出口货物取得增值税专用发票的，按照增值税专用发票上的税率和出口货物退税率孰低的原则确定退税率。

（2）出口企业委托加工、修理、修配货物，其加工、修理、修配费用的退税率为出口货物的退税率。

（3）中标机电产品、出口企业向海关报关进入特殊区域，并销售给特殊区域内生产企业生产耗用的列名原材料、输入特殊区域的水电气，其退税率为适用税率。如果国家调整列名原材料的退税率，列名原材料应当自调整之日起执行调整后的退税率。

---

① 可以登录国家税务总局网站，通过商品代码和商品名称查询最新的退税率。

3. 其他规定

不同退税率的货物、劳务及跨境应税行为，应分开报关、核算并申报退(免)税，未分开报关、核算或划分不清的，从低适用退税率。

(三)增值税退(免)税的计税依据

出口货物、劳务的增值税退(免)税的计税依据，根据出口货物、劳务的出口发票(外销发票)、其他普通发票或购进出口货物、劳务的增值税专用发票、海关进口增值税专用缴款书确定。

跨境应税行为的计税依据按照《适用增值税零税率应税服务退(免)税管理办法》(国家税务总局公告2014年第11号)执行。具体规定如下。

(1)生产企业出口货物、劳务(进料加工复出口货物除外)增值税退(免)税的计税依据，为出口货物、劳务的实际离岸价(FOB价)。实际离岸价应以出口发票上的离岸价为准，但如果出口发票不能反映实际离岸价，则主管税务机关有权予以核定。

(2)对于进料加工出口货物，企业应以出口货物人民币离岸价扣除出口货物耗用的保税进口料件金额的余额作为增值税退(免)税的计税依据。

(3)生产企业从国内购进无进项税额，且不计提进项税额的免税原材料加工后出口的货物，按出口货物的离岸价扣除出口货物所含的国内购进免税原材料的金额作为计税依据。

(4)跨境电商企业出口货物(委托加工、修理、修配货物除外)增值税退(免)税的计税依据，为购进出口货物的增值税专用发票注明的金额或海关进口增值税专用缴款书注明的完税价格。

(5)跨境电商企业出口委托加工、修理、修配货物增值税退(免)税的计税依据，为加工、修理、修配费用增值税专用发票注明的金额。

(6)出口进项税额未计算抵扣的、已使用过的设备增值税退(免)税的计税依据，按下列公式确定：

退(免)税计税依据=增值税专用发票上的金额或海关进口增值税专用缴款书注明的完税价格×已使用过的设备固定资产净值÷已使用过的设备原值

已使用过的设备固定资产净值=已使用过的设备原值-已使用过的设备已提累计折旧

(7)免税货物经营企业销售的货物增值税退(免)税的计税依据，为购进货物的增值税专用发票注明的金额或海关进口增值税专用缴款书注明的完税价格。

(8)中标机电产品增值税退(免)税的计税依据分为两种情况：一种情况是生产企业的计税依据为销售机电产品的普通发票注明的金额；另一种情况是跨境电商企业的计税依据为购进货物的增值税专用发票注明的金额或海关进口增值税专用缴款书注明的完税价格。

(9)输入特殊区域的水电气增值税退(免)税的计税依据，为作为购买方的特殊区域内生产企业购进水(包括蒸汽)、电力、燃气的增值税专用发票注明的金额。

(10)跨境应税行为的退(免)税计税依据按下列规定执行。

实行"免抵退"税办法的退(免)税计税依据如下。

① 以铁路运输方式载运旅客的，计税依据为按照铁路合作组织清算规则清算后的实际运输收入。

② 以铁路运输方式载运货物的，计税依据为按照铁路运输进款清算办法，对"发站"或"到站(局)"名称包含"境"字的货票上注明的运输费用，以及直接相关的国际联运杂费清算后的实际运输收入。

③ 以航空运输方式载运货物或旅客的，如果国际运输或港澳台地区运输各航段由多个承运人承运的，计税依据为中国航空结算有限责任公司清算后的实际收入；如果国际运输或港澳台地区运输各航段由同一个承运人承运的，计税依据为提供航空运输服务取得的收入。

④ 其他实行"免、抵、退"税办法的增值税零税率应税行为，计税依据为提供增值税零税率应税行为取得的收入。

实行"免、退"税办法的退(免)税计税依据，为购进应税服务的增值税专用发票或解缴税款的中华人民共和国税收缴款凭证上注明的金额。

(四)增值税退(免)税的计税

1. 生产企业出口货物、劳务、无形资产和服务的增值税政策采用"免、抵、退"税办法

(1)当期应纳税额的计算方法。

当期应纳税额的计算公式如下：

当期应纳税额=当期销项税额−(当期进项税额− 当期不得免征和抵扣税额)×

当期不得免征和抵扣税额=当期出口货物离岸价×外汇人民币折合率

(出口货物适用税率−出口货物退税率)−当期不得免征和抵扣税额抵减额

当期不得免征和抵扣税额抵减额=当期免税购进原材料价格×

(出口货物适用税率−出口货物退税率)

出口货物离岸价以出口发票计算的离岸价为准。实际离岸价应以出口发票上的离岸价为准，但如果出口发票不能反映实际离岸价，则主管税务机关有权予以核定。

(2)当期"免、抵、退"税额的计算方法。

当期"免、抵、退"税额的计算公式如下：

当期"免、抵、退"税额=当期出口货物离岸价×外汇人民币折合率×

出口货物退税率−当期"免、抵、退"税额抵减额

当期"免、抵、退"税额抵减额=当期免税购进原材料价格×出口货物退税率

(3)当期应退税额和"免、抵"税额的计算方法。

当期应退税额和"免、抵"税额的计算公式如下：

①如果当期期末留抵税额≤当期"免、抵、退"税额，则：

当期应退税额=当期期末留抵税额

当期"免、抵"税额=当期"免、抵、退"税额−当期应退税额

②如果当期期末留抵税额>当期"免、抵、退"税额，则：

当期应退税额=当期"免、抵、退"税额

当期免抵税额=0

当期期末留抵税额=当期增值税纳税申报表中"期末留抵税额"

(4) 当期免税购进原材料价格包括当期从国内购进的无进项税额且不计提进项税额的免税原材料的价格和当期进料加工保税进口料件的价格。

其中，当期进料加工保税进口料件的价格为进料加工出口货物耗用的保税进口料件金额，其计算公式如下：

进料加工出口货物耗用的保税进口料件金额=进料加工出口货物人民币离岸价×进料加工计划分配率

(计划分配率 = 计划进口总值÷计划出口总值×100%)

计算不得免征和抵扣税额时，应按当期全部出口货物的销售额扣除当期全部进料加工出口货物耗用的保税进口料件金额后的余额乘以征退税率之差计算。

进料加工出口货物收齐有关凭证申报"免、抵、退"税额时，以收齐凭证的进料加工出口货物人民币离岸价扣除其耗用的保税进口料件金额后的余额计算"免、抵、退"税额。

例 3-8： 某自营出口业务的生产企业为增值税一般纳税人，出口货物的征税税率为13%，退税税率为10%，2023年5月该企业的有关经营业务为：购进原材料一批，取得增值税专用发票，注明价款300万元，进项税额39万元；2023年4月月末留抵税款10万元；2023年5月内销货物不含税销售额150万元，收款169.5万元并存入银行；2023年5月出口货物的销售额折合人民币200万元。试计算该企业当期的"免抵退"税额。

参考答案：

①当期"免、抵、退"税额= 200×(13%-10%)=6(万元)

②当期应纳税额=150 × 13%-(39-6)-10=-23.5(万元)

③出口货物"免、抵、退"税额=200 × 10%=20(万元)

④按规定，如当期期末留抵税额 > 当期"免、抵、退"税额时，当期应退税额=当期"免、抵、退"税额

当期应退税额 = 20(万元)

⑤当期"免、抵"税额=当期"免、抵、退"税额-当期应退税额

当期"免、抵"税额 = 20-20 = 0(万元)

该企业期末留抵结转下期继续抵扣税额为 3.5 万元(23.5-20)。

例 3-9： 嘉兴东方机械制造有限公司为增值税一般纳税人，2022年6月1日购进原材料一批，取得增值税专用发票，注明金额5000万元，税额650万元，2022年6月10日将一批设备销售给境内甲公司，开具增值税专用发票，注明的金额为 3000 万元，税额 390 万元。2022年6月20日将一批设备销售给境外乙公司，离岸价为500美元。假定当月无其他业务发生，上期无留抵税额。已知该企业符合"免、抵、退"税政策，征税率13%，

退税率13%，外汇人民币牌价为100美元=700元。试计算该企业当期"免、抵、退"税额。

参考答案：

① 计算当期应纳税额。

当期不得免征和抵扣税额=当期出口货物离岸价格×外汇人民币折合率×(出口货物适用税率−出口货物退税率)=500×7×(0−0)=0(万元)

当期应纳税额=当期销项税额−(当期进项税额−当期不得免征和抵扣税额)

=3000×13%−(650−0)=−260(万元)

② 计算"免、抵、退"税额。

当期"免、抵、退"税额=当期出口货物离岸价格×外汇人民币折合率×出口货物退税率=500×7×13%=455(万元)

③ 计算应退税额、免抵额。

当期"免、抵、退"税额(455万元)大于当期期末留抵税额(260万元)，所以当期应退260万元，当期"免、抵"税额为455−260=195(万元)。

2. 跨境电商企业出口货物、劳务和应税行为增值税采用"免、退"税办法

跨境电商企业涉及的业务为买进卖出，没有继续加工生产。相比生产企业，跨境电商企业的业务比较简单。跨境电商企业计算增值税应退税额公式如下：

增值税应退税额 = 增值税退(免)税计税依据 × 出口货物退税率

例3-10：绍兴某进出口企业，2023年5月份向南非出口精制地毯18000平方米，该企业从嘉兴海宁购入这批地毯时取得增值税专用发票，列明单价30元/平方米，价税合计610200元，已知退税率为13%。试计算该企业增值税应退税额。

参考答案：

增值税应退税额=18000×30×13%=70200(元)

(五)出口货物免税政策规定

对符合下列条件的出口货物劳务，除另有规定外，按以下规定实行免征增值税政策[①]。

1. 出口企业或其他单位出口规定的货物

(1)增值税小规模纳税人出口的货物。

(2)避孕药品和用具，古旧图书。

(3)软件产品。其具体范围是指海关税则号前四位为"9803"的货物。

(4)含黄金、铂金成分的货物，钻石及其饰品。

(5)国家计划内出口的卷烟。

(6)已使用过的设备。其具体范围是指购进时未取得增值税专用发票、海关进口增值税专用缴款书，但其他相关单证齐全的、已使用过的设备。

(7)非出口企业委托出口的货物。

---

① 适用增值税出口免税的货物、劳务，其进项税额不得抵扣和退税，应当转入成本。

(8) 非列名生产企业出口的非视同自产货物。

(9) 农业生产者自产农产品。农产品的具体范围按照《农业产品征税范围注释》(财税字〔1995〕52号)的规定执行。

(10) 油画、花生果仁、黑大豆等财政部和国家税务总局规定的出口免税的货物。

(11) 跨境电商企业取得普通发票、废旧物资收购凭证、农产品收购发票、政府非税收入票据的货物。

(12) 来料加工复出口的货物。

(13) 特殊区域内的跨境电商企业出口的特殊区域内的货物。

(14) 以人民币现金作为结算方式的边境地区跨境电商企业,从所在省(自治区)的边境口岸出口到接壤国家的一般贸易和边境小额贸易出口货物。

(15) 以旅游购物贸易方式报关出口的货物。

(16) 跨境电子商务综合试验区内的跨境电子商务零售出口未取得有效进货凭证的货物,同时符合特定条件的,试行增值税、消费税免税政策。

2. 出口企业或其他单位视同出口的下列货物及劳务

(1) 自2011年1月1日起,国家批准设立的免税店销售的免税货物,包括进口免税货物和已实现退(免)税的货物。

(2) 特殊区域内的跨境电商企业为境外的单位或个人提供加工、修理、修配等劳务。

(3) 同一特殊区域、不同特殊区域内的企业之间销售特殊区域内的货物。

(六)适用征税政策的出口货物及劳务

下列出口货物及劳务,不适用增值税退(免)税和免税政策,按以下规定及视同内销货物征税的其他规定征收增值税。

适用增值税征税政策的出口货物及劳务包括如下内容。

(1) 出口企业出口或视同出口财政部和国家税务总局根据国务院决定明确的取消出口退(免)税的货物(不包括来料加工复出口货物、中标机电产品、列名原材料、输入特殊区域的水电气、海洋工程结构物)。

(2) 出口企业或其他单位销售给特殊区域内的生活消费用品和交通运输工具。

(3) 出口企业或其他单位因骗取出口退税,被税务机关停止办理增值税退(免)税期间出口的货物。

(4) 出口企业或其他单位提供虚假备案单证的货物。

(5) 出口企业或其他单位增值税退(免)税凭证中有伪造或内容不实的货物。

(6) 经主管税务机关审核不予免税核销的出口卷烟。

(7) 出口企业或其他单位具有以下情形之一的出口货物及劳务。

① 将空白的出口货物报关单、出口收汇核销单等退(免)税凭证交由未签有委托合同的货物代理公司、报关行,或者由境外进口方指定的货物代理公司(提供合同约定或其他相关证明)以外的其他单位或个人使用的。

② 以自营名义出口,其出口业务实质上是由本企业及其投资的企业以外的单位或个人借该出口企业名义操作完成的。

③ 以自营名义出口，其出口的同一批货物既签订购货合同，又签订代理出口合同（或协议）的。

④ 出口货物在海关验放后，自己或委托货物代理承运人对该笔货物的海运提单或其他运输单据等上的品名、规格等进行修改，造成出口货物报关单与海运提单或其他运输单据有关内容不符的。

⑤ 以自营名义出口，但不承担出口货物的质量、收款或退税风险之一的，即出口货物发生质量问题时，不承担购买方的索赔责任（合同中有约定质量责任承担者除外）；不承担未按期收款导致不能核销的责任（合同中有约定收款责任承担者除外）；不承担因申报出口退（免）税的资料、单证等出现问题造成不退税责任的。

⑥ 未实质参与出口经营活动、接受并从事由中间人介绍的其他出口业务，但仍以自营名义出口的。

本节总结：企业应熟悉出口货物和进口货物的增值税基本政策规定，理解并掌握生产企业和跨境电商企业的出口退税政策差异。生产企业实行"免、抵、退"税政策，跨境电商企业实行"免、退"税政策。

第八节　跨境电商增值税的基本规定

跨境电商企业在生产经营过程中涉及的增值税政策是由跨境电商业务模式决定的。从货物流向来看，有进口和出口的区分；从交易类型来看，可以分为B2B、B2C等模式。本节结合当前政策，介绍跨境电商增值税的基本规定。

一、跨境电商出口环节增值税政策

出口环节的增值税政策涉及"免、退"税政策和"免、抵、退"税政策，分别对应跨境电商企业和自营或委托出口的货物生产企业。从原理上讲，出口货物的企业并不负担增值税。以生产企业为例，"免"是指生产企业出口自产货物免征生产销售环节的增值税；"抵"是指以本企业本期出口产品应退税额抵顶内销产品应纳税额；"退"是指按照上述过程确定的实际应退税额符合一定标准时，即生产企业出口的自产货物在当月内应抵顶的进项税额大于应纳税额时，对未抵顶完成的部分予以退税。

（一）跨境电商企业增值税"免退"税政策

例 3-11：W 公司是一家注册在杭州的跨境电商企业，2022 年 12 月 W 公司在上海采购一批用于出口的机械电子产品，已付价款 50 万元，增值税 6.5 万元，取得增值税专用发票。W 公司当月通过电子商务交易平台与国外客户乙公司签订合同，出口一批机械电子产品，出口销售额为 80 万元人民币。2022 年 12 月，W 公司报关出口，并根据合同按时收汇。假定征税率为 13%，退税率为 10%。试计算该跨境电商企业增值税退税金额。

参考答案：

跨境电商企业增值税退税金额 = 50×10% = 5(万元)，可以向税务局申请退税。

例 3-12：Y 公司为跨境电商企业，属于增值税一般纳税人。Y 公司通过境内电子商务交易平台开展出口业务，已办理出口退(免)税资格备案。2022 年 12 月 1 日，国外客户 M 公司通过该电子商务交易平台向 Y 公司采购货物(非消费税应税消费品)并支付货款。假定增值税征税率为 13%，退税率为 10%，合同签订出口销售额为 800 万元人民币(FOB 价)。12 月 22 日，Y 公司从国内生产企业购进同数量货物，取得增值税专用发票，注明的价款为 500 万元，增值税额为 65 万元；12 月 25 日，Y 公司办妥出口离境手续，取得海关出口货物报关单电子信息，2022 年 12 月 Y 公司财务已经做销售入账，于 2023 年 1 月的增值税纳税申报期内申报出口退(免)税，退税款已打入 Y 公司账户。

试计算 Y 公司应退增值税及税务会计处理。

参考答案：

Y 公司增值税退(免)税计算如下。

(1) Y 公司外销货物适用免税政策。

(2) 增值税应退税额 = 增值税退(免)税计税依据 × 出口货物退税率 = 5000000 × 10% = 500000(元)。

(3) 当期不予抵扣和退税的税额 = 增值税退(免)税计税依据 × (出口货物征税率 − 出口货物退税率) = 5000000 × (13% − 10%) = 150000(元)。

(4) Y 公司会计分录。

① 购进时进项抵扣。

借：库存商品　　　　　　　　　　　　　　　　　　5000000
　　应交税费——应交增值税-进项税额　　　　　　650000
　　贷：银行存款　　　　　　　　　　　　　　　　　5650000

② 货物出口并确认收入实现时，根据出口销售额(FOB 价)，因免税不做销项税计提。

借：银行存款　　　　　　　　　　　　　　　　　　8000000
　　贷：主营业务收入　　　　　　　　　　　　　　　8000000

③ 将当期不予抵扣和退税的税额转入主营业务成本。

借：主营业务成本　　　　　　　　　　　　　　　　150000
　　贷：应交税费——应交增值税-进项税额转出　　　150000

④ 计提出口应退税款。

借：其他应收款——应收补贴款-出口退税　　　　　500000
　　贷：应交税费——应交增值税-出口退税　　　　　500000

⑤ 收到退税款。

借：银行存款　　　　　　　　　　　　　　　　　　500000
　　贷：应交税费——应交增值税-出口退税　　　　　500000

(二) 生产企业增值税免抵退税政策

例 3-13：R 公司为自营出口生产企业，属于增值税一般纳税人。R 公司通过境内电子商务交易平台开展出口业务，已办理出口退(免)税资格备案。2022 年 12 月 1 日，国外客户 N 公司通过该平台向 R 公司采购货物(非消费税应税消费品)并支付货款。假定增值税征税率为 13%，退税率为 10%，合同签订出口销售额为 800 万元人民币(FOB 价)。2022 年 12 月 22 日，R 公司从国内生产企业购进同数量货物，取得增值税专用发票，注明的价款为 500 万元，增值税额为 65 万元；2022 年 12 月 25 日，R 公司办妥出口离境手续，取得海关出口货物报关单电子信息。R 公司 2022 年 12 月境内销售金额为 880 万元，增值税额为 114.4 万元，上期留抵税额为 104.4 万元。2022 年 12 月业务已经做账，于 2023 年 1 月的增值税纳税申报期内申报了出口退(免)税。

试计算该企业增值税的纳税与退税金额。

参考答案：

① 当期"免、抵、退"税不得免征和抵扣税额= 500×(13%–10%) = 15(万元)

② 当期应纳税额= 880×13% –(65 – 15)– 104.4 = –40(万元)

③ 出口货物"免、抵、退"税额= 800×10% = 80(万元)

④ 按规定，如当期期末留抵税额＜当期"免、抵、退"税额时，

当期应退税额=当期"免、抵、退"税额 = 该企业当期应退税额 = 40(万元)

⑤ 当期"免、抵"税额=当期"免、抵、退"税额–当期应退税额

当期"免、抵"税额 = 80 – 40 = 40(万元)

该企业期末留抵结转下期继续抵扣税额为 40(80–40)万元。

二、跨境电商进口环节的增值税政策

(一) 基本政策规定

对于境内跨境电商企业来说，进口行为也是一种购入行为，该行为的特点是从境外购入，且需要进行报关。进口环节所取得的海关签发的增值税专用缴款书可以作为进项税额的依据进行抵扣，这种方式保证了增值税抵扣链条的完整性。进口环节涉及进口关税，如果进口货物为应税消费品，则还涉及进口环节消费税。因此，在确定计税基础时需要考虑货物类型，同时还需要考虑进口的模式和方式。货物及物品进口征收的税收如表 3-5 所示，综合税和行邮税包含了进口环节的增值税。进口环节增值税的计算公式在前面的章节中已经介绍过，这里不再赘述。

表 3-5 货物及物品进口征收的税收

报关对象	方式	税收
一般货物	一般贸易	关税、进口环节增值税、进口环节消费税(或有)
	跨境电商零售	综合税
物品	行李	行邮税
	邮递	行邮税

1. 综合税

根据《关于跨境电子商务零售进口税收政策的通知》(财关税〔2016〕18 号)的规定，

跨境电子商务零售进口货物的单次交易限值为 2000 元，个人年度交易限值为 20000 元。在限值以内进口的跨境电子商务零售进口货物，关税税率暂设为 0%；进口环节增值税和消费税取消免征税额，暂按法定应纳税额的 70%征收（又称"综合税"）。超过单次限值、累加后超过年度限值的单次交易，以及完税价格超过 2000 元限值的单个不可分割商品，均按照一般贸易方式全额征税。

《关于完善跨境电子商务零售进口税收政策的通知》（财关税〔2018〕49 号）提高了交易限值，将跨境电子商务零售进口货物的单次交易限值由 2000 元提高至 5000 元，年度交易限值由 20000 元提高至 26000 元。完税价格超过 5000 元的单次交易限值但低于 26000 元的年度交易限值，且订单下仅一件商品时，可以自跨境电商零售渠道进口，按照货物税率全额征收关税和进口环节增值税、消费税，交易额计入年度交易总额，但年度交易总额超过年度交易限值的，应按一般贸易管理。已经购买的属于消费者个人使用的进口货物，不得再次进入国内市场销售；原则上不允许网购保税进口货物在海关特殊监管区域外以"网购保税+线下自提"模式进行销售。

2. 行邮税

进境物品进口税通常指的是行李和邮递物品进口税，又称"行邮税"，是海关对入境旅客行李和邮递物品征收的进口税，其中包括关税及进口环节的增值税和消费税。行邮税的课税对象包括入境旅客和运输工具、服务人员携带的应税行李物品，以及个人邮递物品、馈赠物品和以其他方式入境的个人物品等。根据《国务院关税税则委员会关于调整进境物品进口税有关问题的通知》（税委会〔2019〕17 号），中华人民共和国进境物品进口税税率如表 3-6 所示。

表 3-6 中华人民共和国进境物品进口税税率

税目序号	物品名称	税率
11	书报、刊物、教育用影视资料；计算机、视频摄录一体机、数字照相机等信息技术产品；食品、饮料；金银；家具；玩具、游戏品、节日或其他娱乐用品；药品	13%
22	运动用品（不含高尔夫球及球具）、钓鱼用品；纺织品及其制成品；电视摄像机及其他电器用具；自行车；税目 1、税目 3 中未包含的其他商品	20%
3	烟、酒；贵重首饰及珠宝玉石；高尔夫球及球具；高档手表；高档化妆品	50%

注：1. 对国家规定减按 3%征收进口环节增值税的进口药品，按照货物税率征税。

2. 税目 3 所列商品的具体范围与消费税征收范围一致。

（二）政策应用举例

例 3-14：2023 年 3 月 20 日境内消费者朱先生通过电子商务交易平台（与海关联网）购买价值为 1000 元的进口化妆品（CIF 价格）。该化妆品消费税税率为 15%，增值税税率为 13%，关税税率为 10%，假定现行行邮税中化妆品税率为 50%。

试计算该化妆品在进口环节应该缴纳的税金。

参考答案：

(1)消费者在与海关联网的电子商务交易平台购买 1000 元进口化妆品，该商品属于优惠政策规定的商品，且该笔单次交易没有超过 5000 元的限值，因此可以享受增值税、消费税按70%征收的税收优惠。若不符合上述优惠规定，则仍应按照行邮税政策纳税。税款可由电子商务企业、电子商务交易平台企业或物流企业代收代缴。

(2)税金计算。

以实际交易价格CIF（包括货物零售价格、运费和保险费）作为完税价格。

① 进口环节关税=完税价格×关税税率= 1000×10% = 100（元）

② 应纳消费税税额 =（完税价格 + 关税税额）÷（1 - 消费税税率）×消费税税率×70% = 1000×（1+10%）÷（1-15%）×15%×70%= 135.88（元）。

③ 应纳增值税税额 =（完税价格 + 关税税额）÷（1-消费税税率）×增值税税率×70% = 1000×（1+10%）÷（1- 15%）×13%×70%= 117.76（元）。

④ 进口应纳税额总计 = 关税税额 + 消费税税额 + 增值税税额=0（免征）+ 135.88 + 117.76 = 253.64（元）。

本节总结：通过本节学习，应知晓企业出口业务的增值税计税方法，掌握生产企业"免、抵、退"和跨境电商企业"免、退"政策的应用，熟悉跨境电商进口环节的增值税政策，对不同进口模式及方式下的货物及物品的增值税政策能够明确区分，掌握核算进口环节缴纳的各种税。

第九节 征 收 管 理

一、纳税义务发生时间

销售货物、劳务、服务、无形资产或不动产时，纳税义务发生时间为收讫销售款或取得销售款凭据的当天；预先开具发票的，纳税义务发生时间为开具发票的当天。进口货物时，纳税义务发生时间为报关进口的当天。增值税扣缴义务发生时间为纳税人增值税纳税义务发生的当天。

二、纳税期限

增值税的纳税期限分别为1日、3日、5日、10日、15日、一个月或一个季度。具体纳税期限由主管税务机关核定。通常情况下，纳税人按月缴纳增值税。不能按固定期限纳税的，也可以选择按次纳税。按季度申报纳税的规定仅适用于小规模纳税人。

三、纳税地点

(1)固定业户向其主管税务机关申报纳税。

(2)非固定业户向其业务发生地的税务机关申报纳税，否则应该向自己的主管税务机关申报纳税。

(3)进口货物增值税申报纳税地点为报关地海关。

(4)申请增值税出口退税的申报地点为主管税务机关。

(5)增值税扣缴义务人,应当向自己的主管税务机关申报缴纳扣缴的税款。

本节总结:通过学习本节应当知晓我国增值税的基本征收管理制度,准确理解纳税义务发生时间。在实务中应合理掌握纳税期限的规定,避免因超期申报纳税而导致的加收滞纳金的风险。

思 考 题

1. 谁是增值税的纳税人?如何分类?有何区别?
2. 增值税的征收范围包括哪些?
3. 一般纳税人应如何核算应缴增值税?
4. 跨境电商企业执行哪些增值税政策?
5. 生产企业和跨境电商企业的出口退税政策的差异是什么?
6. 留抵退税的申请条件是什么?

第四章

企业所得税

本章概览

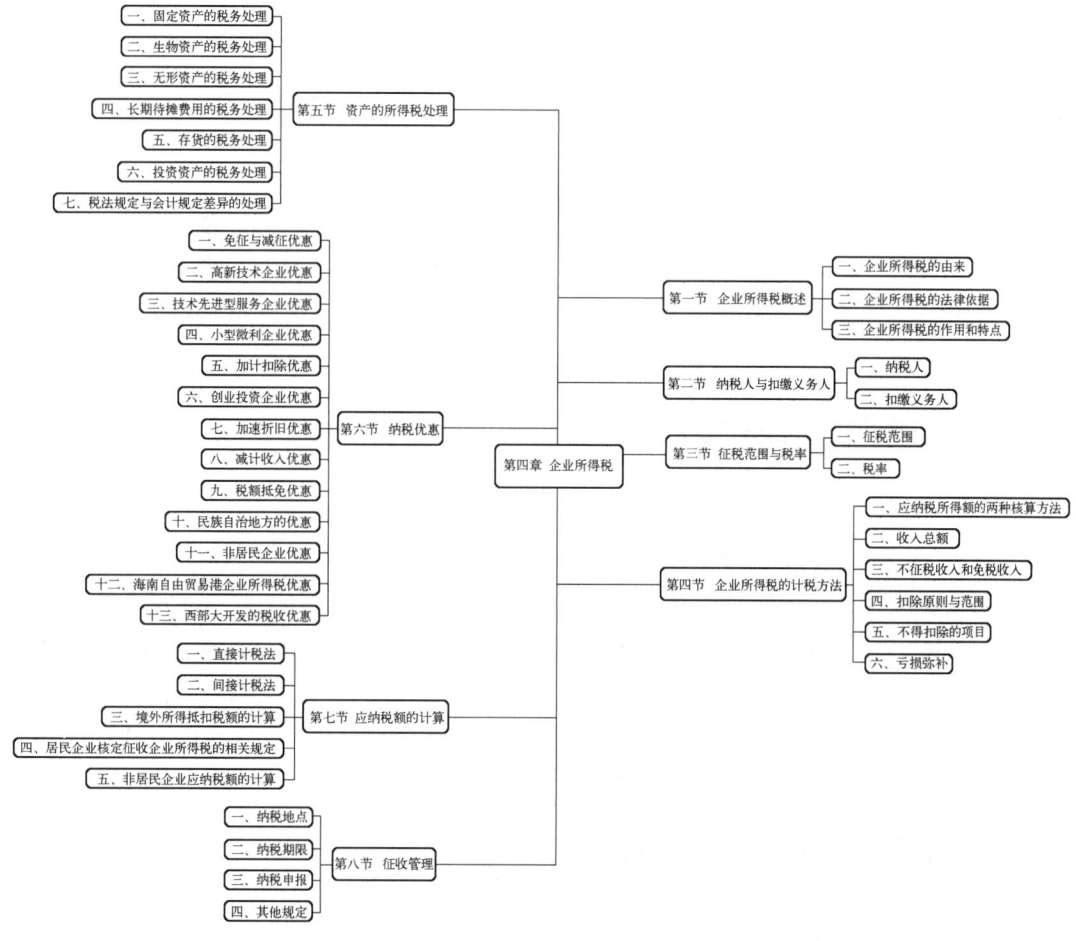

```
第四章 企业所得税
├── 第一节 企业所得税概述
│   ├── 一、企业所得税的由来
│   ├── 二、企业所得税的法律依据
│   └── 三、企业所得税的作用和特点
├── 第二节 纳税人与扣缴义务人
│   ├── 一、纳税人
│   └── 二、扣缴义务人
├── 第三节 征税范围与税率
│   ├── 一、征税范围
│   └── 二、税率
├── 第四节 企业所得税的计税方法
│   ├── 一、应纳税所得额的两种核算方法
│   ├── 二、收入总额
│   ├── 三、不征税收入和免税收入
│   ├── 四、扣除原则与范围
│   ├── 五、不得扣除的项目
│   └── 六、亏损弥补
├── 第五节 资产的所得税处理
│   ├── 一、固定资产的税务处理
│   ├── 二、生物资产的税务处理
│   ├── 三、无形资产的税务处理
│   ├── 四、长期待摊费用的税务处理
│   ├── 五、存货的税务处理
│   ├── 六、投资资产的税务处理
│   └── 七、税法规定与会计规定差异的处理
├── 第六节 纳税优惠
│   ├── 一、免征与减征优惠
│   ├── 二、高新技术企业优惠
│   ├── 三、技术先进型服务企业优惠
│   ├── 四、小型微利企业优惠
│   ├── 五、加计扣除优惠
│   ├── 六、创业投资企业优惠
│   ├── 七、加速折旧优惠
│   ├── 八、减计收入优惠
│   ├── 九、税额抵免优惠
│   ├── 十、民族自治地方的优惠
│   ├── 十一、非居民企业优惠
│   ├── 十二、海南自由贸易港企业所得税优惠
│   └── 十三、西部大开发的税收优惠
├── 第七节 应纳税额的计算
│   ├── 一、直接计税法
│   ├── 二、间接计税法
│   ├── 三、境外所得抵扣税额的计算
│   ├── 四、居民企业核定征收企业所得税的相关规定
│   └── 五、非居民企业应纳税额的计算
└── 第八节 征收管理
    ├── 一、纳税地点
    ├── 二、纳税期限
    ├── 三、纳税申报
    └── 四、其他规定
```

学习目标

1. 了解企业所得税的作用和特点。
2. 能够区分企业所得税纳税人的类型。

3. 了解企业所得税税率的基本规定。
4. 了解企业应税所得的确认。
5. 了解资产的税务处理方法。
6. 掌握税前扣除项目的相关规定。
7. 掌握应纳税所得额的计算方法。
8. 熟悉企业所得税的税收优惠政策。

第一节　企业所得税概述

一、企业所得税的由来

一个国家的税制结构模式受限于该国的经济发展水平和历史文化因素。随着生产力水平的提高，税制结构通常从单一税制发展为复合税制，由传统的土地税、人头税逐渐向商品税、所得税转变。企业是经济增长的主要贡献者。因此，对企业取得的所得（或利润）征收企业所得税已经成为全球各国或地区的通行做法。

我国的企业所得税制度经历过两次"利改税"改革。改革的思路是国有企业由上交利润改为缴纳税收。1994年税制改革时，统一了内资企业的企业所得税制度，实行了33%的税率。自2008年起，进一步统一了企业所得税制度的适用范围，内资企业和外资企业实行统一的企业所得税，法定税率为25%，政策的公平性进一步得以体现。

二、企业所得税的法律依据

2007年3月16日，第十届全国人民代表大会第五次会议通过《中华人民共和国企业所得税法》，并于2008年1月1日开始实施。2017年2月24日，第十二届全国人民代表大会常务委员会第二十六次会议对《中华人民共和国企业所得税法》进行了第一次修正。2018年12月29日，第十三届全国人民代表大会常务委员会第七次会议第二次修正了《中华人民共和国企业所得税法》的相关内容。《中华人民共和国企业所得税法实施条例》（以下简称"实施条例"）已于2007年11月28日国务院第197次常务会议通过，自2008年1月1日起开始实施。

三、企业所得税的作用和特点

（一）企业所得税的作用

1. 筹集财政收入

在目前我国征收的18个税种中，企业所得税是仅次于增值税的税种，每年筹集的税收收入约占税收总收入的 20%，是一个十分重要的税种。以 2021 年为例，财政部公布的数据显示，全国税收收入为 172731 亿元，其中企业所得税为 42041 亿元，占比为 24.34%。由此可知，通过征收企业所得税，能够筹集相对稳定的财政收入。

2. 调节资源配置

通过企业所得税税收优惠政策，可以达到鼓励资本进入国家需要的行业和领域的目的。国家可以通过优惠的税收政策，调节资源配置，实现国家利益和社会效益的最大化。

3. 促进经济稳定

税收是经济运行的"晴雨表"，国家通过调节税收政策，实现经济稳定发展。例如，近年来推进的"减税降费"系列政策，在稳经济、促就业、保民生等方面，很好地发挥了税收的治理作用。

(二)企业所得税的特点

1. 量能负担

征税以量能负担为原则，企业所得税以所得额为课税对象，体现税收公平的原则：对所得多、负担能力大的多征；对所得少、负担能力小的少征；对无所得、没有负担能力的不征。

2. 直接税

相较间接税，所得税的纳税人和负税人为同一主体，通常不存在税负转嫁问题。由纳税主体直接负担，能够真实地反映企业的真实税收负担。

3. 征收范围

企业所得税的纳税人是有应税所得的企业和组织，不仅包括公司制企业，还包括非企业型单位，征税范围比国外一般国家的企业所得税征税范围大一些。

4. 征收方式

企业所得税采取按年计算、分期预交、年终汇算清缴的征收管理方式，既考虑了税款入库的稳定性，也考虑了按年度计算企业所得税的科学性和合理性。

本节总结： 内外资企业适用统一的企业所得税，有利于维护公平的市场竞争环境。企业所得税的征收为筹集稳定的财政收入贡献了力量。

第二节　纳税人与扣缴义务人

一、纳税人

《中华人民共和国企业所得税法》规定，在中华人民共和国境内，企业和其他取得收入的组织为企业所得税的纳税人。个人独资企业、合伙企业不是企业所得税的纳税人[①]。企业所得税的纳税人可以划分为居民企业和非居民企业。

国家税务总局对"其他取得收入的组织"解释如下：
(1) 依据《事业单位登记管理暂行条例》的规定成立的事业单位；
(2) 依据《社会团体登记管理条例》的规定成立的社会团体；
(3) 依据《民办非企业单位登记管理暂行条例》的规定成立的民办非企业单位；
(4) 依据《基金会登记管理条例》的规定成立的基金会；
(5) 依据《外国商会管理暂行规定》的规定成立的外国商会；
(6) 依据《中华人民共和国农民专业合作社法》的规定成立的农民专业合作社。
(7) 除上述公司、企业、事业单位、社会团体、民办非企业单位外，从事经营活动的其他组织。

通常情况下，自建跨境电子商务销售平台或利用第三方跨境电子商务平台开展电子商务出口的企业（跨境电商企业）、跨境电子商务销售平台、境内服务商需要依据我国《公司法》注册成立公司。因此，在税法上，他们将成为企业所得税的纳税人，需要履行申报纳税义务。

(一) 居民企业

居民企业是指依法在中国境内成立，或者依照外国（地区）法律成立但实际管理机构在中国境内的企业。

实际管理机构是指对企业的生产经营、人员、账务、财产等实施实质性全面管理和控制的机构。

(二) 非居民企业

非居民企业是指依照外国（地区）法律成立且实际管理机构不在中国境内，但在中国境内设立机构、场所的，或者在中国境内未设立机构、场所，但有来源于中国境内所得的企业。

机构、场所是指在中国境内从事生产经营活动的机构、场所，包括：
(1) 管理机构、营业机构、办事机构；
(2) 工厂、农场、开采自然资源的场所；
(3) 提供劳务的场所；
(4) 从事建筑、安装、装配、修理、勘探等工程作业的场所；
(5) 其他从事生产经营活动的机构、场所。

非居民企业委托营业代理人在中国境内从事生产经营活动的，包括委托单位或个人经常代其签订合同，或者储存、交付货物等，该营业代理人视为非居民企业在中国境内设立的机构、场所。自境外向境内消费者销售跨境电商零售进口货物的境外注册企业，若委托境内代理人在中国境内进行商品销售，则视为中国的非居民纳税人。

[①] 个人独资企业、合伙企业属于自然人性质企业，投资者通常为个人自然人，这类企业负无限责任。这类企业不应纳入企业所得税征税范围，而应纳入个人所得税征税范围（合伙企业的企业投资者应该缴纳企业所得税）。这里需要注意的是，按照外国（地区）法律规定成立的个人独资企业和合伙企业，在我国视为企业所得税的纳税人。

二、扣缴义务人

未在中国境内设立机构的非居民企业来源于中国境内的所得需要缴纳的企业所得税，实行源泉扣缴原则，由支付方作为扣缴义务人。税款由扣缴义务人在每次支付或到期支付时，从支付或到期支付的款项中扣缴。

本节总结：除一般的公司制企业需要缴纳企业所得税外，需要缴纳企业所得税的纳税人还包括有收入的社会组织等主体，这一点在实务中容易被忽视。此外，对于非居民企业的纳税义务，支付方应履行源泉扣缴义务。这一点在实务中需要引起足够的重视，以有效防控对外支付的税务风险。

第三节 征税范围与税率

一、征税范围

企业所得税的征税范围包括生产经营所得、其他所得、清算所得。

(一)居民企业的征税范围

居民企业来源于中国境内、境外的所得，均需在中国缴纳企业所得税。居民企业的具体征税范围包括销售货物所得、提供劳务所得、转让财产所得、股息红利等权益性投资所得、利息所得、租金所得、特许权使用费所得、接受捐赠所得和其他所得。

(二)非居民企业的征税范围

非居民企业在中国境内设立机构、场所的，应当就其所设机构、场所取得的来源于中国境内的所得，以及发生在中国境外但与其所设机构、场所有实际联系的所得，缴纳企业所得税。非居民企业在中国境内未设立机构、场所，或者虽设立机构、场所，但取得的所得与其所设机构、场所没有实际联系的，应当就其来源于中国境内的所得缴纳企业所得税。

实际联系是指非居民企业在中国境内设立的机构、场所拥有据以取得所得的股权债权，以及拥有、管理控制据以取得所得的财产等。

(三)所得来源的确定

所得来源的确定包括如下方式：

(1)销售货物所得，按照交易活动发生地确定；

(2)提供劳务所得，按照劳务发生地确定；

(3)转让财产所得时，不动产转让所得按照不动产所在地确定，动产转让所得按照转让动产的企业或机构的场所所在地确定，权益性投资资产转让所得按照被投资企业所在地确定；

(4)股息、红利等权益性投资所得，按照分配所得的企业所在地确定；

(5)利息所得、租金所得、特许权使用费所得,按照负担、支付所得的企业或机构的场所所在地确定,或者按照负担、支付所得的个人的住所地确定;

(6)其他所得,由国务院财政、税务主管部门确定。

二、税率

(一)基本税率为25%

基本税率适用于居民企业和在中国境内设有机构、场所且所得与机构、场所有关联的非居民企业。

(二)低档税率为20%

低档税率适用于在中国境内未设立机构、场所的,或者虽设立机构、场所,但取得的所得与其所设机构、场所没有实际联系的非居民企业,但实际征税时适用10%的税率。

非居民企业境内设立机构场所的税率适用如表4-1所示。

表4-1 非居民企业境内设立机构场所的税率适用

有无实际联系	境内所得	境外所得
有实际联系	纳税,税率为25%	纳税,税率为25%
无实际联系	纳税,税率为20% (实际适用税率为10%)	不纳税

(三)优惠税率

1. 小型微利企业适用20%的优惠税率

符合小型微利企业优惠政策条件的跨境电商企业,可享受小型微利企业所得税优惠政策。

小型微利企业是指从事国家非限制和禁止行业,且同时符合年度应纳税所得额不超过300万元、从业人数不超过300人、资产总额不超过5000万元三个条件的企业。

2. 国家重点扶持的高新技术企业、技术先进型服务企业适用15%的优惠税率

国家重点扶持的高新技术企业是指拥有核心自主知识产权,并同时符合下列条件的企业。

(1)企业申请认定时须已注册成立一年以上。

(2)企业通过自主研发、受让、受赠、并购等方式,获得对其主要产品(服务)在技术上发挥核心支持作用的知识产权的所有权。

(3)对企业主要产品(服务)发挥核心支持作用的技术属于《国家重点支持的高新技术领域》规定的范围。

(4)企业从事研发和相关技术创新活动的科技人员占企业当年职工总数的比例不低于10%。

(5)企业近三个纳税年度的研究开发费用总额占同期销售收入总额的比例符合如下要求:

① 最近一年销售收入小于 5000 万元(含)的企业,比例不低于 5%。
② 最近一年销售收入在 5000 万元至 2 亿元(含)的企业,比例不低于 4%。
③ 最近一年销售收入在 2 亿元以上的企业,比例不低于 3%。

其中,企业在中国境内发生的研究开发费用总额占全部研究开发费用总额的比例不低于 60%。

(6) 近一年高新技术产品(服务)收入占企业同期总收入的比例不低于 60%。

(7) 企业创新能力评价达到相应要求。

(8) 企业申请认定前一年内未发生重大安全、重大质量事故或严重环境违法行为。

享受符合规定的企业所得税优惠政策的技术先进型服务企业必须同时符合以下条件:

(1) 在中国境内(不包括港、澳、台地区)注册的法人企业。

(2) 从事《技术先进型服务业务认定范围(试行)》中的一种或多种技术先进型服务业务,采用先进技术或具备较强的研发能力。

(3) 具有大专以上学历的员工占企业职工总数的 50%以上。

(4) 从事《技术先进型服务业务认定范围(试行)》中的技术先进型服务业务取得的收入占企业当年总收入的 50%以上。

(5) 从事离岸服务外包业务取得的收入不低于企业当年总收入的 35%。

从事离岸服务外包业务取得的收入是指企业根据境外单位与其签订的委托合同,由本企业或其直接转包的企业,为境外单位提供《技术先进型服务业务认定范围(试行)》中所规定的信息技术外包服务、技术性业务流程外包服务和技术性知识流程外包服务,而从上述境外单位取得的收入。

本节总结:在企业所得税的征收过程中,首先需要确定企业纳税人是居民企业还是非居民企业,然后再判定所得是境内所得还是境外所得,以确定适用的税率。在实务中,小型微利企业在享受所得税税收优惠政策时需要满足一定的条件。

第四节 企业所得税的计税方法

一、应纳税所得额的两种核算方法

企业根据《中华人民共和国企业所得税法》的规定计算企业所得税时,通常需要首先核算应纳税所得额以作为计税依据,再乘以适用税率,以计算应该缴纳的企业所得税。

$$应纳税额 = 应纳税所得额 \times 税率$$

对于应纳税所得额的核算,通常有两种方法:直接计税法和间接计税法。

(一) 直接计税法

直接计税法:应纳税所得额为以企业纳税年度的收入总额,分别减去不征税收入、免税收入、各项税法规定的扣除,以及税法允许弥补的以前年度亏损后的余额。计算公式如下:

应纳税所得额＝收入总额−不征税收入−免税收入−各项扣除−允许弥补的以前年度亏损

（二）间接计税法

间接计税法：在会计利润总额基础上按照税法规定进行纳税调整。间接计税法是实务中通常采用的核算方法，其计算公式如下：

应纳税所得额＝会计利润总额±纳税调整项目金额

二、收入总额

企业的收入总额包括以货币形式和非货币形式从各种来源取得的收入。这些收入包括销售货物收入，提供劳务收入，转让财产收入，股息、红利等权益性投资收益，利息收入，租金收入，特许权使用费收入，接受捐赠收入及其他收入。

企业取得收入的货币形式包括现金、存款、应收账款、应收票据、准备持有至到期的债券投资及债务的豁免等。纳税人以非货币形式取得的收入包括固定资产、生物资产、无形资产、股权投资、存货、不准备持有至到期的债券投资、劳务及有关权益等。这些非货币资产应当按照公允价值确定收入额。公允价值是指按照市场价格确定的价值。

（一）一般收入的确认

（1）销售货物收入是指企业销售商品、产品、原材料、包装物、低值易耗品及其他存货取得的收入。

（2）提供劳务收入是指企业从事建筑安装、修理修配、交通运输、仓储租赁、金融保险、邮电通信、咨询经纪、文化体育、科学研究、技术服务、教育培训、餐饮住宿、中介代理、卫生保健、社区服务、旅游、娱乐、加工及其他劳务服务活动取得的收入。

（3）转让财产收入是指企业转让固定资产、生物资产、无形资产、股权、债权等财产取得的收入。

（4）股息、红利等权益性投资收益是指企业因权益性投资而从被投资方取得的收入。股息、红利等权益性投资收益，除国务院财政、税务主管部门另有规定外，按照被投资方做出利润分配决定的日期确认收入的实现。

（5）利息收入是指企业将资金提供给他人使用但不构成权益性投资，或者因他人占用本企业资金取得的收入，包括存款利息、贷款利息、债券利息、欠款利息等收入。利息收入按照合同约定的债务人应付利息的日期确认收入的实现。

（6）租金收入是指企业提供固定资产、包装物或其他有形资产的使用权取得的收入。

（7）特许权使用费收入是指企业提供专利权、非专利技术、商标权、著作权，以及其他特许权的使用权取得的收入。

（8）接受捐赠收入是指企业接受的来自其他企业组织或个人无偿给予的货币性资产、非货币性资产。

（9）其他收入是指企业取得的除上述收入之外的收入，包括企业资产溢余收入、逾期未退包装物押金收入、确实无法偿付的应付款项、已作坏账损失处理后又收回的应收款项、债务重组收入、补贴收入、违约金收入、汇兑收益等。

(二) 特殊收入的确认

(1) 以分期收款方式销售货物的,按照合同约定的收款日期确认收入的实现。

(2) 采取产品分成方式取得收入的,按照企业分得产品的日期确认收入的实现,其收入额按照产品的公允价值确定。

(3) 企业发生非货币性资产交换,以及将货物、财产、劳务用于捐赠、偿债、赞助、集资、广告、样品、职工福利或利润分配等用途的,应当视同销售货物、转让财产或提供劳务,但国务院财政、税务主管部门另有规定的除外。

(三) 处置资产收入的确认

(1) 企业发生下列情形的处置资产,除将资产转移至境外之外,由于资产所有权属在形式和实质上均不发生改变,因而可作为内部处置资产,不视同销售确认收入的实现,相关资产计税基础延续计算。

① 将资产用于生产、制造、加工另一产品;
② 改变资产形状、结构或性能;
③ 改变资产用途(如将自建商品房的用途转为自用或经营);
④ 将资产在总机构及其分支机构之间转移;
⑤ 上述两种或两种以上情形的混合;
⑥ 其他不改变资产所有权属的用途。

(2) 企业发生下列将资产移送他人的情形,由于资产所有权属已发生改变而不属于内部处置资产,因而应按规定视同销售确认收入的实现。

① 用于市场推广或销售;
② 用于交际应酬;
③ 用于职工奖励或福利;
④ 用于股息分配;
⑤ 用于对外捐赠;
⑥ 其他改变资产所有权属的用途。

(3) 企业发生上述第(2)条规定情形的,除另有规定外,应按照被移送资产的公允价值确定收入的实现。

(四) 相关收入实现的确认

除《中华人民共和国企业所得税法》及其实施条例关于收入的规定外,企业销售收入的确认必须遵循权责发生制原则和实质重于形式原则。

(1) 企业销售商品同时满足下列条件的,应确认收入的实现。

① 商品销售合同已经签订,企业已将与商品所有权相关的主要风险和报酬转移给购货方。

② 企业对已售出的商品既没有保留通常与所有权相联系的继续管理权,也没有实施有效控制。

③ 收入的金额能够可靠地计量。

④ 已发生或将发生的销售方的成本能够可靠地核算。

(2) 符合上款收入确认条件,采取下列商品销售方式的,应按以下规定确认收入的实现时间。

① 销售商品时采用托收承付方式的,在办妥托收手续时确认收入的实现。

② 销售商品时采取预收款方式的,在发出商品时确认收入的实现。

③ 销售商品时需要安装和检验的,在购买方接受商品及安装和检验完毕时确认收入的实现。如果安装程序比较简单,则可在发出商品时确认收入的实现。

④ 销售商品时采用支付手续费方式委托代销的,在收到代销清单时确认收入的实现。

(3) 销售商品时采用以旧换新的,应当按照销售商品收入确认条件确认收入的实现,并将回收的商品作为购进商品处理。

(4) 企业为促进商品销售而在商品价格上给予的价格扣除属于商业折扣,商品销售涉及商业折扣的,应当按照扣除商业折扣后的金额确定销售商品收入金额。

(5) 企业以"买一赠一"等方式组合销售本企业商品的,不属于捐赠,应将总的销售金额按各项商品的公允价值的比例来分摊确认各项销售收入金额。

(6) 企业取得财产(包括各类资产、股权、债权等)转让收入、债务重组收入、接受捐赠收入、无法偿付的应付款收入等,无论是以货币形式还是非货币形式体现,除另有规定外,均应一次性计入确认收入的年度以计算缴纳企业所得税。

三、不征税收入和免税收入

国家为了扶持和鼓励某些特定的项目,对企业取得的某些收入予以不征税或免税的特殊政策,以促进经济的协调发展。

(一)不征税收入

(1) 财政拨款。财政拨款是指各级人民政府对纳税人预算管理的事业单位、社会团体等组织拨付的财政资金,但国务院和国务院财政、税务主管部门另有规定的除外。

(2) 依法收取并纳入财政管理的行政事业性收费、政府性基金。行政事业性收费是指依照法律法规等有关规定,按照规定程序批准,在实施社会公共管理以及在向公民、法人或其他组织提供特定公共服务过程中,向特定对象收取并纳入财政管理的费用。政府性基金是指企业依照法律、行政法规等有关规定,代替政府收取的具有专项用途的财政资金。

(3) 国务院规定的其他不征税收入。国务院规定的其他不征税收入是指企业取得的,由国务院财政、税务主管部门规定专项用途,并经国务院批准的财政性资金。财政性资金是指企业取得的,来源于政府及其有关部门的财政补助、补贴、贷款贴息,以及其他各类财政专项资金,包括直接减免的增值税和即征即退、先征后退、先征后返的各种税收,但不包括企业按规定取得的出口退税款。

企业取得的财政性资金,应当按照财税〔2011〕70号文件的规定管理,未按照规定管理的,应作为计税收入并入应纳税所得额,依法缴纳企业所得税。

（二）免税收入

(1) 国债利息收入。

(2) 符合条件的居民企业之间的股息、红利等权益性投资收益。这是指居民企业直接投资于其他居民企业而取得的投资收益。

(3) 在中国境内设立机构、场所的非居民企业，从居民企业取得与该机构、场所有实际联系的股息、红利等权益性投资收益。居民企业和非居民企业取得的上述免税的权益性投资收益，不包括连续持有居民企业公开发行并上市流通的股票、不足 12 个月取得的权益性投资收益。

四、扣除原则与范围

（一）税前扣除原则

企业申报扣除的项目和金额，首先要真实和合法。真实是指实际发生，合法是指形式和内容符合法律规定，除此之外还应该符合以下原则。

(1) 权责发生制原则。企业发生的费用应在发生的所属期扣除，而不是在实际支付时扣除。

(2) 配比原则。费用扣除应与收入进行配比，除另有规定外，企业发生的费用不得提前或滞后扣除。

(3) 合理性原则。费用扣除符合生产经营常规，并应计入当期损益或有关资产成本的必要和正常的支出。

（二）扣除项目的范围

《中华人民共和国企业所得税法》第八条规定：企业实际发生的与取得收入有关的、合理的支出，包括成本、费用、税金、损失和其他支出，准予在计算应纳税所得额时扣除。

(1) 成本。成本是指企业在生产经营活动中发生的销售成本、业务支出及其他耗费，即企业销售商品(产品、材料、下脚料、废料、废旧物资等)、提供劳务、转让固定资产、转让无形资产(包括技术转让)的成本。

(2) 费用。费用是指企业每一个纳税年度为生产、经营商品和提供劳务等而发生的销售(经营)费用、管理费用和财务费用。

① 销售费用是指应由企业负担的为销售商品而发生的费用，包括广告费、运输费、装卸费、包装费、展览费、保险费、销售佣金(能直接认定的进口佣金调整商品进价成本)、代销手续费、经营性租赁费及销售部门发生的差旅费、工资、福利费等费用。

② 管理费用是指企业的行政管理部门为管理组织经营活动提供各项支援性服务而发生的费用。

③ 财务费用是指企业为筹集经营性资金而发生的费用，包括利息净支出、汇兑净损失、金融机构手续费及其他非资本化支出。

企业当年度实际发生的相关成本、费用，由于各种原因未能及时取得该成本、费用的有效凭证，企业在预缴季度所得税时，可暂时按照账面发生金额进行核算；但在汇算清缴时,应补充提供该成本、费用的有效凭证(通常为发票)。

(3)税金。税金是指企业除企业所得税和允许抵扣的增值税外的各项税金及其附加税费,包括消费税、城市维护建设税、关税、资源税、土地增值税、房产税、车船税、城镇土地使用税、印花税、教育费附加、地方教育费附加等税金及附加。这些已纳税金可以准予税前扣除,扣除方式有两种:一种是在发生当期扣除;另一种是在发生当期计入相关资产的成本,在以后各期分摊扣除。需要注意的是,并不是所有企业缴纳的税款都是通过税金及附加科目核算的。例如,增值税税款应单独核算,其发生额不影响企业净利润。

(4)损失。损失是指企业在生产经营活动中发生的固定资产和存货的盘亏、毁损、报废损失,以及转让财产损失、呆账损失、坏账损失、自然灾害等不可抗力因素造成的损失及其他损失。企业发生的损失减去责任人赔偿和保险赔款后的余额,依照国务院财政、税务主管部门的规定扣除。

需要注意的是,企业已经作为损失处理的资产,在以后纳税年度又全部收回或部分收回时,应计入当期收入。

(5)其他支出。其他支出是指除成本、费用、税金、损失外,企业在生产经营活动中发生的与生产经营活动有关的、合理的支出。

(三)扣除项目及标准

1. 工资、薪金支出

《中华人民共和国企业所得税法实施条例》第三十四条规定:企业发生的合理的工资薪金支出,准予扣除。工资薪金是指企业每一纳税年度支付给在本企业任职或受雇员工的所有现金或非现金形式的劳动报酬,包括基本工资、奖金、津贴、补贴、年终加薪、加班工资,以及与员工任职或受雇有关的其他支出。

可以通过以下两个方面对工资支出的合理性进行判断:

(1)雇员实际提供了服务;

(2)报酬总额在数量上是合理的。

在实际操作中主要考虑雇员的职责、过去的报酬情况,以及雇员的业务量和复杂程度等相关因素。同时,还要考虑当地同行业职工的平均工资水平。

2. 职工福利费、工会经费、职工教育经费

企业发生的职工福利费、工会经费、职工教育经费在计算企业所得税应纳税所得额时按标准扣除,未超过标准的按实际数扣除,超过标准的当年只能按标准扣除。除职工教育经费外,超出标准的部分不得扣除,也不得在以后年度结转扣除。

(1)企业发生的职工福利费支出,在计算企业所得税应纳税所得额时,不超过工资薪金总额14%的部分准予扣除,超过标准的部分不允许扣除,也不允许结转扣除。

(2)企业拨缴的工会经费,在计算企业所得税应纳税所得额时,不超过工资薪金总额2%的部分准予扣除。超过标准的部分不允许扣除,也不允许结转扣除。

(3)企业发生的职工教育经费支出,不超过工资薪金总额8%的部分,准予在计算企业所得税应纳税所得额时扣除;超过标准的部分准予在以后纳税年度结转扣除。

例 4-1：2022 年，企业 A 的工资薪金支出为 1000 万元，该企业还列支了职工福利费 150 万元、工会经费 24 万元、职工教育经费 54 万元、以前年度结转至本年可以扣除的职工教育经费 6 万元。试计算企业 A 当年纳税调整的金额。

参考答案：

(1) 可以扣除的职工福利费限额 = 1000×14% = 140(万元)

需要调增应纳税所得额 = 150−140 = 10(万元)

(2) 可以扣除的工会经费限额 = 1000×2% = 20(万元)

需要调增应纳税所得额 = 24−20 = 4(万元)

(3) 可以扣除的职工教育经费限额 = 1000×8% = 80(万元)

本年度职工教育经费未超过限额，可以税前扣除 54 万元，且结转的 6 万元本年度也可以扣除，因此应纳税所得额调减 6 万元。

3. 职工社会保险费及相关保险费

(1) 企业依照国务院有关主管部门或省级人民政府规定的范围和标准为职工缴纳"五险一金"，即基本养老保险费、基本医疗保险费、失业保险费、工伤保险费、生育保险费等基本社会保险费和住房公积金，在计算应纳税所得额时准予税前扣除。

(2) 企业为在本企业任职或受雇的全体员工支付的补充养老保险费、补充医疗保险费，分别在不超过职工工资总额 5%标准内的部分，在计算应纳税所得额时准予税前扣除。超过标准的部分，不得税前扣除。

(3) 企业参加财产保险，按照规定缴纳的保险费，在计算应纳税所得额时准予税前扣除。企业为投资者或职工支付的商业保险费，在计算应纳税所得额时不得扣除，国务院财政、税务主管部门另有规定的除外。

(4) 企业依照国家有关规定为特殊工种职工支付的人身安全保险费，以及符合国务院财政、税务主管部门规定可以扣除的商业保险费，在计算应纳税所得额时准予税前扣除。

4. 利息费用

企业在生产经营活动中发生的利息费用，在计算应纳税所得额时按下列规定扣除。

(1) 非金融企业向金融企业借款的利息支出、金融企业的各项存款利息支出和同业拆借利息支出、企业经批准发行债券的利息支出，在计算应纳税所得额时可据实扣除。

(2) 非金融企业向非金融企业借款的利息支出，不超过按照金融企业同期同类贷款利率计算的数额的部分，在计算应纳税所得额时可据实扣除，超过标准的部分不允许扣除。

例 4-2：企业 A 于 2022 年 1 月 1 日向银行贷款 500 万元，贷款为 3 年期，贷款年利率为 8%；同时，企业 A 还向企业 B 借款 400 万元，借款为 3 年期，借款年利率为 10%，该企业无其他纳税调整事项。试计算企业 A 在 2022 年税前可扣除的金额。

参考答案：

(1) 2022 年度会计上确认的财务费用 = 500×8%+400×10% = 80(万元)

(2) 2022 年度税前可以扣除的金额 = 500×8%+400×8% = 72(万元)

(3) 2022 年度调增应纳税所得额 = 80−72 = 8(万元)

(3) 关联企业利息费用的扣除。

企业从其关联方接受的债权性投资与权益性投资的比例超过规定标准而发生的利息支出，不得在计算应纳税所得额时扣除。

① 在计算应纳税所得额时，企业实际支付给关联方的利息支出，不超过以下规定比例和《中华人民共和国企业所得税法》及其实施条例的有关规定的部分，准予扣除，超过的部分不得在发生当期和以后年度扣除。

企业实际支付给关联方的利息支出，除符合下面第②条规定外，其接受关联方债权性投资与其权益性投资比例如下：金融企业为 5∶1；其他企业为 2∶1。

② 企业如果能够按照《中华人民共和国企业所得税法》及其实施条例的有关规定提供相关资料，并证明相关交易活动符合独立交易原则；或者该企业的实际税负不高于境内关联方的，其实际支付给境内关联方的利息支出，在计算应纳税所得额时准予扣除。

③ 企业同时从事金融业务和非金融业务，其实际支付给关联方的利息支出，应按照合理的方法分别计算；没有按照合理的方法分别计算的，一律按前述有关其他企业的比例计算准予税前扣除的利息支出。

④ 企业自关联方取得的不符合规定的利息收入应按照有关规定缴纳企业所得税。

(4) 企业向自然人借款的利息支出在计算企业所得税税前扣除时，应参照关联企业相关规定。

例 4-3：跨境电商企业 C 为有限责任公司，注册资金为 1000 万元，其股东为境内电商企业 A 和境内公民钟女士，持股比例分别为 70%和 30%。因生产经营需要，跨境电商企业 C 向关联方电商企业 A 借款 1500 万元，以作为企业经营使用，并签订借款合同，约定借款期限为 2023 年 1 月 1 日至 2024 年 12 月 31 日，约定借款利率为 10%(假定金融企业同期同类贷款利率为 7%)，2023 年年底支付第一年利息，2024 年年底支付本金和利息。试计算跨境电商企业 C 在 2023 年度可以税前扣除的金额。

参考答案：
(1) 会计上确认的财务费用 = 1500×10% = 150(万元)
(2) 税法规定可以税前扣除的金额 = 1000×70%×2×7% = 98(万元)

5. 借款费用

(1) 企业在生产经营活动中发生的合理的不需要资本化的借款费用，在计算应纳税所得额时准予扣除。

(2) 企业为购置、建造固定资产、无形资产，以及经过 12 个月以上的建造才能达到预定可销售状态的存货而发生借款的，在有关资产购置、建造期间发生的合理的借款费用，应予以资本化，并作为资本性支出计入有关资产的成本；有关资产交付使用后发生的借款利息，在计算应纳税所得额时，可在发生当期扣除。

(3) 企业通过发行债券、取得贷款、吸收保户储金等方式融资而发生的合理的费用支出，符合资本化条件的，应计入相关资产成本；不符合资本化条件的，应作为财务费用，准予在计算应纳税所得额时据实扣除。

6. 汇兑损失

企业在货币交易中,以及在纳税年度终了时将人民币以外的货币性资产、负债按照期末即期人民币汇率中间价折算为人民币时产生的汇兑损失,除已经计入有关资产成本及已向所有者进行利润分配的相关部分外,在计算应纳税所得额时准予扣除。

7. 业务招待费

(1)企业发生的与生产经营活动有关的业务招待费支出,在计算应纳税所得额时按照发生额的60%扣除,但最高不得超过当年销售(营业)收入的5‰。销售(营业)收入包括主营业务收入、其他业务收入、视同销售收入,不包括营业外收入。

(2)对从事股权投资业务的企业(包括集团公司总部、创业投资企业等),其从被投资企业所分配的股息、红利及股权转让收入,在计算应纳税所得额时,可以按规定比例计算业务招待费扣除限额。

(3)企业在筹办期间发生的与筹办活动有关的业务招待费支出,可按实际发生额的60%计入企业筹办费,并按有关规定在计算应纳税所得额时准予扣除。

例4-4:跨境电商企业D为有限责任公司,2022年取得主营业务收入6000万元、其他业务收入1000万元、营业外收入250万元。当年发生的业务招待费为80万元。试计算2022年度应纳税所得额的调整金额。

参考答案:

(1)业务招待费实际发生额的60% = 80×60% = 48(万元)

(2)销售营业收入的5‰ = (6000+1000)×5‰ = 35(万元)

(3)税法允许扣除的业务招待费 = 35(万元)

(4)2022年度应纳税所得额调增金额 = 80(实际发生金额)−35(税法扣除限额) = 45(万元)

8. 广告费和业务宣传费

企业每一纳税年度发生的符合条件的广告费和业务宣传费支出应合并计算,除国务院财政税务主管部门另有规定外,不超过当年销售(营业)收入15%的部分,准予扣除;超过部分,准予在以后纳税年度结转扣除。当年销售(营业)收入包括视同销售(营业)收入额。

2011年1月1日至2025年12月31日,对部分行业企业广告费和业务宣传费税前扣除的特殊规定如下。

(1)对化妆品制造与销售、医药制造和饮料制造(不含酒类制造)企业发生的广告费和业务宣传费支出,不超过当年销售(营业)收入30%的部分,在计算应纳税所得额时准予扣除;超过的部分,准予在以后纳税年度结转扣除。

(2)烟草企业的烟草广告费和业务宣传费支出,一律不得在计算应纳税所得额时扣除。

企业在筹办期间发生的广告费和业务宣传费,可按实际发生额计入企业筹办费,并按有关规定在税前扣除。

例4-5:跨境电商企业E为有限责任公司,主营业务为在线销售欧洲生产的各类化妆品和俄罗斯生产的各类酒水和饮料等。该企业2022年取得主营业务收入6000万元、其他业务收入1000万元、营业外收入250万元。当年发生的广告费和业务宣传费支出1500万元，并已取得相应发票，符合相关规定。试计算2022年度应纳税所得额的调整金额。

参考答案：
(1) 广告费的扣除限额 = (6000+1000)×15% = 1050(万元)
(2) 2022年度应纳税所得额调整金额 = 1500(实际发生金额)–1050(税法扣除限额) = 450(万元)，可以结转以后年度继续扣除。

9. 环境保护专项资金

企业依照法律、行政法规有关规定提取的用于环境保护、生态恢复等方面的专项资金，在计算应纳税所得额时准予扣除。上述专项资金提取后改变用途的，不得扣除。

10. 保险费

企业参加财产保险并按照规定缴纳的保险费，在计算应纳税所得额时准予扣除。

11. 租赁费

企业根据生产经营活动的需要为租入固定资产而支付的租赁费，按照以下规定，在计算应纳税所得额时准予扣除。

(1) 以经营性租赁方式租入固定资产所发生的租赁费支出，按照租赁期限均匀扣除。经营性租赁方式是指所有权不转移的租赁方式。

(2) 以融资性租赁方式租入固定资产所发生的租赁费支出，按照规定构成融资性租入固定资产价值的部分应当提取折旧费用，并分期扣除。融资性租赁方式是指在实质上转移与一项资产所有权有关的全部风险和报酬的一种租赁方式。

12. 劳动保护费

企业发生的合理的劳动保护支出，在计算应纳税所得额时准予扣除。企业根据其工作性质和特点，由企业统一制作并要求员工工作时统一着装所发生的工作服饰费用，根据《中华人民共和国企业所得税法实施条例》的规定，可以作为企业的合理支出，准予税前扣除。

例如，因工作需要为雇员配备的工作服、手套、安全保护用品、防暑降温用品支出，都可以在计算应纳税所得额时据实扣除。

13. 公益性捐赠支出

公益性捐赠是指企业通过公益性社会团体或县级(含县级)以上人民政府及其部门，用于《中华人民共和国公益事业捐赠法》规定的公益事业的捐赠。

企业发生的公益性捐赠支出，不超过年度利润总额12%的部分，在计算应纳税所得额时准予扣除。超过年度利润总额12%的部分，准予以后3年内在计算应纳税所得额时结转扣除。年度利润总额是指企业依照国家统一会计制度规定计算的年度会计利润。

公益性社会团体是指同时符合下列条件的基金会、慈善组织等社会团体：

(1) 依法登记，具有法人资格；
(2) 以发展公益事业为宗旨，且不以营利为目的；
(3) 全部资产及其增值为该法人所有；
(4) 收益和营运结余主要用于符合该法人设立目的的事业；

(5)终止后的剩余财产不归属任何个人或营利组织;

(6)不经营与其设立目的无关的业务;

(7)有健全的财务会计制度;

(8)捐赠者不以任何形式参与社会团体财产的分配;

(9)国务院财政、税务主管部门会同国务院民政部门等登记管理部门规定的其他条件。

被捐赠方应取得公益性捐赠税前扣除资格,省级以上财政、税务部门应及时在官方网站发布具备公益性捐赠税前扣除资格的公益性群众团体名单。捐赠方取得相关票据,可以在计算应纳税所得额时按相关规定扣除。

有些公益性捐赠项目可以100%在税前扣除,如支持新冠疫情的捐赠,具体政策见财政部、国家税务总局相关通知。

例4-6:跨境电商企业F为有限责任公司,主营业务为在线销售办公产品和办公类电子产品等。该企业2022年取得主营业务收入6000万元、其他业务收入1000万元、营业外收入250万元;全年实现利润1800万元。营业外支出科目显示,2022年9月1日该企业通过甲县县政府向其辖区内乙小学捐赠货币资金230万元(汇至指定账号),取得相应票据,符合相关规定,试计算2022年度应纳税所得额的调整金额。

参考答案:

(1)公益性捐赠的扣除限额 = 1800×12% = 216(万元)

(2)2022年度应纳税所得额调整金额 = 230(实际发生金额)−216(税法扣除限额) = 14(万元),可以结转以后3个年度继续扣除。

14. 有关资产的费用

企业转让各类固定资产发生的费用,允许税前扣除。企业按规定计算的固定资产折旧费、无形资产和长期待摊费用的摊销费,准予税前扣除。

15. 总机构分摊的费用

非居民企业在中国境内设立的机构、场所,就其中国境外总机构发生的与该机构、场所生产经营有关的费用,能够提供总机构出具的费用汇集范围、定额、分配依据和方法等证明文件并合理分摊的,准予税前扣除。

16. 依照有关法律、行政法规和国家有关税法规定准予税前扣除的其他费用

这些费用包括会员费、合理的会议费、差旅费、违约金、诉讼费等。

17. 手续费及佣金支出

企业发生与生产经营有关的手续费及佣金支出,不超过以下规定计算限额的部分,准予扣除;超过部分,不得扣除。

① 自2019年1月1日起,保险企业发生的与其经营活动有关的手续费及佣金支出,不超过当年全部保费收入扣除退保金等后余额的18%(含本数)的部分,在计算应纳税所得额时准予扣除;超过部分,允许结转至以后年度扣除。

② 电信企业在发展客户、拓展业务等过程中,需向经纪人、代办商支付手续费及佣

金的，其实际发生的相关手续费及佣金支出，不超过企业当年收入总额 5%的部分，准予在计算应纳税所得额时据实扣除。

③ 其他企业按与具有合法经营资格中介服务机构或个人(不含交易双方及其雇员、代理人和代表人等)所签订服务协议或合同确认的收入金额的5%计算限额。

18. 关于以前年度发生应扣未扣支出的税务处理

企业以前年度实际发生的、按照税收规定应在企业所得税税前扣除而未扣除或少扣除的支出，企业做出专项申报及说明后，准予追补至该项目发生年度计算扣除，但追补确认期限不得超过 5 年。

企业由于上述原因多缴纳的企业所得税税款，可以在追补确认年度企业所得税应纳税款中抵扣；不足抵扣的，可以向以后年度递延抵扣或申请退税。

亏损企业追补确认以前年度未在企业所得税税前扣除的支出，或者盈利企业经过追补确认后出现亏损的，应首先调整该项支出所属年度的亏损额，然后再按照弥补亏损的原则计算以后年度多缴的企业所得税税款，并按上述规定处理。

五、不得扣除的项目

在计算应纳税所得额时，下列支出不得扣除。

(1)向投资者支付的股息、红利等权益性投资收益款项。

(2)企业所得税税款。

(3)税收滞纳金。税收滞纳金是指纳税人违反税收法规被税务机关处以的滞纳金。

(4)罚金、罚款和被没收财物的损失。罚金、罚款和被没收财物的损失是指纳税人违反国家有关法律、法规规定，被有关部门处以的罚款，以及被司法机关处以的罚金和被没收的财物。

(5)超过规定标准的捐赠支出。

(6)赞助支出。赞助支出是指企业发生的与生产经营活动无关的各种非广告性质支出。

(7)未经核定的准备金支出。未经核定的准备金支出是指不符合国务院财政、税务主管部门规定的各项资产减值准备、风险准备等准备金支出。

(8)企业之间支付的管理费、企业内营业机构之间支付的租金和特许权使用费，以及非银行企业内营业机构之间支付的利息。

(9)与取得收入无关的其他支出。

六、亏损弥补

亏损是指企业依照《中华人民共和国企业所得税法》及其实施条例的规定，将某一纳税年度的收入总额减去不征税收入、免税收入和各项扣除后小于零的数额。税法规定，企业某一纳税年度发生的亏损可以用下一纳税年度的所得弥补，下一纳税年度的所得不足以弥补的，可以逐年延续弥补，但最长不得超过 5 年。但是企业在汇总计算应缴纳企业所得税额时，其境外营业机构的亏损不得抵减境内营业机构的盈利。

(1)自2018年1月1日起,当年具备高新技术企业或科技型中小企业资格的企业,其具备资格年度之前5个年度发生的尚未弥补完的亏损,准予结转至以后年度弥补,最长结转年限由5年延长至10年。

(2)企业筹办期间不计算为亏损年度,企业开始生产经营的年度为开始计算企业损益的年度。企业从事生产经营之前进行筹办活动期间发生筹办费用支出,不得计算为当期的亏损,企业可以在开始经营之日的当年一次性扣除,也可以按照税法有关长期待摊费用的处理规定进行处理,但一经选定,就不得改变。

(3)税务机关在对企业以前年度纳税情况进行检查时,如果发现企业在以前年度发生了亏损,并且该亏损符合《中华人民共和国企业所得税法》规定允许弥补的条件,则应允许企业调增企业的应纳税所得额来弥补这个亏损;如果在弥补亏损后还有余额,则应允许企业按照《中华人民共和国企业所得税法》的规定计算并缴纳企业所得税。

(4)对企业以前年度实际发生的、按照税法规定应在企业所得税税前扣除而未扣除或者少扣除的支出,企业做出专项申报及说明后,准予追补至该项目发生年度计算扣除,但追补确认期限不得超过5年。

例4-7:跨境电商企业G为有限责任公司,在中国境内注册,主营业务为在线销售某欧洲国家生活类用品。近年来,因外部环境变化导致连年出现亏损,2016—2021年待弥补亏损分别为150万元、70万元、200万元、180万元、150万元、0万元。2022年,该企业经营情况有所好转,实现净利润1000万(假设不存在纳税调整),即弥补亏损前的应纳税所得额为1000万元。试计算2022年度弥补亏损后的应纳税所得额。

参考答案:

(1)2016年度的亏损已超过5年,不得税前弥补亏损,2017—2021年度亏损可弥补。

(2)2022年度弥补亏损后的应纳税所得额=1000−70−200−180−150=400(万元)。

本节总结:计算企业应该缴纳的企业所得税时,需要准确理解税前扣除的相关规定,并符合合理性、相关性、合规性等要求。如果对于政策存在不同理解的,建议与主管税务机关积极沟通,以规避税收风险。

第五节 资产的所得税处理

资产是指由资本投资形成的财产。对于资本性支出,以及无形资产受让、开办费用、开发费用,不允许作为成本、费用从纳税人的收入总额中一次性扣除,只能采取分次计提折旧或分次摊销的方式进行扣除。纳税人经营活动中使用的固定资产的折旧费用、无形资产和长期待摊费用的摊销费用可以扣除(分次而非一次性扣除,有些特殊情况下允许一次性税前扣除)。税法规定,纳税人税务处理范围内的资产形式主要有固定资产、生物资产、无形资产、长期待摊费用、投资资产、存货等。除盘盈固定资产外,均以历史成本为计税基础。除国务院财政、税务主管部门规定可以确认损益外,企业在持有各项资产期间,不得调整该资产的计税基础,即不得调整资产的计税价值,以确保资产的增值或减值不会影响计税基础。

一、固定资产的税务处理

固定资产是指企业为生产产品、提供劳务、出租或经营管理而持有的、使用时间超过12个月的非货币性资产,包括房屋、建筑物、机器、机械、运输工具及其他与生产经营活动有关的设备、器具、工具等。

(一)固定资产计税基础

(1)外购的固定资产,以购买价款、支付的相关税费及直接归属于使该资产达到预定用途所发生的其他支出作为计税基础。

(2)自行建造的固定资产,以竣工结算前发生的支出作为计税基础。

(3)融资性租入的固定资产,以租赁合同约定的付款总额和承租人在签订租赁合同过程中发生的相关费用作为计税基础,租赁合同未约定付款总额的,以该资产的公允价值和承租人在签订租赁合同过程中发生的相关费用作为计税基础。

(4)盘盈的固定资产,以同类固定资产的重置完全价值作为计税基础。

(5)通过捐赠、投资、非货币性资产交换、债务重组等方式取得的固定资产,以该资产的公允价值和支付的相关税费作为计税基础。

(6)改建的固定资产,除已足额提取折旧的固定资产和租入的固定资产外的其他固定资产,以改建过程中发生的改建支出增加计税基础。

固定资产的计税基础如表 4-2 所示。

表 4-2 固定资产的计税基础

固定资产取得方式	计税基础
外购	购买价款+税费+直接归属于使该资产达到预定用途发生的其他支出
自行建造	竣工结算前发生的支出
融资租赁	租赁合同约定的付款总额(或该资产的公允价值)+承租人在签订租赁合同中发生的相关费用
盘盈	同类固定资产的重置完全价值
捐赠、投资、非货币性资产交换、债务重组	资产的公允价值+支付的相关税费
改建	以改建过程中发生的改建支出增加计税基础

(二)固定资产折旧的范围

在计算应纳税所得额时,企业按照规定计算的固定资产折旧,准予扣除。但是,下列固定资产不得计算折旧扣除。

(1)除房屋、建筑物外,未投入使用的固定资产。

(2)以经营性租赁方式租入的固定资产。

(3)以融资性租赁方式租出的固定资产。

(4)已足额提取折旧,但仍继续使用的固定资产。

(5)与经营活动无关的固定资产。

(6)单独估价,作为固定资产入账的土地。

(7)其他不得计算折旧扣除的固定资产。

(三)固定资产折旧的计提方法

(1)企业应自固定资产投入使用月份的次月起计算折旧;停止使用的固定资产,应自停止使用月份的次月起停止计算折旧。

(2)企业应根据固定资产的性质和使用情况,合理确定固定资产的预计净残值。固定资产的预计净残值一经确定,就不得变更。

(3)固定资产按照直线法计算的折旧,准予税前扣除。

(四)固定资产折旧的计提年限

除国务院财政、税务主管部门另有规定外,固定资产计算折旧的最低年限如下。

(1)房屋、建筑物,最低折旧年限为20年。

(2)飞机、火车、轮船、机器、机械和其他生产设备,最低折旧年限为10年。

(3)与生产经营活动有关的器具、工具、家具等,最低折旧年限为5年。

(4)除飞机、火车、轮船外的运输工具,最低折旧年限为4年。

(5)电子设备,最低折旧年限为3年。

从事开采石油、天然气等矿产资源的企业,在开始进行商业性生产前发生的费用和有关固定资产的折耗、折旧方法,由国务院财政、税务主管部门另行规定。

(五)固定资产折旧的处理

(1)企业固定资产会计折旧年限如果短于税法规定的最低折旧年限,其按会计折旧年限计提的折旧高于按税法规定的最低折旧年限计提的折旧部分,则应调增当期应纳税所得额;企业固定资产会计折旧年限已期满且会计折旧已提足,但税法规定的最低折旧年限尚未到期且税收折旧尚未足额扣除,则其未足额扣除的部分准予在剩余的税收折旧年限继续按规定扣除。

(2)企业固定资产会计折旧年限如果长于税法规定的最低折旧年限,则其折旧应按会计折旧年限计算扣除,税法另有规定的除外。

(3)企业按会计规定提取的固定资产减值准备,不得税前扣除,其折旧仍按税法确定的固定资产计税基础计算扣除。

(4)企业按税法规定实行加速折旧的,其按加速折旧办法计算的折旧额可全额在税前扣除。

(5)石油天然气开采企业在计提油气资产折耗(折旧)时,由于会计与税法规定的计算方法不同而导致的折耗(折旧)差异,应按税法规定进行纳税调整。

(六)文物、艺术品资产的税务处理

企业购买文物、艺术品用于收藏、展示、保值增值的,作为投资资产进行税务处理。文物、艺术品资产在持有期间,计提的折旧、摊销费用,不得税前扣除。

例4-8:具有出口经营权的某生产企业H,2022年7月购入生产设备,支付价款1000万元,增值税130万元,取得增值税专用发票。生产设备在购入当月投入使用,会计上按预计使用 8 年计提折旧。根据税法规定，该生产设备按直线法折旧，期限为 10 年，残值率为 5%。试计算此项业务 2022 年允许税前扣除的折旧，以及应纳税所得额的调整金额。

参考答案：
(1) 会计上的折旧金额 = 1000×(1−5%)÷8 年÷12 个月×5 个月 = 49.4792(万元)
(2) 税法上可以税前扣除的折旧金额 = 1000×(1−5%)÷10÷12×5 = 39.5833(万元)
(3) 应调增应纳税所得额 = 49.4792−39.5833 = 9.8959(万元)

二、生物资产的税务处理

生物资产是指有生命的动物和植物。生物资产分为消耗性生物资产、生产性生物资产和公益性生物资产。消耗性生物资产是指为出售而持有的，或者在将来收获为农产品的生物资产，包括生长中的农田作物、蔬菜、用材林及存栏待售的牲畜等。生产性生物资产是指为产出农产品、提供劳务或出租等目的而持有的生物资产，包括经济林、薪炭林、产畜和役畜等。公益性生物资产是指以防护、环境保护为主要目的的生物资产，包括防风固沙林、水土保持林和水源涵养林等。

(一)生物资产的计税基础

生产性生物资产按照以下方法确定计税基础。
(1) 外购的生产性生物资产，以购买价款和支付的相关税费作为计税基础。
(2) 通过捐赠、投资、非货币性资产交换、债务重组等方式取得的生产性生物资产，以该资产的公允价值和支付的相关税费作为计税基础。

(二)生物资产的折旧方法和折旧年限

生产性生物资产按照直线法计算折旧，准予税前扣除。

企业应自生产性生物资产投入使用月份的次月起计算折旧；对于停止使用的生产性生物资产，企业应自停止使用月份的次月起停止计算折旧。

企业应根据生产性生物资产的性质和使用情况，合理确定生产性生物资产的预计净残值。生产性生物资产的预计净残值一经确定，就不得变更。

生产性生物资产计算折旧的最低年限如下。
(1) 林木类生产性生物资产，计算折旧的最低年限为 10 年。
(2) 畜类生产性生物资产，计算折旧的最低年限为 3 年。

三、无形资产的税务处理

无形资产是指企业长期使用但没有实物形态的资产，包括专利权、商标权、著作权、土地使用权、非专利技术等。

(一)无形资产的计税基础

无形资产按照以下方法确定计税基础。
(1) 外购的无形资产，以购买价款和支付的相关税费，以及直接归属于使该资产达到预定用途发生的其他支出作为计税基础。

(2) 自行开发的无形资产，以开发过程中该资产符合资本化条件后，直至达到预定用途前发生的支出作为计税基础。

(3) 通过捐赠、投资、非货币性资产交换、债务重组等方式取得的无形资产，以该资产的公允价值和支付的相关税费作为计税基础。

(二) 无形资产摊销的范围

在计算应纳税所得额时，企业按照规定计算的无形资产摊销费用，准予扣除。

下列无形资产不得计算摊销费用扣除：

(1) 自行开发的、支出已在计算应纳税所得额时扣除的无形资产；

(2) 自创商誉；

(3) 与经营活动无关的无形资产；

(4) 其他不得计算摊销费用扣除的无形资产。

(三) 无形资产的摊销方法及年限

采取直线法计算无形资产的摊销。无形资产的摊销年限不得低于 10 年。作为投资或受让的无形资产，有关法律规定或合同约定了使用年限的，可以按照规定或约定的使用年限分期摊销。在企业整体转让或清算时，外购商誉的支出准予税前扣除。

企业外购的软件，凡符合固定资产或无形资产确认条件的，可以按照固定资产或无形资产进行核算，其折旧或摊销年限可以适当缩短，最短可为 2 年(含)。

四、长期待摊费用的税务处理

长期待摊费用是指企业发生的应在一个年度以上或几个年度进行摊销的费用。在计算应纳税所得额时，企业发生的下列支出作为长期待摊费用，凡是按照规定摊销的，准予扣除。

(1) 已足额提取折旧的固定资产的改建支出；

(2) 租入固定资产的改建支出；

(3) 固定资产的大修理支出；

(4) 其他应作为长期待摊费用的支出。

企业的固定资产修理支出可在发生当期直接扣除。企业的固定资产改良支出，如果有关固定资产尚未提足折旧，则可增加固定资产价值；如果有关固定资产已提足折旧，则可作为长期待摊费用，在规定的期间内平均摊销。

固定资产的改建支出是指改变房屋或建筑物结构、延长使用年限等发生的支出。已足额提取折旧的固定资产的改建支出，按照固定资产预计尚可使用年限分期摊销；租入固定资产的改建支出，按照合同约定的剩余租赁期限分期摊销；改建的固定资产延长使用年限的，除已足额提取折旧的固定资产、租入固定资产的改建支出外，其他的固定资产的改建支出，应当适当延长折旧年限。

企业固定资产的大修理支出可按照固定资产尚可使用年限分期摊销。税法所指固定资产的大修理支出是指同时符合下列条件的支出：

(1)修理支出达到取得固定资产时的计税基础 50% 以上。

(2)修理后固定资产的使用年限延长 2 年以上。

对于其他应当作为长期待摊费用的支出，自支出发生月份的次月起分期摊销，摊销年限不得低于 3 年。

五、存货的税务处理

存货是指企业持有的，以备出售的产品或商品、处在生产过程中的在产品、在生产或提供劳务过程中耗用的材料和物料等。

(一)存货的计税基础

按照以下方法确定存货成本。

(1)通过支付现金方式取得的存货，以购买价款和支付的相关税费作为成本。

(2)通过支付现金以外的方式取得的存货，以该存货的公允价值和支付的相关税费作为成本。

(3)生产性生物资产收获的农产品，以产出或采收过程中发生的材料费、人工费和分摊的间接费用等必要支出作为成本。

(二)存货的成本计算方法

企业使用或销售的存货的成本计算方法，可以选用先进先出法、加权平均法、个别计价法中的一种方法。存货的成本计算方法一经选用，就不得随意变更。

企业转让以上资产，在计算应纳税所得额时，资产的净值允许扣除。

六、投资资产的税务处理

投资资产是指企业对外进行权益性投资和债权性投资而形成的资产。

(一)投资资产的成本

按以下方法确定投资资产的成本。

(1)通过支付现金方式取得的投资资产，以购买价款作为成本。

(2)通过支付现金以外的方式取得的投资资产，以该资产的公允价值和支付的相关税费作为成本。

(二)投资资产成本的扣除方法

企业对外投资期间，投资资产的成本在计算应纳税所得额时不得扣除。企业在转让或处置投资资产时，投资资产的成本准予税前扣除。

七、税法规定与会计规定差异的处理

根据《中华人民共和国企业所得税法》的规定，对企业依据财务会计制度规定，并实际在财务会计处理上已确认的支出，凡没有超过《中华人民共和国企业所得税法》和有关税收法规规定的税前扣除范围和标准的，可按企业实际会计处理确认的支出，在企业所得税税前扣除，以计算其应纳税所得额。

(1)企业不能提供完整、准确的收入及成本、费用凭证，不能正确计算应纳税所得额的，由税务机关核定其应纳税所得额。

(2)企业应纳税所得额是根据税收法规计算出来的，它在数额上与依据财务会计制度计算的利润总额往往不一致。因此，税法规定，对企业按照有关财务会计规定计算的利润总额，要按照税法的规定进行必要调整后，才能作为应纳税所得额。

本节总结：企业应该了解各类资产的税务处理政策，准确掌握资产处理的税法规定与会计规定差异，积极享受加速折旧、一次性折旧等税收优惠政策。

第六节 税 收 优 惠

税收优惠是指国家对某一部分特定企业和课税对象给予减轻或免除税收负担的一种措施。税法规定的企业所得税的税收优惠方式包括免税、减税、加计扣除、加速折旧、减计收入、税额抵免等。

一、免征与减征优惠

企业的下列所得，可以免征或减征企业所得税。从事国家限制和禁止发展的项目，不得享受企业所得税优惠。

(一)从事农、林、牧、渔业项目的所得

企业从事农、林、牧、渔业项目的所得，包括免征和减征两部分。

1. 企业从事下列项目的所得，免征企业所得税

(1)蔬菜、谷物、薯类、油料、豆类、棉花、麻类、糖料、水果、坚果的种植。

(2)农作物新品种的选育。

(3)中药材的种植。

(4)林木的培育和种植。

(5)牲畜、家禽的饲养。

(6)林产品的采集。

(7)灌溉、农产品初加工、兽医、农技推广、农机作业和维修等农、林、牧、渔服务业项目。

(8)远洋捕捞。

2. 企业从事下列项目的所得，减半征收企业所得税

(1)花卉、茶，以及其他饮料作物和香料作物的种植。

(2)海水养殖、内陆养殖。

（二）从事国家重点扶持的公共基础设施项目投资经营的所得

《中华人民共和国企业所得税法》所称国家重点扶持的公共基础设施项目，是指《公共基础设施项目企业所得税优惠目录》规定的港口码头、机场、铁路、公路、电力、水利等项目。

企业从事国家重点扶持的公共基础设施项目的投资经营的所得，自取得项目第一笔生产经营收入所属纳税年度起，第1年至第3年免征企业所得税，第4年至第6年减半征收企业所得税。

（三）从事符合条件的环境保护、节能节水项目的所得

环境保护、节能节水项目的所得，自取得项目第一笔生产经营收入所属纳税年度起，享受企业所得税"三免三减半"优惠。

（四）符合条件的技术转让所得

（1）《中华人民共和国企业所得税法》所称符合条件的技术转让所得免征、减征企业所得税，是指一个纳税年度内，居民企业转让技术所得不超过500万元的部分，免征企业所得税；超过500万元的部分，减半征收企业所得税。

（2）技术转让中所称技术的范围，包括居民企业转让专利技术、计算机软件著作权、集成电路布图设计权、植物新品种、生物医药新品种、5年（含）以上非独占许可使用权，以及财政部和国家税务总局确定的其他技术。

二、高新技术企业优惠

国家需要重点扶持的高新技术企业，减按15%的税率征收企业所得税。

三、技术先进型服务企业优惠

在全国范围内对经认定的技术先进型服务企业，减按15%的税率征收企业所得税。

四、小型微利企业优惠

小型微利企业是指从事国家非限制和禁止行业，且同时符合年度应纳税所得额不超过300万元、从业人数不超过300人、资产总额不超过5000万元等三个条件的企业。

从业人数包括与企业建立劳动关系的职工人数和企业接收的劳务派遣用工人数。

年度中间开业或终止经营活动的，以其实际经营期作为一个纳税年度确定上述相关指标。

（一）小型微利企业2019年1月1日至2021年12月31日优惠政策

对小型微利企业年应纳税所得额不超过100万元的部分，减按25%计入应纳税所得额，按20%的税率缴纳企业所得税；对年应纳税所得额超过100万元但不超过300万元的部分，减按50%计入应纳税所得额，按20%的税率缴纳企业所得税。

(二)小型微利企业 2021 年 1 月 1 日至 2022 年 12 月 31 日优惠政策

对小型微利企业年应纳税所得额不超过 100 万元的部分,在《财政部 税务总局关于实施小微企业普惠性税收减免政策的通知》(财税〔2019〕13 号)第二条规定的优惠政策基础上,再减半征收企业所得税,即减按 12.5%计入应纳税所得额,按 20%的税率缴纳企业所得税。执行期限为 2021 年 1 月 1 日至 2022 年 12 月 31 日。

(三)小型微利企业 2022 年 1 月 1 日至 2024 年 12 月 31 日优惠政策

根据《财政部 税务总局关于进一步实施小微企业所得税优惠政策的公告》(财政部税务总局公告 2022 年第 13 号)第一条的规定,对小型微利企业年应纳税所得额超过 100 万元但不超过 300 万元的部分,减按 25%计入应纳税所得额,按 20%的税率缴纳企业所得税。执行期限为 2022 年 1 月 1 日至 2024 年 12 月 31 日。

(四)小型微利企业 2023 年 1 月 1 日至 2024 年 12 月 31 日优惠政策

根据《财政部 税务总局关于小微企业和个体工商户所得税优惠政策的公告》(财政部税务总局公告 2023 年第 6 号)第一条的规定,对小型微利企业年应纳税所得额不超过 100 万元的部分,减按 25%计入应纳税所得额,按 20%的税率缴纳企业所得税。执行期限为 2023 年 1 月 1 日至 2024 年 12 月 31 日。

例 4-9:某工业企业 J 具有出口经营权,从业人员有 80 人,资产总额为 2500 万元,2021 年度相关生产经营业务如下。

(1)当年销售产品不含税收入 700 万元,对外提供培训不含税收入 120 万元。国债利息收入 250 万元,取得对境内非上市居民企业的投资收益 100 万元。

(2)全年产品销售成本为 550 万元。

(3)全年发生财务费用 50 万元,其中 10 万元为资本化的利息。

(4)管理费用共计 98 万元,销售费用共计 50 万元,其中列支广告费及业务宣传费合计 30 万元。

(5)在营业外支出中,通过政府部门向贫困地区捐款 40 万元,税收罚款支出 5 万元,滞纳金支出 2.73 万元。

(6)税金及附加为 20 万元。

(7)上年广告费及业务宣传费共计超支 20 万元。

要求:根据上述资料,试回答以下问题。

(1)该工业企业 2021 年的应税收入为多少万元?

(2)企业税前可扣除的财务费用和销售费用合计为多少万元?

(3)企业税前可扣除的营业外支出为多少万元?

(4)企业应缴纳的企业所得税为多少万元?

参考答案:

(1)该工业企业 2021 年的应税收入为多少万元?

应税收入 = 700+120= 820(万元)

(2)企业税前可扣除的财务费用和销售费用合计为多少万元?

资本化的利息应通过摊销方式扣除，不直接在财务费用中反映。

可扣除的财务费用 = 50-10 = 40（万元）

销售（营业）收入 = 700+120 = 820（万元）

广告费和业务宣传费扣除限额 = 820×15% = 123（万元），实际列支30万元，上年超支20万元可结转在本年企业所得税税前扣除。

税前可扣除的销售费用 = 30+20 = 50（万元）

税前可扣除的财务费用和销售费用合计 = 40+50 = 90（万元）

(3) 企业税前可扣除的营业外支出为多少万元？

利润总额 =（700+120+250+100）(收入总额)−20（税金及附加）−550（成本）−(50−10)（财务费用）−98（管理费用）−50（销售费用）−(40+5+2.73)（营业外支出）= 364.27（万元）

捐款限额 = 364.27×12% = 43.71（万元），实际捐款为40万元，可据实扣除。

税收罚款和滞纳金，不得税前扣除。

可扣除的营业外支出 = 40（万元）

(4) 企业应缴纳的企业所得税为多少万元？

① 应纳税所得额 = 364.27−250（国债利息收入，纳税调减）−100（符合条件的居民企业之间的权益性收益）+5（税收罚款，纳税调增）+2.73（滞纳金，纳税调增）−20（结转上年超支的广宣费，纳税调减）= 2（万元）

② 应纳税所得额 =（700+120+250+100）(收入总额)−(250+100)（免税收入）−20（税金）−550（成本）−40（财务费用）−98（管理费用）−70（销售费用）−40（捐赠）= 2（万元）

该工业企业从业人数不超过300人，资产总额不超过5000万元，应纳税所得额不超过300万元，符合小型微利企业标准。

2019年1月1日至2021年12月31日，对小型微利企业年应纳税所得额不超过100万元的部分，减按25%计入应纳税所得额，按20%的税率缴纳企业所得税。

企业应缴纳企业所得税税额 = 2×12.5%×20% = 0.05（万元）

五、加计扣除优惠

加计扣除是指对企业支出项目，按规定的比例，在给予税前扣除的基础上再给予追加扣除。加计扣除优惠包括以下四项内容。

（一）一般企业研究开发费用加计扣除

一般企业研究开发费用，2018年1月1日至2023年12月31日，未形成无形资产计入当期损益的，在按照规定据实扣除的基础上，再按照研究开发费用的75%加计扣除；形成无形资产的，按照无形资产成本的175%摊销。

根据《关于进一步完善研发费用税前加计扣除政策的公告》（财政部 税务总局公告2023年第7号）的规定，企业开展研发活动中实际发生的研发费用，未形成无形资产计入当期损益的，在按规定据实扣除的基础上，自2023年1月1日起，再按照实际发生额的100%在税前加计扣除；形成无形资产的，自2023年1月1日起，按照无形资产成本的200%在税前摊销。

(二) 企业委托境外研究开发费用加计扣除

按照《财政部 税务总局 科技部 关于企业委托境外研究开发费用税前加计扣除有关政策问题的通知》(财税〔2018〕64号)的规定，企业委托境外的研究开发费用按照实际发生额的80%计入委托方的委托境外研究开发费用，不超过境内符合条件的研究开发费用三分之二的部分，可以按规定在企业所得税税前加计扣除。

(三) 制造业企业研究开发费用加计扣除

制造业企业开展研发活动中实际发生的研究开发费用，未形成无形资产计入当期损益的，在按规定据实扣除的基础上，自2021年1月1日起，再按照实际发生额的100%在税前加计扣除；形成无形资产的，自2021年1月1日起，按照无形资产成本的200%在税前摊销。

(四) 企业安置残疾人员所支付的工资费用

企业安置残疾人员所支付的工资费用的加计扣除，是指企业安置残疾人员时，在按照支付给残疾人员工资据实扣除的基础上，按照支付给残疾人员工资的100%加计扣除。

六、创业投资企业优惠

创业投资企业从事国家需要重点扶持和鼓励的创业投资，可以按投资额的一定比例抵扣应纳税所得额。

创业投资企业优惠是指，创业投资企业采取股权投资方式，直接投资于初创科技型企业满2年的，可以按照其投资额的70%，在股权持有满2年的当年抵扣该创业投资企业的应纳税所得额；当年不足抵扣的，可以在以后纳税年度结转抵扣。

七、加速折旧优惠

(一) 可以加速折旧的固定资产

由于技术进步等原因，企业的固定资产确需加速折旧的，可以缩短折旧年限或采取加速折旧的方法。可采用以上折旧方法的固定资产包括：①由于技术进步，产品更新换代较快的固定资产；②常年处于强震动、高腐蚀状态的固定资产。

采取缩短折旧年限方法的企业的固定资产，最低折旧年限不得低于规定折旧年限的60%；采取加速折旧方法的企业的固定资产，可以采取双倍余额递减法或年数总和法。

(二) 一次性折旧的固定资产

疫情防控重点保障物资生产企业为扩大产能新购置的相关设备，允许一次性计入当期成本费用，并允许在企业所得税税前扣除。

八、减计收入优惠

企业综合利用资源，生产符合国家产业政策规定的产品所取得的收入，可以在计算应纳税所得额时减计收入。

减计收入是指企业以《资源综合利用企业所得税优惠目录》规定的资源作为主要原材料，生产国家非限制和非禁止，并符合国家和行业相关标准的产品取得的收入，减按90%计入收入总额。

九、税额抵免优惠

税额抵免是指企业购置并实际使用规定的环境保护、节能节水、安全生产等专用设备的，该专用设备的投资额的10%可以从企业当年的应纳税额中抵免；当年不足抵免的，可以在以后5个纳税年度结转抵免。

十、民族自治地方的优惠

《中华人民共和国企业所得税法》所称民族自治地方是指实行民族区域自治的自治区、自治州、自治县。民族自治地方的自治机关，对本民族自治地方的企业应缴纳的企业所得税中属于地方分享的部分(中央和地方按照60%和40%的比例分享)，可以决定减征或免征企业所得税(地方部分免征后，实际税率为15%)。自治州、自治县决定减征或免征的，需报省、自治区、直辖市人民政府批准。

十一、非居民企业优惠

非居民企业减按10%的税率征收企业所得税。这里的非居民企业是指在中国境内未设立机构、场所的，或者虽设立机构、场所，但取得的所得与其所设机构、场所没有实际联系的企业。该类非居民企业取得下列所得时，免征企业所得税。

(1)外国政府向中国政府提供贷款取得的利息所得。

(2)国际金融组织向中国政府和居民企业提供优惠贷款取得的利息所得。

(3)经国务院批准的其他所得。

十二、海南自由贸易港企业所得税优惠

(1)2020年1月1日起至2024年12月31日，对注册在海南自由贸易港并实质性运营的鼓励类产业企业，减按15%的税率征收企业所得税。

鼓励类产业企业是指以《海南自由贸易港鼓励类产业目录(2020年本)》中规定的产业项目为主营业务且其主营业务收入占企业收入总额60%以上的企业。实质性运营是指企业的实际管理机构设在海南自由贸易港，并对企业生产经营、人员、账务、财产等实施实质性全面管理和控制。不符合实质性运营的企业，不得享受企业所得税优惠。

(2)对在海南自由贸易港设立的旅游业、现代服务业、高新技术产业企业新增境外直接投资取得的所得，免征企业所得税。

十三、西部大开发的税收优惠

(一)适用范围

西部大开发的税收优惠适用地区范围包括重庆市、四川省、贵州省、云南省、西藏自治区、陕西省、甘肃省、宁夏回族自治区、青海省、新疆维吾尔自治区、新疆生产建设兵团、内蒙古自治区和广西壮族自治区(上述地区统称西部地区)。湖南省湘西土家族苗族自治州、湖北省恩施土家族苗族自治州、吉林省延边朝鲜族自治州、江西省赣州市,可以比照西部地区的税收优惠政策执行。

(二)具体内容

(1)对设在西部地区国家鼓励类产业企业,在2021年1月1日至2030年12月31日期间,减按15%的税率征收企业所得税。

国家鼓励类产业企业是指以《西部地区鼓励类产业目录(2020年版)》中规定的产业项目为主营业务,其主营业务收入占企业收入总额60%以上的企业。

(2)对在西部地区新办交通、电力、水利、邮政、广播电视企业,给予减免企业所得税的优惠政策。其中,内资企业自生产经营之日起,第一年至第二年免征企业所得税,第三年至第五年减半征收企业所得税;外商投资企业经营期在10年以上的,自获利年度起,第一年至第二年免征企业所得税,第三年至第五年减半征收企业所得税。本条所称交通企业是指投资新办从事公路、铁路、航空、港口、码头运营和管道运输的企业;电力企业是指投资新办从事电力运营的企业;水利企业是指投资新办从事江河湖泊综合治理、防洪除涝、灌溉、供水、水资源保护、水力发电、水土保持、河道疏浚、河海堤防建设等开发水利、防治水害的企业;邮政企业是指投资新办从事邮政运营的企业;广播电视企业是指投资新办从事广播电视运营的企业。除另有规定外,上述各类企业主营收入需占企业总收入70%以上。

本节总结: 准确理解企业所得税的优惠政策对于跨境电商企业非常重要。在新办国家鼓励行业的企业时,选择适当的企业类型,能够合理享受国家给予的优惠政策。

第七节 应纳税额的计算

对于居民企业应纳税额的计算方法,在本章前面中已经做过介绍,本节结合举例说明直接计税法和间接计税法这两种计税方法的应用。

一、直接计税法

直接计税法的计算公式如下。

应纳税所得额 = 收入总额−不征税收入−免税收入−各项扣除金额−弥补亏损

例 4-10：跨境电商企业 K 为居民企业，2022 年实现税前收入总额 2000 万元（其中产品销售收入 1800 万元，购买国库券利息收入 200 万元），发生各项成本费用损失共计 1000 万元，其中包括合理的工资薪金总额 200 万元、业务招待费 100 万元、职工福利费 50 万元、职工教育经费 10 万元、工会经费 10 万元、税收滞纳金 30 万元、提取的各项准备金支出 100 万元、其他与收入有关的合理支出 500 万元。已知可弥补以前年度亏损 49 万元。试计算该企业当年应纳的企业所得税额。

参考答案：

首先计算各个可以扣除项目的金额。

(1) 业务招待费发生额的 60% = 100×60% = 60（万元）

销售收入的 5‰ = 1800×5‰ = 9（万元）

实际业务招待费扣除 = 9（万元）

(2) 职工福利费扣除限额 = 200×14% = 28（万元）

实际职工福利费扣除 = 28（万元）

职工教育经费扣除限额 = 200×8% = 16（万元）

实际职工教育经费扣除 = 10（万元）

职工工会经费扣除限额 = 200×2% = 4（万元）

实际职工工会经费扣除 = 4（万元）

2022 年应纳税所得额 = 2000−200−200−9−28−10−4−500−49 = 1000（万元）

2022 年应纳所得税额 = 1000×25% = 250（万元）

二、间接计税法

间接计税法的计算公式如下。

应纳税所得额 = 会计利润总额+纳税调增项目金额−纳税调减项目金额

例 4-11：某工业生产企业 L 为居民企业，有出口经营权，2022 年度发生经营业务如下。

全年取得产品销售收入 6500 万元，发生产品销售成本 4400 万元；其他业务收入 880 万元，其他业务成本 696 万元；取得购买国债的利息收入 50 万元；缴纳非增值税销售税金及附加 320 万元；发生管理费用 760 万元，其中新技术的研究开发费用 66 万元、业务招待费用 80 万元；发生财务费用 210 万元；取得直接投资其他居民企业的权益性收益 36 万元（已在投资方所在地按 15% 的税率缴纳所得税）；取得营业外收入 120 万元，发生营业外支出 256 万元（其中含公益捐赠 66 万元、税收滞纳金 20 万元）。另外，该企业当年购置环境保护专用设备 500 万元，购置完毕立即投入使用。试计算该企业 2022 年应纳的企业所得税。

参考答案：

(1) 利润总额 = 6500+880+50+36+120−4400−696−320−760−210−256 = 944（万元）

(2) 国债利息收入免征企业所得税，应调减所得额 50 万元。

(3) 技术开发费(加计扣除)调减所得额 = 66×75% = 49.5（万元）

(4) 按实际发生业务招待费的 60% 计算限额 = 80×60% = 48（万元）

按销售(营业)收入的5‰计算限额 = (6500+880)×5‰ = 36.9(万元)

按照规定税前扣除限额应为36.9万元(较小者),实际应调增应纳税所得额 = 80–36.9 = 43.1(万元)

(5) 取得直接投资其他居民企业的权益性收益属于免税收入,应调减应纳税所得额 36 万元。

(6) 捐赠扣除标准 = 944×12% = 113.28(万元)

实际捐赠额66万元小于扣除标准113.28万元,可按实际捐款数扣除,不做纳税调整。

(7) 税收滞纳金不可税前扣除,应调增应纳税所得额20万元。

(8) 应纳税所得额 = 944–50–49.5+43.1–36+20 = 871.6(万元)

(9) 该企业2022年应缴纳企业所得税 = 871.6×25% = 217.9(万元)

(10) 企业购置的环保设备的抵免限额为设备投资的10%,可抵扣应纳所得税额为:500×10% = 50(万元)。

该企业2022年实际应纳所得税额为217.9–50 = 167.9(万元)

三、境外所得抵扣税额的计算

企业的境外所得在境外已纳税额可以抵扣境内应交税额,这是避免国际重复征税的重要举措。我国采用限额抵免方法,主要采用"分国不分项"的计算办法。

居民企业及非居民企业在中国境内设立的机构、场所依照《中华人民共和国企业所得税法》的有关规定,应在其应纳税额中抵免在境外缴纳的所得税。

(1) 企业应按照《中华人民共和国企业所得税法》及其实施条例、税收协定及相关规定,准确计算下列当期与抵免境外所得税有关的项目后,确定当期实际可抵免分国(地区)别的境外所得税税额和抵免限额。

① 境内所得的应纳税所得额(以下简称"境内应纳税所得额")和分国(地区)别的境外所得的应纳税所得额(以下简称"境外应纳税所得额")。

② 分国(地区)别的可抵免境外所得税税额。

③ 分国(地区)别的境外所得税的抵免限额。

企业不能准确计算上述项目实际可抵免分国(地区)别的境外所得税税额的,在相应国家(地区)缴纳的税收均不得在该企业当期应纳税额中抵免,也不得结转以后年度抵免。

(2) 企业应就其中国境外所得(境外税前所得),按规定计算境外应纳税所得额。

(3) 可抵免境外所得税税额,是指企业来源于中国境外的所得,依照中国境外税收法律及相关规定应当缴纳并已实际缴纳的企业所得税性质的税款。但不包括如下内容。

① 按照境外所得税法律及相关规定,属于错缴或错征的境外所得税税款。

② 按照税收协定规定,不应征收的境外所得税税款。

③ 因少缴或迟缴境外所得税而追加的利息、滞纳金或罚款。

④ 境外所得税纳税人或其利害关系人,从境外征税主体得到实际返还或补偿的境外所得税税款。

⑤ 按照我国《中华人民共和国企业所得税法》及其实施条例的规定,已经免征我国

企业所得税的境外所得负担的境外所得税税款。

（4）在计算实际应抵免的境外已缴纳和间接负担的所得税税额时，企业在境外一国（地区）当年缴纳和间接负担的，符合规定的所得税税额低于所计算的该国（地区）抵免限额的，应以该项税额作为境外所得税抵免额从企业应纳税总额中据实抵免；超过抵免限额的，当年应以抵免限额作为境外所得税抵免额进行抵免，超过抵免限额的余额允许从次年起在连续5个纳税年度内，用每个纳税年度抵免限额抵免当年应抵税额后的余额进行抵补。

例 4-12：某跨境电商企业 M 为居民企业，2022 年度境内应纳税所得额为 200 万元，适用 25% 的企业所得税税率。另外，该企业分别在 A、B 两国设有分支机构（我国与 A、B 两国已经缔结避免双重征税协定），在 A 国分支机构的应纳税所得额为 100 万元，A 国企业所得税税率为 20%；在 B 国的分支机构的应纳税所得额为 60 万元，B 国企业所得税税率为 30%。假设该企业在 A、B 两国所得按我国税法计算的应纳税所得额和按 A、B 两国税法计算的应纳税所得额一致，两个分支机构在 A、B 两国分别缴纳了 20 万元和 18 万元的企业所得税（注，以上金额均已换算为人民币）。试计算该企业汇总时在我国应缴纳的企业所得税税额。

参考答案：
（1）该企业按我国税法计算的境内、境外所得的应纳税额。
应纳税额 =（200+100+60）×25% = 90（万元）
（2）A、B 两国的扣除限额。
A 国扣除限额 = 100×25% = 25（万元）
B 国扣除限额 = 60×25% = 15（万元）
在 A 国缴纳的所得税为 20 万元，低于扣除限额 25 万元，可全额扣除。在 B 国缴纳的所得税为 18 万元，高于扣除限额 15 万元，其超过扣除限额的部分 3 万元当年不能扣除。
（3）汇总时在我国应缴纳的所得税 = 90−20−15 = 55（万元）

四、居民企业核定征收企业所得税的相关规定

（一）核定征收企业所得税的范围

核定征收办法适用于居民企业纳税人，纳税人具有下列情形之一的，税务机关可核定征收企业所得税。
（1）依照法律、行政法规的规定可以不设置账簿的。
（2）依照法律、行政法规的规定应当设置但未设置账簿的。
（3）擅自销毁账簿或拒不提供纳税资料的。
（4）虽设置账簿，但账目混乱或成本资料、收入凭证、费用凭证残缺不全，难以查账的。
（5）发生纳税义务，但未按照规定的期限办理纳税申报，经税务机关责令限期申报，但逾期仍不申报的。
（6）申报的计税依据明显偏低，又无正当理由的。

特殊行业、特殊类型的纳税人和一定规模以上的纳税人不适用核定征收办法。上述特定纳税人由国家税务总局另行明确,具体包括如下内容。

(1)享受《中华人民共和国企业所得税法》及其实施条例和国务院规定的一项或几项企业所得税优惠政策的企业(不包括仅享受《中华人民共和国企业所得税法》第二十六条规定免税收入优惠政策的企业、第二十八条规定的符合条件的小型微利企业)。

(2)汇总纳税企业。

(3)上市企业。

(4)银行、信用社、小额贷款公司、保险公司、证券公司期货公司、信托投资公司、金融资产管理公司,融资租赁公司、担保公司、财务公司、典当公司等金融企业。

(5)会计、审计资产评估、税务、房地产估价、土地估价、工程造价律师、价格鉴证、公证机构、基层法律服务机构、专利代理、商标代理及其他经济鉴证类社会中介机构。

(6)专门从事股权(股票)投资业务的企业。

(7)国家税务总局规定的其他企业。

(二)核定征收的办法

税务机关应根据纳税人的具体情况,对核定征收企业所得税的纳税人,核定应税所得率或核定应纳所得税额。

1. 核定应税所得率的条件

具有下列情形之一的,核定其应税所得率。

(1)能正确核算(查实)收入总额,但不能正确核算(查实)成本费用总额的。

(2)能正确核算(查实)成本费用总额,但不能正确核算(查实)收入总额的。

(3)通过合理方法,能计算和推定纳税人收入总额或成本费用总额的。

纳税人不属于以上情形的,核定其应纳所得税额。

2. 税务机关核定征收企业所得税的方法

税务机关采用下列方法核定征收企业所得税。

(1)参照当地同类行业或类似行业中,经营规模和收入水平相近的纳税人的税负水平核定。

(2)按照应税收入额或成本费用支出额定率核定。

(3)按照耗用的原材料、燃料、动力等推算或测算核定。

(4)按照其他合理方法核定。

采用上述所列方法中任意一种方法不足以正确核定应纳税所得额或应纳税额的,可以同时采用两种以上的方法核定。采用两种以上方法测算的应纳税额不一致时,可按测算的应纳税额从高核定。各行业应税所得率幅度由国家税务总局规定。

(三)跨境电子商务综合试验区零售出口企业所得税核定征收规定

根据《国家税务总局关于跨境电子商务综合试验区零售出口企业所得税核定征收有关问题的公告》(国家税务总局公告2019年第36号),自2020年1月1日起,对跨境电子商务综合试验区(以下简称"综试区")内的跨境电子商务零售出口企业(以下简称"跨境电商企业")核定征收企业所得税的有关问题做如下规定。

(1)综试区内的跨境电商企业,同时符合下列条件的,试行核定征收企业所得税办法。

①在综试区注册,并在注册地跨境电子商务线上综合服务平台登记出口货物日期、名称、计量单位、数量、单价、金额的;②出口货物通过综试区所在地海关办理电子商务出口申报手续的;③出口货物未取得有效进货凭证,其增值税、消费税享受免税政策的。

(2)综试区内核定征收的跨境电商企业应准确核算收入总额,并采用应税所得率方式核定征收企业所得税。应税所得率统一按照4%确定。

(3)综试区内实行核定征收的跨境电商企业符合小型微利企业优惠政策条件的,可享受小型微利企业所得税优惠政策;其取得的收入属于《中华人民共和国企业所得税法》第二十六条规定的免税收入的,可享受免税收入优惠政策。

(4)上述所称综试区,是指经国务院批准的跨境电子商务综合试验区;上述所称跨境电商企业,是指自建跨境电子商务销售平台或利用第三方跨境电子商务平台开展电子商务出口的企业。

五、非居民企业应纳税额的计算

对于在中国境内未设立机构、场所的,或者虽设立机构、场所但取得的所得与其所设机构、场所没有实际联系的非居民企业的所得,按照下列方法计算应纳税所得额。

(1)股息、红利等权益性投资收益和利息、租金、特许权使用费所得,以收入全额作为应纳税所得额。

(2)转让财产所得,以收入总额减去财产净值后的余额作为应纳税所得额。

财产净值是指财产的计税基础减去已经按照规定扣除的折旧、折耗、摊销、准备金等后的余额。

(3)其他所得,参照以上两项规定的方法计算应纳税所得额。

非居民企业无法正常查账征收企业所得税的,税务机关有权按照规定核定征收企业所得税。

例4-13:境内跨境电商企业N,在2022年度生产经营情况如下。

(1)销售收入5000万元,销售成本3000万元。

(2)销售费用800万元,其中广告费720万元、业务宣传费50万元、其他费用30万元。

(3)管理费用500万元,其中招待费80万元。

(4)财务费用100万元,其中向其他企业借款后支付借款利息15万元,借款利率为年息10%(银行一年期同类贷款利率为6%)。

(5)缴纳增值税100万元。

(6)营业外支出100万元,其中税收滞纳金及罚款8万元、直接向某敬老院捐款2万元、通过红十字总会向灾区捐赠80万元。

(7)2022年度在A、B两国分别设立分公司,A国甲分公司应纳税所得额20万美元,

B国乙分公司应纳税所得额10万美元。甲分公司在A国按35%的税率缴纳了所得税；乙分公司在B国按20%的税率缴纳了所得税(注：本例中，1美元=6.7元人民币)。

试计算境内跨境电商企业N在2022年应缴纳多少企业所得税。

参考答案：

(1)准予税前扣除的广告费、业务宣传费 = 5000×15% = 750(万元)，广告费、业务宣传费超标准部分 = (720+50)–750= 20(万元)，应调增应纳税所得额。

(2)业务招待费的扣除限额 = 5000×5‰ = 25(万元)，业务招待费按实际发生额的60%计算 = 80×60% = 48(万元)，超标准列支部分 = 80–25 = 55(万元)，应调增应纳税所得额。

(3)向其他企业借款准予在税前扣除的利息 = (15÷10%)×6% = 9(万元)，超标准部分 = 15–9 = 6(万元)，应调增应纳税所得额。

(4)税收滞纳金及罚款8万元不能在税前扣除，应调增应纳税所得额。

(5)直接向某敬老院捐款2万元不能在税前扣除，应调增应纳税所得额。

(6)年度会计利润 = 5000–3000–800–500–100–100 = 500(万元)，公益性捐赠的扣除限额 = 500×12% = 60(万元)。

通过中国慈善总会的公益捐赠超标准税前列支部分 = 80–60= 20(万元)，应调增应纳税所得额。

(7)境内应纳税所得额 = 500+20+55+6+8+2+20= 611(万元)。

(8)境内、境外应税所得额 = 611+20×6.7+10×6.7 = 812(万元)。

A国甲分公司抵免限额 = 812×25%×(20×6.7÷812) = 33.5(万元)。

A国甲分公司在A国实际缴纳所得税 = 20×6.7×35% = 46.9(万元)。

甲分公司不需要向我国补缴所得税。

B国乙分公司抵免限额 = 812×25%×(10×6.7÷812) = 16.75(万元)。

B国乙分公司在B国实际缴纳所得税 = 10×6.7×20% = 13.4(万元)。

乙分公司需要向我国补缴所得税 = 16.75–13.4 = 3.35(万元)。

(9)应纳所得额 = 611×25%+3.35 = 156.1(万元)。

本节总结： 若要准确核算企业应该缴纳的企业所得税应纳税额，就需要熟练掌握间接计税法，这与企业所得税纳税申报的思路是一致的。需要注意的是，在取得境外所得进行抵免时，目前我国采用限额抵免方法，主要采用"分国不分项"的计算办法。

第八节 征收管理

一、纳税地点

(1)除税收法律、行政法规另有规定外，居民企业以企业登记注册地为纳税地点；但登记注册地在境外的，以实际管理机构所在地为纳税地点。企业注册登记地是指企业依照国家有关规定登记注册的住所地。

(2)居民企业在中国境内设立不具有法人资格的营业机构的,应当汇总计算并缴纳企业所得税。企业汇总计算并缴纳企业所得税时,应当统一核算应纳税所得额,具体办法由国务院财政、税务主管部门另行制定。

(3)非居民企业在中国境内设立机构、场所的,应当就其所设机构、场所取得的来源于中国境内的所得,以及发生在中国境外但与其所设机构、场所有实际联系的所得,以机构、场所所在地为纳税地点汇总缴纳企业所得税。非居民企业在中国境内设立两个或两个以上机构、场所,符合国务院税务主管部门规定条件的,可以选择由其主要机构、场所汇总缴纳企业所得税。

(4)非居民企业在中国境内未设立机构、场所,或者虽设立机构、场所但取得的所得与其所设机构、场所没有实际联系的,以扣缴义务人所在地为纳税地点。

(5)除国务院另有规定外,企业之间不得合并缴纳企业所得税。

二、纳税期限

(1)企业所得税按年计征,分月或分季预缴,年终汇算清缴,多退少补。

(2)企业所得税的纳税年度,公历1月1日起至12月31日止。

(3)自2019年起,小型微利企业所得税统一实行按季预缴。

(4)企业自年度终了之日起5个月内,向税务机关报送年度企业所得税纳税申报表,并汇算清缴,结清应缴应退税款。

(5)企业在年度中间终止经营活动的,应当自实际经营终了之日起60日内,向税务机关办理当期企业所得税汇算清缴。

三、纳税申报

(1)按月或按季预缴的,应当自月份或季度终了之日起15日内,向税务机关报送预缴企业所得税纳税申报表,并预缴税款。

(2)企业在报送企业所得税纳税申报表时,应当按照规定附送财务会计报告和其他有关资料。

(3)企业在纳税年度内,无论盈利还是亏损,都应当按要求报送纳税申报的相关资料。

四、其他规定

(1)源泉扣缴:对具有扣缴义务的纳税人,税款由扣缴义务人在每次支付或到期应支付时,从支付或到期应支付的款项中扣缴。

(2)税款预缴:由总机构统一计算企业应纳税所得额和应纳所得税额,并分别由总机构、分支机构按月或按季就地预缴。

本节总结: 企业所得税采取分期(按月或按季)预缴,按年度汇算清缴的征收管理办法。需要注意的是,汇算清缴并不一定会导致补税,需要具体情况具体分析。无论企业盈利还是亏损,都需要报送纳税申报的相关资料,履行申报及纳税义务。

思 考 题

1. 合伙企业、个人独资企业需要缴纳企业所得税吗？
2. 高新技术企业的认定需要满足什么样的条件？
3. 哪些项目不允许在企业所得税税前扣除？
4. 税务及会计差异项有哪些？
5. 小型微利企业的判定标准是什么？
6. 境外所得抵扣税额如何计算？
7. 跨境电商企业计算企业所得税时，都有哪些税前扣除项目？
8. 简述跨境电子商务综合试验区零售出口企业所得税核定征收的规定内容。

第五章

其他税费

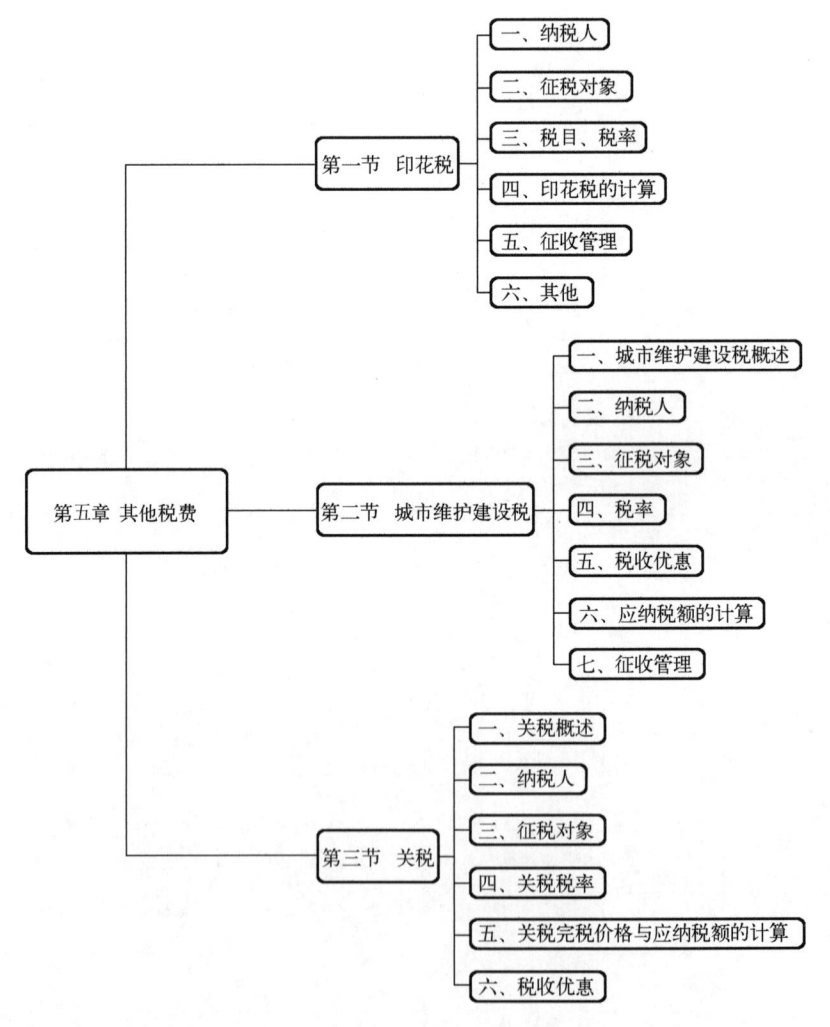

本章概览

第五章 其他税费
- 第一节 印花税
  - 一、纳税人
  - 二、征税对象
  - 三、税目、税率
  - 四、印花税的计算
  - 五、征收管理
  - 六、其他
- 第二节 城市维护建设税
  - 一、城市维护建设税概述
  - 二、纳税人
  - 三、征税对象
  - 四、税率
  - 五、税收优惠
  - 六、应纳税额的计算
  - 七、征收管理
- 第三节 关税
  - 一、关税概述
  - 二、纳税人
  - 三、征税对象
  - 四、关税税率
  - 五、关税完税价格与应纳税额的计算
  - 六、税收优惠

学习目标

1. 熟悉并掌握我国印花税的政策规定。

2. 熟悉并掌握我国城市维护建设税的政策规定。
3. 熟悉并掌握我国关税的政策规定。
4. 能够准确核算各税种的应纳税额。

第一节 印 花 税

2021年6月10日第十三届全国人民代表大会常务委员会第二十九次会议通过《中华人民共和国印花税法》，该法于2022年7月1日起施行，同时废止1988年8月6日国务院发布的《中华人民共和国印花税暂行条例》。

一、纳税人

在中华人民共和国境内书立应税凭证、进行证券交易的单位和个人，为印花税的纳税人，应当依照规定缴纳印花税。

在中华人民共和国境外书立在境内使用应税凭证的单位和个人，应当依照规定缴纳印花税。

二、征税对象

应税凭证是指《印花税税目税率表》（如表5-1所示）列明的合同、产权转移书据和营业账簿。证券交易印花税对证券交易的出让方征收，不对受让方征收。

需要注意的是，随着互联网技术的广泛发展，越来越多的跨境电商企业纳税人使用电子合同。按照规定，这些电子合同及相关电子账簿和各类应税凭证都需要缴纳印花税。

三、税目、税率

印花税的税目、税率，依照《印花税税目税率表》（如表5-1所示）执行，跨境电商企业纳税人如有《印花税税目税率表》所列税目事项，则应该按照规定缴纳印花税。

表5-1 印花税税目税率表

税目		税率	备注
合同（指书面合同）	借款合同	借款金额的万分之零点五	银行业金融机构、经国务院银行业监督管理机构批准设立的其他金融机构与借款人（不包括同业拆借）的借款合同
	融资租赁合同	租金的万分之零点五	
	买卖合同	价款的万分之三	动产买卖合同（不包括个人书立的动产买卖合同）
	承揽合同	报酬的万分之三	
	建设工程合同	价款的万分之三	
	运输合同	运输费用的万分之三	不包括管道运输合同
	技术合同	价款、报酬或使用费的万分之三	不包括专利权、专有技术使用权转让书据

续表

税目		税率	备注
合同(指书面合同)	租赁合同	租金的千分之一	
	保管合同	保管费的千分之一	
	仓储合同	仓储费的千分之一	
	财产保险合同	保险费的千分之一	不包括再保险合同
产权转移书据	土地使用权出让书据	价款的万分之五	转让包括买卖(出售)、继承、赠与、互换、分割
	土地使用权、房屋等建筑物和构筑物所有权转让书据(不包括土地承包经营权和土地经营权转移)	价款的万分之五	
	股权转让书据(不包括应缴纳证券交易印花税)	价款的万分之五	
	商标专用权、著作权、专利权、专有技术使用权转让书据	价款的万分之三	
营业账簿		实收资本(股本)、资本公积合计金额的万分之二点五	
证券交易		成交金额的千分之一	

四、印花税的计算

(一)计税依据规定

印花税的计税依据如下:
(1)应税合同的计税依据,为合同所列的金额,不包括列明的增值税税款;
(2)应税产权转移书据的计税依据,为产权转移书据所列金额,不包括列明的增值税税款;
(3)应税营业账簿的计税依据,为账簿记载的实收资本(股本)、资本公积合计金额;
(4)证券交易的计税依据,为成交金额;
(5)应税合同、产权转移书据未列明金额的,印花税的计税依据按照实际结算的金额确定;
(6)计税依据按照前款规定仍不能确定的,按照书立合同、产权转移书据时的市场价格确定;依法应当执行政府定价或政府指导价的,按照国家有关规定确定;
(7)证券交易无转让价格的,按照办理过户登记手续时该证券前一个交易日收盘价计算以确定计税依据;无收盘价的,按照证券面值计算以确定计税依据。

(二)税率适用

(1)印花税的应纳税额按照计税依据乘以适用税率计算。
(2)同一应税凭证载有两个以上税目事项并分别列明金额的,按照各自适用的税目税率分别计算应纳税额;未分别列明金额的,从高适用税率。
(3)同一应税凭证由两方以上当事人书立的,按照各自涉及的金额分别计算应纳税额。

(4)已缴纳印花税的营业账簿,以后年度记载的实收资本(股本)、资本公积合计金额比已缴纳印花税的实收资本(股本)、资本公积合计金额增加的,按照增加部分计算应纳税额。

(三)计算举例

例5-1:纳税人A按季申报缴纳印花税,2022年第三季度书立买卖合同4份,合同所列价款(不含增值税)共计10万元;书立建筑工程合同1份,合同所列价款(不含增值税)共计100万元;书立产权转移书据1份,合同所列价款(不含增值税)共计50万元。该纳税人应在书立应税合同、产权转移书据时,填写《印花税税源明细表》,在2022年10月纳税申报期,进行财产行为税综合申报。试计算该纳税人在2022年10月纳税申报期应缴纳印花税额。

参考答案:

纳税人A在2022年10月纳税申报期应缴纳印花税:

$$10(万元)\times 0.3‰+100(万元)\times 0.3‰+50(万元)\times 0.5‰=580(元)$$

例5-2:纳税人B按季申报缴纳印花税,2022年第三季度书立财产保险合同20万份,合同所列保险费(不含增值税)共计20000万元。该纳税人应在书立应税合同时,填写"印花税税源明细表",在2022年10月纳税申报期,进行财产行为税综合申报。试计算该纳税人在2022年10月纳税申报期应缴纳印花税额。

参考答案:

纳税人B在2022年10月纳税申报期应缴纳印花税:

$$20000\times 1‰=20(万元)$$

例5-3:纳税人C按季申报缴纳印花税,2022年8月27日书立钢材买卖合同1份,合同列明了买卖钢材数量,并约定在实际交付钢材时,以交付当日市场报价确定成交价据以结算,2022年10月16日按合同结算买卖钢材价款200万元,2023年3月8日按合同结算买卖钢材价款500万元。该纳税人应在书立应税合同及实际结算时,填写"印花税税源明细表",分别在2022年10月、2023年1月、2023年4月纳税申报期,进行财产行为税综合申报。试计算该纳税人分别在2022年10月、2023年1月及2023年4月纳税申报期应缴纳印花税额。

参考答案:

纳税人C在2022年10月纳税申报期应缴纳印花税:

$$0\times 0.3‰=0(元)$$

纳税人C在2023年1月纳税申报期应缴纳印花税:

$$2000000\times 0.3‰=600(元)$$

纳税人C在2023年4月纳税申报期应缴纳印花税:

$$5000000\times 0.3‰=1500(元)$$

五、征收管理

(一)免税规定

下列凭证免征印花税:
(1) 应税凭证的副本或抄本;
(2) 农民、家庭农场、农民专业合作社、农村集体经济组织、村民委员会购买农业生产资料或销售农产品书立的买卖合同和农业保险合同;
(3) 无息或贴息借款合同、国际金融组织向中国提供优惠贷款书立的借款合同;
(4) 财产所有权人将财产赠与政府、学校、社会福利机构、慈善组织书立的产权转移书据;
(5) 个人与电子商务经营者订立的电子订单。

根据国民经济和社会发展的需要,国务院对居民住房需求保障、企业改制重组、破产、支持小型微型企业发展等情形可以规定减征或免征印花税,同时需报全国人民代表大会常务委员会备案。

(6) 中国人民解放军、中国人民武装警察部队书立的应税凭证。

(二)纳税地点

纳税人为单位的,应当向其机构所在地的主管税务机关申报缴纳印花税;纳税人为个人的,应当向应税凭证书立地或纳税人居住地的主管税务机关申报缴纳印花税。

不动产产权发生转移的,纳税人应当向不动产所在地的主管税务机关申报缴纳印花税。

(三)扣缴义务

纳税人为境外单位或个人,在境内有代理人的,以其境内代理人为扣缴义务人;在境内没有代理人的,由纳税人自行申报缴纳印花税,具体办法由国务院税务主管部门规定。

证券登记结算机构为证券交易印花税的扣缴义务人,应当向其机构所在地的主管税务机关申报解缴税款及银行结算的利息。

(四)纳税义务发生时间

印花税的纳税义务发生时间为纳税人书立应税凭证或者完成证券交易的当日。证券交易印花税扣缴义务发生时间为证券交易完成的当日。

(五)纳税期限

印花税按季、按年或按次计征。实行按季、按年计征的,纳税人应当自季度、年度终了之日起十五日内申报缴纳税款;实行按次计征的,纳税人应当自纳税义务发生之日起十五日内申报缴纳税款。

证券交易印花税按周解缴。证券交易印花税扣缴义务人应当自每周终了之日起五日内申报解缴税款及银行结算的利息。

（六）其他

印花税可以采用粘贴印花税票或由税务机关依法开具其他完税凭证的方式缴纳。

本节总结：为了准确计算印花税应纳税额，需要正确理解和掌握税收政策。印花税属于小税种，实务中容易被企业忽视，税务风险相对较高，应当予以足够的重视。

第二节 城市维护建设税

一、城市维护建设税概述

城市维护建设税是对缴纳增值税和消费税（以下简称"二税"）的单位和个人征收的一种税种。该税种的征收依据为2020年8月11日十三届全国人大常委会第二十一次会议通过的《中华人民共和国城市维护建设税法》，该法自2021年9月1日起正式施行。城市维护建设税具有税款专款专用的特点，是一种附加税。该税种税率的设置因纳税人所处地理位置而异，因此设置了差异化税率。由于跨境电商企业在经营过程中可能涉及缴纳增值税和消费税，因此也需要履行城市维护建设税的缴纳义务。

二、纳税人

在中华人民共和国境内缴纳增值税、消费税的单位和个人，为城市维护建设税的纳税人。

税法规定，对增值税、消费税负有扣缴义务的单位和个人，在履行扣缴义务时，需要同时履行扣缴城市维护建设税的义务。

三、征税对象

城市维护建设税的征税范围包括城市市区、县城、建制镇，以及规定征收"二税"的其他地区。对于进口货物或境外单位和个人向境内销售劳务、服务、无形资产缴纳的增值税和消费税税额，不征收城市维护建设税。对于跨境电商企业来说，进口环节缴纳的增值税不作为城市维护建设税的计税依据，因此不需要缴纳城市维护建设税；而在国内缴纳的增值税通常作为计税依据。

四、税率

城市维护建设税实行地区差别比例税率，根据跨境电商企业纳税人所在地区不同，适用不同档次的税率。

城市维护建设税税率具体如下：

（1）纳税人所在地在市区的，税率为7%；

(2) 纳税人所在地在县城、镇的，税率为 5%；

(3) 纳税人所在地不在市区、县城或者镇的，税率为 1%。

纳税人所在地是指纳税人住所地或与纳税人生产经营活动相关的其他地点，具体地点由省、自治区、直辖市确定。

五、税收优惠

城市维护建设税原则上不单独规定减免税。但是，针对一些特殊情况，财政部和国家税务总局做出了一些特别税收优惠规定。

(1) 对由于减免增值税、消费税而发生的退税，同时退还已缴纳的城市维护建设税。但对于出口产品退还增值税、消费税的，不退还已缴纳的城市维护建设税。城市维护建设税"出口不退，进口不征"。

(2) 对增值税、消费税"二税"实行先征后返、先征后退、即征即退办法的，除另有规定外，对随"二税"附征的城市维护建设税，一律不予退(返)还。

六、应纳税额的计算

城市维护建设税的计税依据是纳税人实际缴纳的增值税、消费税税额。

例 5-4：位于市区的某电商企业为增值税一般纳税人，2023 年 5 月实际缴纳增值税 25000 元，假定不存在其他税费优惠，试计算当月应缴纳的城市维护建设税。

参考答案：

$$应缴城市维护建设税 = 25000 \times 7\% = 1750(元)$$

七、征收管理

城市维护建设税的纳税义务、纳税时间、纳税期限比照增值税和消费税的有关规定，城市维护建设税与增值税和消费税同时缴纳。

另外，按照政策规定，附征的税费还包括教育费附加和地方教育费附加，其中，教育费附加和地方教育费附加的征收比例分别为 3% 和 2%。

例 5-5：某市一家跨境电商企业 2022 年 12 月被查补增值税 50000 元、消费税 20000 元、所得税 40000 元、被加收滞纳金 3000 元、被处罚款 10000 元。试计算该企业应补缴城市维护建设税以及教育费附加和地方教育费附加共计金额。

参考答案：

城建税，以及教育费附加和地方教育费附加的计税依据是纳税人实际缴纳的增值税、消费税税额；纳税人违反"二税"有关规定而加收的滞纳金和罚款，不作为城建税的计税依据。

应补缴的城建税、教育费附加和地方教育费附加 = (50000+20000)×(7%+3%+2%) = 8400(元)。

本节总结：作为一种附加税，城市维护建设税的税率是差异化设定的。在实际操作中，企业需要注意流转税和城市维护建设税在税收减免政策方面的差异，这些政策并不一定会"同步"实施。

第三节 关　税

一、关税概述

（一）概念及依据

关税是由海关根据国家制定的有关法律、以进出关境的货物和物品为征税对象而征收的一种税种。现行关税法律规范以2017年11月全国人民代表大会修正颁布的《中华人民共和国海关法》为法律依据，以2003年11月国务院发布的《中华人民共和国进出口关税条例》以及由国务院关税税则委员会审定并报国务院批准、作为条例组成部分的《中华人民共和国海关进出口税则》和《中华人民共和国海关入境旅客行李物品和个人邮递物品征收进口税办法》为基本法规，由负责关税政策制定和征收管理的主管部门，依据基本法规拟订的管理办法和实施细则为主要内容。关税由海关负责征收。

（二）关税的分类

(1) 按征税对象进行分类，可将关税分为进口关税和出口关税。

(2) 按征税标准分类，一般可将关税分为从量税、从价税。此外，各国常用的征税标准还有复合税、选择税、滑准税[①]。

(3) 按征税性质，关税可分为普通关税、优惠关税和差别关税三种。它们主要适用于进口关税。一般意义上的差别关税主要分为加重关税、反补贴关税、反倾销关税、报复关税等。

二、纳税人

进口货物的收货人、出口货物的发货人和进出境物品的所有人都是关税的纳税义务人。

进出境物品的所有人包括该物品的所有人和推定为所有人的人。一般情况下，对于携带进境的物品，推定其携带人为所有人；对分离运输的行李，推定相应的进出境旅客为所有人；对以邮递方式进境的物品，推定其收件人为所有人；以邮递或其他运输方式出境的物品，推定其寄件人或托运人为所有人。

[①] 滑准税又称滑动税，是在税则中预先按产品的价格高低分档制定若干不同的税率，然后根据进出口商品价格的变动而增减进出口税率的一种关税。商品价格上涨则采用较低税率，商品价格下跌则采用较高税率，其目的是使该种商品的国内市场价格保持稳定、免受或少受国际市场价格波动的影响。滑准税的优点是它能平衡物价、保护国内产业发展。

三、征税对象

关税的征税对象是准许进出境的货物和物品。货物是指贸易性商品；物品是指入境旅客随身携带的行李物品、个人邮递物品、各种运输工具上的服务人员携带进口的自用物品、馈赠物品及其他方式进境的个人物品。

四、关税税率

(一)进口关税税率的基本规定

1. 进口关税税率

自 2002 年 1 月 1 日起，我国进口税则设立最惠国税率、协定税率、特惠税率、普通税率、配额税率等税率形式，对进口货物在一定期限内可以实行暂定税率。

适用最惠国税率、协定税率、特惠税率的国家或地区名单，由国务院关税税则委员会决定，报国务院批准后执行。

(1)最惠国税率。最惠国税率适用原产于与我国共同适用最惠国待遇条款的世界贸易组织成员的进口货物，或者原产于与我国签订有相互给予最惠国待遇条款的双边贸易协定的国家或地区进口的货物，以及原产于我国境内的进口货物。

(2)协定税率。协定税率适用原产于与我国签订含有关税优惠条款的区域性贸易协定的国家或地区的进口货物。

(3)特惠税率。特惠税率适用原产于与我国签订含有特殊关税优惠条款的贸易协定的国家或地区的进口货物。

(4)普通税率。普通税率适用于原产于上述国家或地区以外的其他国家或地区的进口货物，以及原产地不明的进口货物。

(5)暂定税率。暂定税率是指在海关进出口税则规定的在进口优惠税率基础上，对进口的某些重要的工农业生产原材料、机电产品关键部件(但只限于从与中国签订有关税互惠协议的国家和地区进口的货物)和出口的特定货物实施的更为优惠的关税税率。这种税率一般按照年度制定，并且可以随时根据需要恢复按照法定税率征税。

(6)配额税率。配额税率是指对实行关税配额管理的进口货物，关税配额内的，适用关税配额税率；关税配额外的，按不同情况分别适用最惠国税率、协定税率、特惠税率或普通税率。

2. 进口货物税率适用规则

(1)暂定税率优先适用优惠税率或最惠国税率，所以适用最惠国税率的进口货物有暂定税率的，适用暂定税率；当最惠国税率低于或等于协定税率时，协定有规定的，按相关协定的规定执行；协定无规定的，两者从低适用。适用协定税率、特惠税率的进口货物有暂定税率的，应当从低适用税率。

按照普通税率征税的进口货物，不适用暂定税率；经国务院关税税则委员会特别批准，可以适用最惠国税率。

(2) 按照有关法律、行政法规的规定，对进口货物采取反倾销、反补贴、保障措施的，其税率的适用按照《中华人民共和国反倾销法》《中华人民共和国反补贴法》和《中华人民共和国保障措施条例》的有关规定执行。

3. 进境物品税率

自 2019 年 4 月 9 日起，除另有规定外，我国对准予应税进口的旅客行李物品、个人邮寄物品及其他个人自用物品，均由海关按照《中华人民共和国进境物品进口税税率表》的规定，征收进口关税、代征进口环节增值税和消费税等进口税。

进境物品进口税税率表如表 5-2 所示。

表 5-2　进境物品进口税税率表

税目序号	物品名称	税率
1	书报、刊物、教育用影视资料；计算机、视频摄录一体机、数字照相机等信息技术产品；食品、饮料；金银；家具；玩具、游戏品、节日或其他娱乐用品和药品	13%
2	运动用品(不含高尔夫球及球具)、钓鱼用品；纺织品及其制成品；电视摄像机及其他电器用具；自行车；税目序号 1、税目序号 3 中未包含的其他商品	20%
3	烟、酒、贵重首饰及珠宝玉石；高尔夫球及球具；高档手表；化妆品	50%

注：对国家规定减按 3%征收进口环节增值税的进口药品，按照货物税率征收关税；税目序号 3 所列商品的具体范围与消费税征收范围一致。

(二) 出口关税税率

我国出口税则为一栏税率，即出口税率。国家仅对少数资源性产品及易于竞相杀价、盲目进口、需要规范出口秩序的半制成品征收出口关税。根据《海关总署关于执行 2020 年进口暂定税率等调整方案的公告》(海关总署公告 2019 年第 227 号)的规定，自 2020 年 1 月 1 日起，我国继续对铬铁等 107 项出口商品征收出口关税，适用出口税率或出口暂定税率，征收商品范围和税率维持不变。

(三) 税率的适用

(1) 进出口货物，应当适用海关接收该货物申报进口或出口之日实施的税率。

(2) 进口货物到达前，经海关核准先行申报的，应当适用装载该货物的运输工具申报进境之日实施的税率。

(3) 进口转关运输货物应当适用指运地海关接收该货物申报进口之日实施的税率；货物运抵指运地前，经海关核准先行申报的，应当适用装载该货物的运输工具抵达指运地之日实施的税率。

(4) 出口转关运输货物，应当适用启运地海关接收该货物申报出口之日实施的税率。

(5) 经海关批准，实行集中申报的进出口货物，应当适用每次货物进出口时海关接收该货物申报之日实施的税率。

(6) 因超过规定期限未申报而由海关依法变卖的进口货物，其税款计征应当适用装载该货物的运输工具申报进境之日实施的税率。

(7) 因纳税义务人违反规定需要追征税款的进出口货物，应当适用违反规定的行为发生之日实施的税率;行为发生之日不能确定的,适用海关发现该行为之日实施的税率。

(8)已申报进境并放行的保税货物、减免税货物、租赁货物或已申报进出境并放行的暂时进出境货物,有下列情形之一需缴纳税款的,应当适用海关接收纳税义务人再次填写报关单申报办理纳税及有关手续之日实施的税率。

① 保税货物经批准不复运出境的。
② 保税仓储货物转入国内市场销售的。
③ 减免税货物经批准转让或移作他用的。
④ 可暂不缴纳税款的暂时进出境货物,不复运出境或进境的。
⑤ 租赁进口货物,分期缴纳税款的。

(9)补征和退还进出口货物关税,应当按照前述规定确定适用的税率。

五、关税完税价格与应纳税额的计算

(一)关税完税价格的基本规定

1. 一般进口货物的完税价格

根据《中华人民共和国海关法》的规定,进口货物的完税价格包括货物的货价、货物运抵我国境内输入地点起卸前的运输及其相关费用、保险费。进口货物一般以成交价格为基础进行调整后确认计税基础。进口货物的成交价格,是指卖方向我国境内销售该货物时买方为进口该货物向卖方实付、应付的,并且按照《中华人民共和国海关审定进出口货物完税价格办法》(以下简称《完税价格办法》)有关规定调整后的价款总额,包括直接支付的价款和间接支付的价款。

进口货物的成交价格不符合规定条件或成交价格不能确定的,海关经了解有关情况,并且与纳税义务人进行价格磋商后,依次以相同货物成交价格估价方法、类似货物成交价格估价方法、倒扣价格估价方法、计算价格估价方法及其他合理方法审查确定该货物的完税价格。纳税义务人向海关提供有关资料后,可以提出申请,颠倒倒扣价格估价方法和计算价格估价方法的适用顺序。

2. 特殊进口货物完税价格的确认

(1)运往境外修理的货物。

运往境外修理的机械器具、运输工具或其他货物,出境时已向海关报明,并在海关规定期限内复运进境的,应当以境外修理费和物料费为基础审查并确定完税价格。

(2)运往境外加工的货物。

运往境外加工的货物,出境时已向海关报明,并在海关规定期限内复运进境的,应当以境外加工费、料件费、复运进境的运输及相关费用、保险费为基础审查并确定完税价格。

(3)暂时进境的货物。

经海关批准暂时进境的货物,应当按照一般进口货物完税价格确定的有关规定,审查并确定完税价格。

(4)租赁方式进口的货物。

租赁方式进口的货物中,以租金方式对外支付的租赁货物,在租赁期间以海关审查并确定的租金作为完税价格,利息应当予以计入;留购的租赁货物,以海关审查并确定的留购价格作为完税价格;承租人申请一次性缴纳税款的,可以选择按照"进口货物海关估价方法"的相关内容确定完税价格,或者按照海关审查并确定的租金总额作为完税价格。

(5)留购的进口货样。

对于境内留购的进口货样、展览品和广告陈列品,以海关审查并确定的留购价格作为完税价格。

(6)予以补税的减免税货物。

特定地区、特定企业或具有特定用途的特定减免税进口货物,应当接受海关监管。其监管年限依次为:船舶、飞机8年;机动车辆6年;其他货物3年。监管年限自货物进口放行之日起计算。

(7)不存在成交价格的进口货物。

易货贸易、寄售、捐赠、赠送等不存在成交价格的进口货物,由海关与纳税人进行价格磋商后,按照进口货物海关估价方法的规定,估定完税价格。

(8)进口软件介质。

进口载有专供数据处理设备所用软件的介质,具有下列情形之一的,应当以介质本身的价值或成本为基础审查并确定完税价格:一是介质本身的价值或成本与所载软件的价值分列;二是介质本身的价值或成本与所载软件的价值虽未分列,但是纳税义务人能够提供介质本身的价值或成本的证明文件,或者能够提供所载软件价值的证明文件。

3. 出口货物关税完税价格的确定

(1)以成交价格为基础的完税价格。

出口货物的完税价格,由海关以该货物的成交价格为基础审查并确定,并应包括货物运至我国境内输出地点装载前的运输及其相关费用、保险费。

出口货物的成交价格,是指该货物出口销售时,卖方为出口该货物应当向买方直接收取和间接收取的价款总额。下列税收、费用不计入出口货物的完税价格。

① 出口关税。

② 在货物价款中单独列明的货物运至我国境内输出地点装载后的运输及其相关费用、保险费。

(2)出口货物海关估价方法。

出口货物的成交价格不能确定时,海关经了解有关情况,并且与纳税义务人进行价格磋商后,依次以下列价格审查并确定该货物的完税价格。

① 同时或大约同时向同一国家或地区出口的相同货物的成交价格。

② 同时或大约同时向同一国家或地区出口的类似货物的成交价格。

③ 根据境内生产相同或类似货物的成本、利润和一般费用(包括直接费用和间接费用)、境内发生的运输及其相关费用、保险费计算所得的价格。

④ 按照合理方法估定的价格。

(二)应纳税额的计算

应纳关税的计征方式包括从价计征、从量计征和复合计征等。

$$应纳关税 = 计税依据 \times 税率$$

例 5-6：某跨境电商企业为增值税一般纳税人，8 月份购进进口货物（消费税应税消费品）一批，购买价 85 万元，境外运费及保险费共计 5 万元。适用消费税税率为 15%、关税税率 20%、增值税税率 13%，试计算当月该企业进口环节应纳关税、增值税、消费税（注：以上价格均已换算为人民币）。

参考答案：
(1) 关税组成计税价格 = 85+5 = 90（万元）
(2) 组成计税价格 = 90×(1+20%) ÷ (1−15%) = 127.0588（万元）
(3) 进口环节应纳关税 = 127.0588×20% = 25.4118（万元）
(4) 进口环节应纳增值税 = 127.0588×13% = 16.5176（万元）
(5) 进口环节应纳消费税 = 127.0588×15% = 19.0588（万元）

(三)跨境电子商务零售税收政策

自 2016 年 4 月 8 日起，跨境电子商务零售进口商品，按照货物征收关税和进口环节增值税、消费税，购买跨境电子商务零售进口商品的个人作为纳税义务人，实际交易价格（包括货物零售价格、运费和保险费）作为完税价格，电子商务企业、电子商务交易平台企业或物流企业可作为代收代缴义务人。

1. 适用范围

跨境电子商务零售进口税收政策适用于从其他国家或地区进口的、《跨境电子商务零售进口商品清单》范围内的以下商品。

(1) 所有交易均通过与海关联网的电子商务交易平台，能够实现交易、支付、物流电子信息"三单"比对的跨境电子商务零售进口商品。

(2) 交易未通过与海关联网的电子商务交易平台，但快递、邮政企业能够统一提供交易、支付、物流等电子信息，并承诺承担相应法律责任进境的跨境电子商务零售进口商品。

不属于跨境电子商务零售进口的个人物品，以及无法提供交易、支付、物流等电子信息的跨境电子商务零售进口商品，按现行规定执行。

2. 计征限额

跨境电子商务零售进口商品的单次交易限值为 5000 元，个人年度交易限值为 26000 元。在限值以内进口的跨境电子商务零售进口商品，关税税率暂设为 0%；进口环节增值税、消费税取消免征税额，暂按法定应纳税额的 70%征收。完税价格超过 5000 元单次交易限值但低于 26000 元年度交易限值，且订单下仅一件商品时，可以自跨境电商零售渠道进口，按照货物税率全额征收关税和进口环节增值税、消费税，交易额计入年度交易总额，但年度交易总额超过年度交易限值的，应按一般贸易管理。

3. 计征规定

跨境电子商务零售进口商品自海关放行之日起 30 日内退货的，可申请退税，并相应调整个人年度交易总额。

跨境电子商务零售进口商品购买人（订购人）的身份信息应进行认证；未进行认证的，购买人（订购人）身份信息应与付款人一致。

《跨境电子商务零售进口商品清单》由财政部等有关部门另行公布。

六、税收优惠

(一)法定减免税

法定减免税是税法中明确列出的减税或免税。符合税法规定可予减免税的进出口货物，纳税义务人无须提出申请，海关可按规定直接予以减免税。海关对法定减免税货物一般不进行后续管理。

下列进出口货物、物品予以减免关税。

(1)关税税额在 50 元以下的一票货物，可免征关税。

(2)无商业价值的广告品和货样，可免征关税。

(3)外国政府、国际组织无偿赠送的物资，可免征关税。

(4)进出境运输工具装载的途中必需的燃料、物料和饮食用品，可免征关税。

(5)在海关放行前损失的货物，可免征关税。

(6)在海关放行前遭受损坏的货物，可以根据海关认定的受损程度减征关税。

(7)我国缔结或参加的国际条约规定减征、免征关税的货物、物品，按照规定予以减免关税。

(8)法律规定减征、免征关税的其他货物、物品。

(二)特定减免税

符合条件的以下物品，享受关税免税政策。

(1)科教用品。

(2)残疾人专用品。

(3)慈善捐赠物资。

(4)重大技术装备。

(三)暂时免税

暂时进境或暂时出境的下列货物，在进境或出境时纳税义务人向海关缴纳相当于应纳税款的保证金或提供其他担保的，可以暂不缴纳关税，并应自进境或出境之日起 6 个月内复运出境或复运进境；需要延长复运出境或复运进境期限的，纳税义务人应根据海关总署的规定向海关办理延期手续。

(1)在展览会、交易会、会议及类似活动中展示或使用的货物。

(2)文化、体育交流活动中使用的表演、比赛用品。

(3)进行新闻报道或者摄制电影、电视节目使用的仪器、设备及用品。

(4)开展科研、教学、医疗活动使用的仪器、设备及用品。

(5)在上述第(1)项至第(4)项所列活动中使用的交通工具及特种车辆。

(6)货样。

(7)供安装、调试、检测设备时使用的仪器、工具。

(8)盛装货物的容器。

(9)其他用于非商业目的的货物。

(四)临时减免税

临时减免税是指以上法定和特定减免税以外的其他减免税,即由国务院根据《中华人民共和国海关法》,对某个单位、某类商品、某个项目或某批进出口货物的特殊情况,给予特别照顾,一案一批,专文下达的减免税。

本节总结:关税的征收管理由海关执行。相较于其他税种,关税政策调整变化较快,纳税人需要及时关注并了解海关网站发布的消息,以了解政策的最新规定。

思 考 题

1. 是否对电子合同征收印花税?
2. 城市维护建设税的计税依据是什么?
3. 如何计算应税消费品的进口环节关税?
4. 跨境电子商务零售税收政策的最新规定是什么?

第三篇　跨境电商境外税务篇

跨境电商境外税务篇主要包括第六章欧洲增值税和第七章美国跨境电商销售税。欧美地区的跨境电商贸易的特点是业绩突出、消费者数量众多、消费能力强、市场规模庞大。目前，我国跨境电商企业以欧美地区为主要目标市场。跨境电商境外税务篇聚焦欧洲增值税和美国跨境电商销售税，旨在解决跨境电商企业面临的税务问题。在梳理相关概念的基础上，本书结合跨境电商企业的案例，帮助跨境电商企业掌握欧洲VAT和美国跨境电商销售税的注册、申报及缴纳流程，了解税务新规，从而帮助跨境电商企业进行合理的税务筹划，为跨境电商企业持续发展打下坚实基础。

第六章　欧洲增值税。本章从增值税的定义及发展历程出发，介绍欧洲增值税的注册、申报及缴纳流程，并详细介绍欧洲增值税的新规。本章对英国增值税、德国增值税和法国增值税进行逐一分析。首先，详细介绍英国的税制体系、英国增值税的注册流程、增值税的申报与计算，为跨境电商企业卖家解答如何申报及缴纳英国增值税的问题。其次，介绍德国的税制、德国增值税的注册、申报及缴纳、德国增值税的计算。最后，对法国的税制、法国增值税的税率、注册、申报及缴纳、法国增值税的计算进行详细的介绍。

第七章　美国跨境电商销售税。本章首先介绍美国的税制体系，包括美国销售税的概念及特点。其次，结合历史上影响美国跨境电商销售税的四个重要诉讼案，全面介绍美国跨境电商销售税新政的内容、各州新规定的经济联系门槛及具体的销售税率。再次，详细介绍美国销售税的注册、申报、缴纳流程及相关计算方法，帮助跨境电商企业掌握销售税申报流程，使其轻松掌握缴税步骤。最后，进一步介绍与跨境电商企业相关的美国其他税收情况，包括公司所得税、个人所得税及关税。

第六章

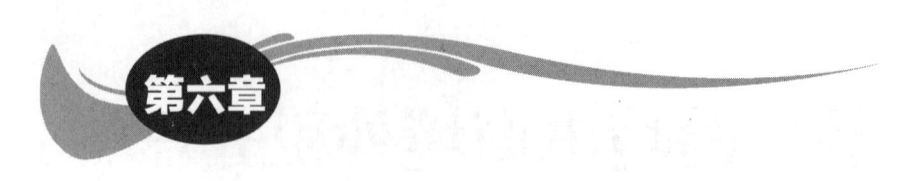

欧洲增值税

本章概览

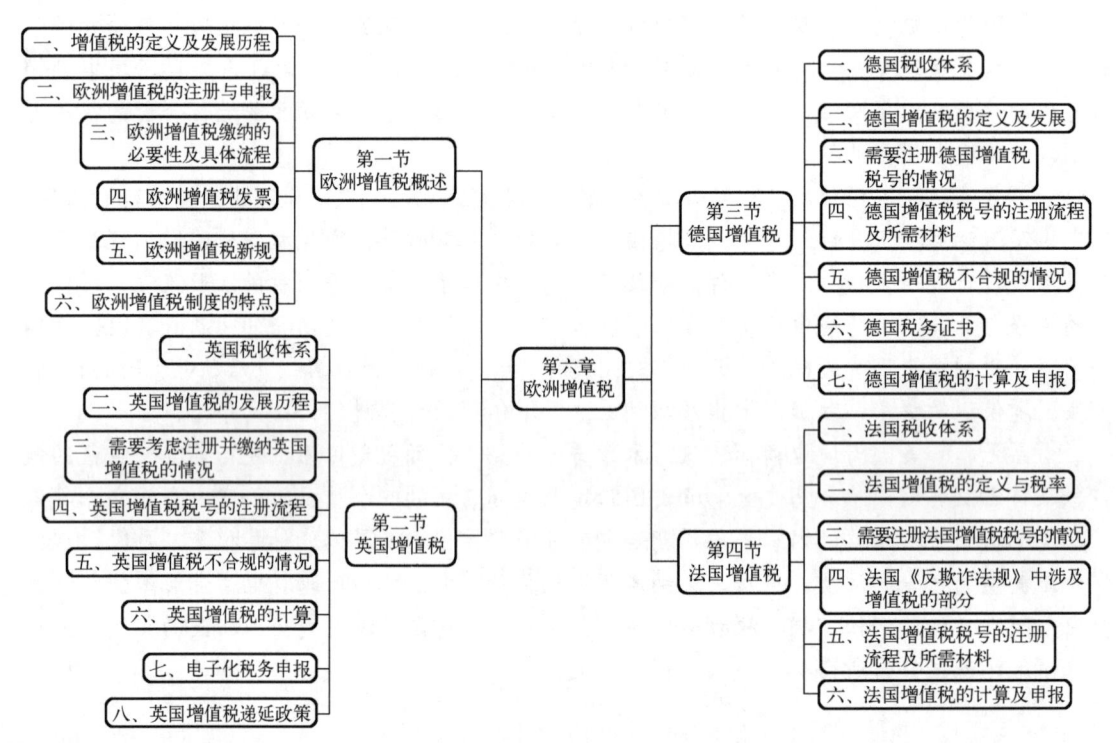

第一节 欧洲增值税概述
- 一、增值税的定义及发展历程
- 二、欧洲增值税的注册与申报
- 三、欧洲增值税缴纳的必要性及具体流程
- 四、欧洲增值税发票
- 五、欧洲增值税新规
- 六、欧洲增值税制度的特点

第二节 英国增值税
- 一、英国税收体系
- 二、英国增值税的发展历程
- 三、需要考虑注册并缴纳英国增值税的情况
- 四、英国增值税税号的注册流程
- 五、英国增值税不合规的情况
- 六、英国增值税的计算
- 七、电子化税务申报
- 八、英国增值税递延政策

第三节 德国增值税
- 一、德国税收体系
- 二、德国增值税的定义及发展
- 三、需要注册德国增值税税号的情况
- 四、德国增值税税号的注册流程及所需材料
- 五、德国增值税不合规的情况
- 六、德国税务证书
- 七、德国增值税的计算及申报

第四节 法国增值税
- 一、法国税收体系
- 二、法国增值税的定义与税率
- 三、需要注册法国增值税税号的情况
- 四、法国《反欺诈法规》中涉及增值税的部分
- 五、法国增值税税号的注册流程及所需材料
- 六、法国增值税的计算及申报

学习目标

1．了解增值税的定义与发展历程，掌握增值税的注册、申报与具体流程。

2．掌握英国的税制体系，英国增值税税号的注册流程、申报及缴纳，以及英国增值税的计算方法。

3．掌握德国税制体系，德国增值税税号的注册、申报及缴纳，以及德国增值税的计算方法。

4．掌握法国税制体系，法国增值税税号的注册、申报及缴纳，以及法国增值税的计算方法。

第一节 欧洲增值税概述

一、增值税的定义及发展历程

增值税，英文全称为 Value Added Tax，简称 VAT，是以商品或服务在流转过程中产生的增值额作为计税依据而征收的一种税费，包括进口增值税与销售增值税。从销售增值税（除特殊说明外，以下简称"增值税"）计税原理角度，增值税是对商品生产、流通、劳务服务中多个环节的新增价值或商品的附加值征收的一种流转税。从本质上讲，增值税是一种价外税，由购买方承担税款。通俗地讲，在计算增值税额时，其计税价格中不包含增值税额，即增值税在价格之外。

在欧洲近代税制的发展早期，主要税种以直接税为主，侧重于与不动产相关的税种，而间接税是作为辅助税种发展起来的，税率也较低。随着工业社会的到来，财富的形式发生了一定的变化，与生产有关的产品及服务逐渐成为课税的主要对象。其中，德国累计税（La Taxe en Cascade）的历史更为悠久，早在 15 世纪至 19 世纪就出现过一种叫作 Aksisen 的特别消费税。1863 年至 1884 年，不来梅（德国北部城市）曾实施了一种综合交易税（Unsatzsteuer），又称德国累计税。第一次世界大战期间，德国于 1916 年重新确立这一税制，这是税制发展史上的重大事件。受这种德国税制的影响，法国于 1917 年确立了近代意义的累计税。由于文化传统的不同，在法国，通常将这种累计税称为营业税。涉及货物销售和服务提供的传统累计税因具有重叠征税的性质（重叠征税是指每经过一道销售环节即课征一次税），其弊端逐渐被人们所认识。可以说，传统营业税的诸多弊端是世界各国实行营业税时的共性问题。因此，开始有学者研究改进营业税并提出了增值税的概念。

目前，学者们较为一致的观点是，美国耶鲁大学经济学教授亚当斯（Thomas Sewall Adams）首次提出了增值税概念，他于 1917 年在其发表的《营业税》（The Taxation of Business）一文中提出了对增值额征税的概念，并指出对营业毛利课税比对净利润课税对政府的财政收入更有利，营业毛利相当于工资薪金、租金、利息和净利润之和，即相当于增值额，这是增值税思想的萌芽。1919 年，德国学者卡尔·弗·冯西门子（W Von Siemens）建议建立一种"精巧的销售税"，利用以税基相减法征税的增值税替代多阶段征税的营业交易税。亚当斯等人在当时都非常有影响，但一种新思想能否被付诸实践，还取决于其是否生逢其时，是能否适应社会发展的需要。实际上，"增值税"的名称是由学者们提出来的，但是增值税最早是由法国确立并征收的。

20 世纪 50 年代，随着工业生产的日益社会化，生产流通环节增多，营业税使位于生产链条后端的生产经营者累积承担的税负加重。营业税的弊端日益暴露，成为商品经济洪流中的一块巨礁，极大地阻碍了商品生产和流通。1948 年，法国政府允许企业制造商品时扣除中间投入物价值后，后再对产成品价值征税。1954 年，法国政府进一步把扣除范围扩大到固定资产已纳税款,将营业税改称为增值税,标志着增值税的正式诞生,宣告了营业税的"寿终正寝"。时任法国税务总局局长助理的莫里斯·洛雷推动了增值税制度的制定与实施,并取得了成功,被誉为"增值税之父"。在实施抵扣原则的实践中,人们看到,按销售额全值计算的应纳税额,抵扣因从事生产而购进或接收的各种商品和劳务所含的税款后,实际征收额正好相当于对企业生产经营新增加的价值所征收的税额,因而称为"增值税"。

目前,世界上已有140多个国家和地区实行增值税。虽然增值税在各国的叫法不同,但本质上都是一样的。美国是少数几个没有实行增值税的工业国之一,澳大利亚、加拿大、新西兰等国家将增值税称作"商品及服务税",但中文官方翻译多为"消费税";日本将增值税称作"消费税";韩国将增值税称为"附加价值税";新加坡将增值税的中文称为"消费税"、英文称为"商品及服务税"。在欧洲境内,增值税是由注册为增值税纳税人的商家根据其在欧洲境内的销售额征收的一种税费。注册商家需要向相关国家税务机关申报销售额,并按规定缴纳增值税。

二、欧洲增值税的注册与申报

(一)需要在欧洲注册增值税的情况

根据欧洲税制的规定,企业在欧洲境内储存、运输或销售商品时,必须注册并申报增值税。具体而言,需要注册欧洲增值税的情况包括但不限于以下几种:第一种情况,企业将商品储存在欧洲某海外仓,并从该海外仓向当地消费者发货;第二种情况,企业将商品储存在欧洲某海外仓,并从该海外仓向欧洲境内的其他国家的消费者发货。

另外,如果在欧洲的多个国家或地区储存、运输或销售商品,则可能需要在多个国家注册和申报增值税。欧洲各国增值税注册情况如表6-1所示。

表6-1 欧洲各国增值税注册情况

国家	注册增值税所需时间	是否需要指定税务代表	注册增值税必备材料概览	注册增值税可能所需其他材料
英国	2~3周	否	营业执照 税务登记证 法定代理人身份证明	企业章程
德国	4~8周	否		仓储信息,包含仓储地址、合约期等信息的仓储合同
法国	4~6周	是		税务代理委托书 银行开户证明
意大利	3周	是		税务代理委托书 营业执照等文件 需经过公证和海牙公约认证
西班牙	1~2周	否		

注:海牙公约认证即APOSTILLE认证,全称是《取消外国公文认证要求的公约》(简称"海牙公约"认证)。海牙公约认证是由海牙成员国政府机构(一般为国家的外交部或最高法院)统一出具、广泛得到其他国家认可的认证文件,其认证过程是对原认证的签发人(通常是当地公证处)进行的二级认证,需要在认证书上加盖印章或标签。需要注意的是,海牙公约认证不是对认证文件内容的认证,而仅是对认证的第一签发人的认证,用于证明其真实性并有权利进行认证。

(二)进出口登记号

进出口登记号(Economic Operator Registration and Identification,EORI)是欧盟各个国

家内个人或企业从事进出口活动必须获得的登记号。自 2009 年 7 月 1 日起在欧盟范围内实施进出口登记号的制度,由本国海关登记发放,并且可在全欧盟界内通用。实施该制度的目的是更好地保障欧盟各个国家有效实施安全修正案及其内容。因此,跨境电商企业的货物在进入欧盟各国家时,需要使用增值税税号和进出口登记号进行报关,并缴纳进口关税(Cus-tom Duty)和进口海关增值税(Custom VAT)。

三、欧洲增值税缴纳的必要性及具体流程

(一)欧洲增值税缴纳的必要性

对于在欧洲售卖货物或服务的跨境电商企业来说,及时并合规地缴纳增值税是保证其业务正常开展的前提。如果跨境电商企业在出口货物时没有使用自己的增值税税号,则无法享受进口增值税退税的优惠政策;如果跨境电商企业借用他人增值税税号或税号无效,则货物无法清关;如果跨境电商企业不能向海外客户提供有效的增值税发票,则海外客户很有可能会取消交易甚至针对该跨境电商企业给出负面评价。按时缴纳增值税并合法经营的跨境电商企业既可以受货物销售国的法律保护,同时还有利于建立客户信任、保障交易的正常进行,并可以增加成交率和好评率。

(二)欧洲增值税缴纳的具体流程

跨境电商企业在决定出售商品或服务时,就要开始考虑缴纳增值税的问题。

欧洲增值税缴纳的具体流程如下。

(1)跨境电商企业将货物储存在欧洲仓,并向欧洲的买家销售货物。
(2)跨境电商企业在货物储存所在国注册增值税税号。
(3)跨境电商企业在销售商品的网页上显示增值税税号。
(4)跨境电商企业售出货物并向买家收取增值税。
(5)跨境电商企业向相关国家税务机关申报并缴纳增值税。

例 6-1:跨境电商企业 A 计划将 10 副蓝牙耳机从中国仓库销往英国,每副蓝牙耳机的成本为 15 英镑。在运输到英国海外仓时,该企业需要向英国海关缴纳 20% 的进口增值税,即每副蓝牙耳机缴纳 3 英镑的进口增值税,该企业共需缴纳 30 英镑的进口增值税。该企业将蓝牙耳机以每副售价 36 英镑的价格发布到网站上出售,该售价中包含了增值税 6 英镑。根据财政期结束之前售出的商品数量,该企业可能会遇到三种不同的情况。

情况一: 如果该企业在财政期结束前只售出 1 副蓝牙耳机,那么当该企业向税务机关提交增值税申报表时,需要申报已支付的进口增值税金额(30 英镑)和销售环节收取的增值税金额(6 英镑)。因此,该企业可以向英国税务机关申请退回 24 英镑,即该企业所支付的进口增值税和收取的增值税的差额。需要注意的是,此类退税可能需要批准。

情况二: 如果该企业在财政期结束前共售出 5 副蓝牙耳机,那么当向税务局提交增值税申报表时,该企业需要申报已支付的进口增值税金额(30 英镑)和已收取的增值税金额(6 英镑/每副蓝牙耳机×5 副蓝牙耳机 = 30 英镑)。销售增值税恰好与进口增值税相抵销,因此该企业不会获得增值税退税,也无须额外补缴增值税。

情况三：如果该企业在财政期结束前售出了 6 副蓝牙耳机，那么当向税务局提交增值税申报表时，该企业需要申报已支付的进口增值税金额(30 英镑)和已收取的增值税金额(6 英镑/每副蓝牙耳机×6 副蓝牙耳机 = 36 英镑)。已收取的增值税和已支付的进口增值税之间的差额为 6 英镑，因此该企业需要向税务机关额外补缴 6 英镑的增值税。

(三)欧洲五国增值税申报周期及税率标准

在明确欧洲增值税的缴纳流程后，跨境电商企业还需要了解欧洲不同国家的申报周期及税率标准。欧洲主要国家增值税税率标准及申报周期对照表如表 6-2 所示。

表 6-2 欧洲主要国家增值税税率标准及申报周期对照表

国家	税率标准	申报周期	每年申报次数
英国	20%	每个季度	4
德国	19%	每个月、每年	13(月度申报 12 次，年度申报 1 次)
法国	20%	每个月	12
意大利	22%	每个月	12
西班牙	21%	每个季度、每年	5(季度申报 4 次，年度申报 1 次)

由表 6-2 可知，申报次数最多的是德国，德国小规模的企业也可以申请季度申报，但要在企业正常运行三年后才可以申请并享受该政策。

四、欧洲增值税发票

在许多欧洲国家或地区，买家都会要求卖家开具增值税发票。跨境电商企业发货的国家或地区和买家所在国家或地区的增值税法规也可能会要求跨境电商企业提供增值税发票。图 6-1 所示为欧洲增值税电子发票样本。通常，欧洲国家增值税发票包括但不限于以下内容：

(1)供应商的名称和地址；
(2)买家的名称和地址；
(3)发票发行日期；
(4)发票编号(顺序编号)；
(5)供应商和买家的一般税号或增值税税号；
(6)商品或服务的数量和商业描述；
(7)价格(不包括增值税的金额)，分为标准、减价及豁免用品；
(8)价格折扣(需买卖双方事先商定)，以及适用增值税率的增值税金额。

五、欧洲增值税新规

根据 2020 年 5 月 8 日欧盟委员会召开的工作会议决议，欧盟增值税的新规于 2021 年 7 月 1 日正式实施，具体内容包括以下五个方面。

Business name				
Address			INVOICE	
Postcode			Invoice Number:	
VAT Registration Number:			Date of Invoice:	
To:	Buyer company name	Ship To:	Buyer's address	
		Tax Number	Buyer's tax number	
Product ID	Descriptions	Quantities	Unit Price（GBP）	Amount（GBP）
				0
				0
				0
				0
				0
			Sub Total	0
			VAT 0% or Standard rate	0
			TOTAL	0
Sales Channel:		Order ID:		

图 6-1 欧洲增值税电子发票样本

(一)终止低于 22 欧元的增值税豁免政策

2021 年 7 月 1 日前，欧盟规定对于进口价值不超过 22 欧元的货物可以免征增值税。据统计，欧盟对跨境电商企业是否符合小包直邮规定的抽查率仅为 3%，这就导致有很多不法企业利用这个漏洞逃税。欧盟增值税的新规定取消了 22 欧元以下货物的增值税免税标准。因此，出口至欧盟各国的货物，无论其价值是否超过 22 欧元，都将不再享有免征增值税的豁免政策。

(二)建立进口一站式申报服务平台

欧盟进口一站式服务(The Import One Stop Shop，IOSS)相当于欧盟的一个税务系统，它的创建旨在促进和简化来自非欧盟国家或地区的跨境电商企业远距离销售的货物的增值税申报和支付。自 2021 年 7 月 1 日起，跨境电商企业可以利用该服务，履行从欧盟境外向欧盟境内买家进行远程电子商务销售及申报增值税义务。IOSS 主要针对那些涉及将小额货物从欧盟境外进口到欧盟境内的跨境电商企业，如通过亚马逊、速卖通发货的企业及利用独立平台发货的企业。这些企业或平台需要首先注册 IOSS，然后由 IOSS 为这些企业或平台分配一个服务编码以供其申报和缴纳增值税。自 2021 年 7 月 1 日起，当跨境电商企业向欧盟境内消费者销售价值不超过 150 欧元的货物时，可以利用 IOSS 在欧盟进行进口增值税的登记、申报和缴纳。在本次税改中，一站式缴税机制的适用范围扩大到了非欧盟国家，非欧盟国家的跨境电商企业只需在某一个欧盟国家内注册，就可以一次性申报和缴纳在所有欧盟成员国的进口增值税。同时，进口满足 IOSS 条件的货物时，买家无须再次缴纳进口增值税。

1. IOSS 适用的货物
(1)从欧盟以外国家发货或运输，即境外直发货模式。
(2)托运货物价值不超过 150 欧元。

需要注意的是，货物价值指的是货物本身的价值，不包括运费、保费等费用。如果托运货物的价值超过150欧元，则不适用于使用IOSS，且进口时需要缴纳进口增值税。

2. IOSS适用对象

（1）跨境电商企业通过电商平台向欧盟境内的买家销售低价值货物，但必须从欧盟境外直接发货。这类企业无须自行注册，由电商平台代其办理增值税业务。

（2）对于利用独立平台向欧盟境内的买家销售低价值货物的跨境电商企业，可以注册IOSS增值税。在注册时，只需在任意一个欧盟成员国注册，便可对所有欧盟成员国提供销售服务。如果跨境电商企业是在欧盟境外的实体，则必须指定一个在欧盟境内设立的中介机构来处理IOSS增值税相关事宜（注册、申报和支付税款），税务局机关会对海关和该中介机构申报的数据进行核对。该中介机构将在其设立地所在成员国为客户注册IOSS，并且由IOSS注册地所在成员国（识别号所在成员国）配发IOSS增值税识别号，以用于向所有欧盟成员国买家销售符合IOSS规定的低价值货物，同时申报和缴纳远距离销售货物的增值税。跨境电商企业只需每个月通过IOSS向注册国递交报表和支付税款，注册国税务机关就会通过IOSS再将税金分配至其他国家的税务机关。

（3）通过自己的网站向欧盟境内买家销售低价值货物，仓库设于欧盟境外，并从欧盟境外直接发货的跨境电商企业，无须通过中介机构，就可以直接选择注册IOSS增值税。

3. IOSS注册资料清单

（1）营业执照；

（2）法人护照及身份证复印件；

（3）欧盟任意一国的税务证书；

（4）银行账户信息；

（5）独立站的网址；

（6）企业基本信息，包括名称（中英文）、地址（中英文）、法人姓名（中英文）、企业邮箱、企业联系电话。

4. IOSS注册及申报流程

如图6-2所示为IOSS注册及申报流程。

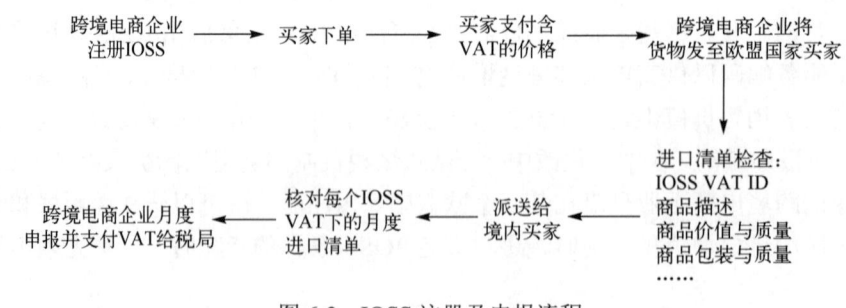

图6-2 IOSS注册及申报流程

5. 实施IOSS的必要性

跨境电商企业仅需在一个欧盟成员国注册IOSS，即可缴纳在整个欧盟区内的销售增值税，无须在每个欧盟成员国都注册。持有有效 IOSS 编号的货物无须在海关清关环节缴纳进口增值税，这有助于加快货物清关速度。

（三）建立一站式申报服务（OSS）平台

除提供针对进口增值税的 IOSS 服务外，欧盟还提供了一站式申报服务平台（Union One-Stop Shop，OSS）。该平台是欧盟委员会基于 2015 年建立的 MOSS（迷你一站式服务）扩大升级而形成的。MOSS 仅针对向欧盟消费者提供电信、广播和电子服务的行业，跨境电商企业可以在一个欧盟成员国申报和缴纳其在所有欧盟成员国产生的应缴增值税。自 2021 年 7 月 1 日起，MOSS 被推广到非欧盟的供应商在其成员国境内提供的所有 B2C 服务、欧盟内部货物远程销售及特定成员国国内货物供应中，从而形成一个更大的一站式服务系统，即 OSS。加入 OSS 系统后，欧盟跨境电商企业将使用其所在的国家作为代表国，而非欧盟跨境电商企业则需选择任意一个欧盟成员国作为其代表国，申报在其他所有欧盟成员国产生的税款，然后由其代表国统一收取税款并分发给各欧盟成员国。值得注意的是，如果跨境电商企业在不同的欧盟成员国使用仓库，则仍需在当地注册增值税税号，并在该国按现有方式申报税款。

1. 欧盟机制 OSS 与非欧盟机制 OSS 的区别

向欧盟买家提供服务的企业或对欧盟内部货物进行远程销售的企业分别使用两种不同的 OSS 机制：非欧盟机制 OSS（Non-Union scheme OSS），适用于向欧盟买家提供服务的企业；欧盟机制 OSS（Union scheme OSS），适用于对欧盟内部货物进行远程销售的企业（欧盟企业和非欧盟企业都适用）。

非欧盟机制 OSS、欧盟机制 OSS 及 IOSS 的对比如表 6-3 所示。

表 6-3 非欧盟机制 OSS、欧盟机制 OSS 及 IOSS 的对比

	非欧盟机制 OSS	欧盟机制 OSS	IOSS
供应商类型	B2C 服务类供应	欧盟内部货物远程销售（欧盟企业和非欧盟企业都适用）	托运进口货物的远程销售≤150 欧元
应纳税人员	非欧盟企业	欧盟企业与非欧盟企业	欧盟企业与非欧盟企业，包括电子接口

资料来源：欧盟电子商务增值税新规原文。

2. OSS 的优点

一站式服务简化了跨境电商企业申缴增值税的流程，使其只需在一个欧盟成员国内注册增值税，即可向其他欧盟成员国的买家提供所有货物的远程销售。此外，跨境电商企业只需填写一份增值税 OSS 电子申报表，即可申报并支付所有远程销售货物的应缴增值税。值得一提的是，OSS 的使用并非强制性要求，跨境电商企业可以自行选择是否加入 OSS。

（四）取消欧盟成员国之间的远程销售额阈值

自 2021 年 7 月 1 日起，现有"远程销售门槛"规定被废除，新的规定以 1 万欧元作为全欧盟通用的远程销售额阈值。在线销售货物的跨境电商企业通过 OSS 履行应该遵守的增值税义务，并通过其在欧盟注册国的税务机关的系统进行申报。如果跨境电商企业在单

个欧盟销售目的国的年销售额超过1万欧元的阈值,则需要按照欧盟各目的国的增值税税率执行缴税义务,并且可以使用 MOSS 进行税款的统一申报。

(五)规定电商平台代扣缴增值税义务

欧盟增值税新的规定明确了第三方电商平台对非欧盟跨境电商企业在该平台销售的货物和劳务的代扣缴义务,这也让第三方电商平台在某种程度上被视为卖方,并承担了更多的责任。当第三方电商平台推进其 B2C 业务时,代扣代缴制度将适用于以下两种情况:进口货物价值不超过150欧元时;非欧盟跨境电商企业远程跨境交易或国内交易任意价值货物时。

六、欧洲增值税制度的特点及优缺点

(一)欧洲增值税制度的特点

1. 不重复征税

增值税以增值额作为计税依据,只对销售额中本企业新创造的、未征过税的价值征税。因此,理论上增值税不存在重复征税的问题。但在实际操作中,由于采用的增值税类型不同,仍存在部分重复征税的问题。

2. 既普遍征收又多环节征收

虽然传统的流转税也普遍采用多环节征收的方式,但其征税方式均为"全额计征"。相比之下,增值税只是对每一环节的增值额部分征税,最后征税的综合就是总的增值税额。

3. 同种产品售价相同则税负相同

在增值税制度下,同种产品无论经过多少个生产环节或经营环节,如果其最终售价相同,则总体税负相同。

(二)欧洲增值税制度的优点

1. 能够较好地体现公平税负的原则

只有税负公平、负担合理,才能促进企业在同等条件下进行公正竞争。增值税的税负公平、负担合理主要表现在两个方面:一是同种产品的税收负担是平等的,即无论企业是全能型企业还是非全能型企业(专业化程度高),也无论企业生产经营的客观条件如何,这些企业的税收负担应是一致的;二是税收负担与纳税人承担能力相适应,由于增值税是以增值额作为计税依据的,且商品的盈利是构成增值额的主要因素之一,因而增值税的税收负担同纳税人的承担能力是基本相适应的。

2. 有利于促进企业生产经营结构的合理化

增值税将多环节征税的普遍性与按增值额征税的合理性有机地结合起来,有效解决了传统流转税按全额计税导致全能型企业税负轻而非全能型企业和协作企业税负重的问题,有利于推动企业向专业化、协作化方向发展。

3. 有利于国家普遍、及时、稳定地取得财政收入

所有从事生产经营的企业和个人，只要其在经营中产生增值额，就应缴纳增值税。在生产和经营过程中，无论产品(货物)经过多少生产环节或经营环节，每个环节都应根据其增值额计税。因此，增值税在保证国家财政收入的同时，具有广泛的普适性。

4. 有利于制定合理的价格政策

货物价格由成本、利润、税金三部分构成。在阶梯式的流转税制度下(传统流转税)，货物的税负是不确定因素，从而也使货物的价格难以确定；实行增值税后，货物的整体税负成为确定的因素，且只与税率有关。因此，增值税制度为正确制定价格政策提供了有利条件。

(三)欧洲增值税制度的缺点

增值税是向最终买家征收的，一定程度上抑制了国内需求的增长，从而对长期的均衡收入产生了一定的抑制作用。此外，增值税增加了个人的税收负担，削弱了消费和投资，对经济运行产生了一定的负面影响。

本节总结：20 世纪 50 年代，营业税使位于生产链条后端的经营者承担的税负日益加重。为了改变这种现状，增值税登上历史舞台，目前已有 140 多个国家和地区实行增值税。为了保证税收公平，增值税的审查机制越来越严格。在欧洲，从事售卖商品或服务的跨境电商企业应明确欧洲各国的增值税注册、申报及缴纳流程，以确保自身经营不受影响。为了方便跨境电商企业进行增值税的申报及缴纳，欧盟国家于 2021 年 7 月 1 日开始实行增值税改革，具体措施包括取消 22 欧元的增值税免征、建立 IOSS 及 OSS 服务平台、取消欧盟成员国之间的远程销售额阈值、规定由第三方电商平台承担代扣缴增值税义务。

第二节 英国增值税

一、英国税收体系

(一)英国税制简介

英国税制是指大不列颠及北爱尔兰联合王国税收法规和稽征管理制度。该税制以所得税为主体，辅之以间接税及其他税收。政府课征的税收主要分为三类：一是对所得的课税，包括个人所得税、公司税、石油收益税和国民保险税；二是对货物和劳务的课税，主要包括增值税、消费税和关税等；三是对资本的课税，包括资本收益税和资本转移税等。

英国税收分为国税和地方税两个部分。作为君主立宪制的典型代表，英国特殊的政治情况决定了其特殊的税收政策，高度集权的政体决定了税收管理体制的高度集中。英国税制由财政部向议会提出财政法案，经议会讨论通过后，还需经过王室同意后才能生效。

(二)英国税制的特点

与欧洲其他国家不同,英国的税制特点较为突出,具体如下。

第一,以直接税为主,间接税为辅。英国税制由个人所得税、公司所得税、资本利得税、石油税、资本转移税、印花税、土地开发税,以及增值税、关税、消费税等组成。其中,所得税占据了主导地位,占全部税收收入的60%以上。间接税在英国税制中处于辅助地位,在全部税收收入中所占比重较低。

第二,税收收入和权限高度集中。英国税收分为国税和地方税。国税由中央政府掌握,占全国税收收入的90%左右,是中央财政最主要的来源。地方税由地方政府负责,占全国税收收入的10%左右,是地方财政的重要来源,但不是其主要来源,地方财政的主要来源是中央对地方的财政补助。

第三,英国没有独立的税收法典。英国税法主要来源于成文法、判例法和税务机关声明。

二、英国增值税的发展历程

英国增值税是指英国政府对消费品和劳务课征的一种间接税,征收范围涉及工业、农业、商业批发、零售及服务业。英国增值税的纳税人是供应应税货物和提供应税劳务,并按照法令办理纳税登记的个人、合伙企业、社团或公司等。增值税一般在制造、批发、零售等各个环节征收,也称"产出税",其基本税率为15%,对某些货物或劳务实行零税率。

1972年7月,英国通过实行增值税制度的法案,1973年4月该法案正式生效,并取代了以往的购买税(Purchase Tax)和选择性就业税(Selective Employment Tax)。

英国"脱欧"之前,欧盟法律也是英国税法的法律渊源之一。欧盟实行第六号增值税指令(The Sixth EU VAT Directive),以协调欧盟各成员国的包括金融服务在内的增值税制度。该指令规定,必须在所有欧盟成员国一致同意的情况下,才能变更各成员国的增值税制度。此外,欧盟还规定了其成员国内部一些限制性的标准,如各成员国的增值税标准税率最低不能低于15%,最高不能超过25%等,这使得英国增值税制变革相当困难。

英国"脱欧"过渡期从2019年3月29日开始,结束时间为2020年12月31日。"脱欧"过渡期结束后,英国脱离欧盟管辖范围,欧盟的远程销售法规不再适用。为确保来自欧盟和非欧盟国家的货物受到同等待遇,并确保英国企业不会受到进口货物减免增值税的不利影响,英国政府于2021年1月1日引入了一种新的边境运营模式,对进入英国的货物进行增值税处理。此次改革的主要内容如下。

(1)取消低价值托运减免。价值在15英镑或以下的货物托运,也要缴纳进口增值税。

(2)进口价值不超过135英镑的货物,征收增值税的地点从进口地点转移到销售地点,即进口价值不超过135英镑的货物时,仅需要向海关申报,不需要缴纳进口增值税,但以下类型的托运货物除外。

① 非商业性寄售的货物,如礼物(价值不超过39英镑时,可减免)。

② 任何需要征收消费税的货物。

③ 来自泽西岛和根西岛的货物。

(3) 如果英国的电商平台参与销售，则负责征收和核算增值税。

(4) 对于没有经过电商平台出售的货物，海外跨境电商企业需向英国税务海关总署（Her Majesty's Revenue and Customs，HMRC）登记和缴纳增值税。其中：

① 如果海外货物的销售地点在英国，则增值税的会计责任由海外跨境电商企业转移到电商平台。

② 如果海外跨境电商企业的货物已经在英国当地，且没有经过电商平台销售而直接出售给英国买家，则海外跨境电商企业需要继续核算增值税。

三、需要考虑注册并缴纳英国增值税的情况

在了解哪些卖家需要注册并缴纳英国增值税之前，必须首先明确一个概念——OMP。OMP（Online marketplace）是指促进市场销售，向买家出售货物，参与买家付款和物流配送政策的电子界面（网站或移动应用程序）。例如，亚马逊、eBay 等第三方电商平台，都属于 OMP。

（一）销售地点位于英国境外的货物

(1) 如果 OMP 不充当中介，而卖家直接出售商品给英国买家，则此交易被视为发生地在英国，需要由卖家缴纳英国增值税。

(2) 如果 OMP 充当中介，则 OMP 被视为向买家供应货物，应由 OMP 收取并代缴英国增值税。

根据上述两种情况分别计算增值税的商品价值时，以出售给买家的价格为基础计算增值税，而不是以进口时的进口价格为基础计算增值税。

（二）销售地点位于英国境内的货物

适用于符合以下情形的货物：
(1) 货物非英国卖家所有；
(2) 货物的销售地点位于英国；
(3) 卖家通过 OMP 出售货物给英国买家；
(4) 英国买家不是增值税注册企业。

当向买家出售货物时，非英国的卖家被视为对 OMP 进行零税率供应，相当于进行 B2B 交易。因此，非英国卖家需要在英国注册增值税税号，以便在符合增值税抵扣规则的情况下，能够申请返还进口过程中产生的进口增值税。对于通过 OMP 进行的销售，非英国卖家不需要负责申报增值税。

对于没有在英国成立公司的非英国卖家来说，他们没有增值税的注册门槛。但是，只要在英国销售或持有待售股票，就有义务注册增值税。

（三）必须注册并缴纳英国增值税的企业类型

(1) 经营 OMP 店铺，并通过 OMP 向英国买家出售货物的企业。
(2) 不借助 OMP 作为中介，直接向英国买家出售货物的任何企业。

(四)企业对企业的销售

(1)如果买家是一家已注册增值税的英国企业,并且向 OMP 或跨境电商企业提供了有效的增值税税号,那么增值税的会计责任将转移至买家,买家将通过反向收费机制来进行会计处理。在这种情况下,OMP 或跨境电商企业不承担增值税的责任。

(2)如果买家未注册增值税,或者未在购买货物时向 OMP 或跨境电商企业提供有效的增值税税号,那么此交易应视为企业对个人的销售,OMP 或跨境电商企业将承担增值税的责任。

(3)OMP 或跨境电商企业没有义务主动验证买家是企业还是个人,所有的销售均默认买家为个人,除非买家提供有效的增值税税号。

(4)OMP 或跨境电商企业必须保存销售电子记录的时间为不少于 6 年。

(五)OMP 平台相关注意事项

如果跨境电商企业达到英国增值税的注册条件,第一,要向英国税务海关总署申请并注册英国增值税;第二,跨境电商企业提供英国增值税税号,并将注册该增值税税号的企业或个人的名称添加到跨境电商企业的 OMP 平台账户中;第三,在相关货物页面的商业跨境电商企业信息栏中,展示跨境电商企业的英国增值税税号、用以注册该增值税税号的企业或个人名称,以及地址信息;第四,按时向英国税务海关总署申报和缴纳应付税款。

各电商平台要求跨境电商企业提供的英国增值税税号必须是正确且有效的,并且确保跨境电商企业提供的信息中的企业或个人的名称和英国增值税税号信息一致。需要注意的是,跨境电商企业提供的英国增值税信息(企业或个人信息)必须与英国增值税证书或英国政府相关网站上的企业或个人信息一致。也就是说,空格、大小写、拼写都必须对应一致。此外,在跨境电商企业提供的英国增值税税号和注册该增值税税号的企业信息必须相互匹配。

四、英国增值税税号的注册流程

跨境电商企业可以通过访问英国税务海关总署的相关网站来完成增值税税号的注册流程。填写完相关信息后,英国税务海关总署会为跨境电商企业创建一个增值税网上账户(又称 Government Gateway Account),或者跨境电商企业也可以委托第三方代理服务商来注册增值税税号。

注册成功后,跨境电商企业可以通过英国税务海关总署的网站,或者在自己的英国增值税证书上查看英国增值税税号和用以注册该号码的企业名称或个人名称;英国增值税税号一般由 GB 开头,后面由 9 位数字构成;而企业或个人名称一般是企业或个人名称的拼音或英文。

跨境电商企业可以在英国税务局网站上填写增值税表单并直接进行报税,或者可以由独立的第三方咨询公司代其处理报税事宜。提交增值税表单和缴纳的截止日期都是一个会计期间(一个月或三个月)之后的第二个月的第七天。例如,如果跨境电商企业的会计期间为 5 月 1 日至 7 月 31 日,那么跨境电商企业的增值税表单的提交和缴税截止日期就是 9 月 7 日。

五、英国增值税不合规的情况

根据英国增值税法规,如果跨境电商企业达到英国增值税注册标准,则必须注册英国增值税;跨境电商企业不能使用他人的英国增值税税号,也不能使用他人的增值税税号的相关信息,如企业名称、企业注册地址等信息。

如果跨境电商企业没有进行增值税注册,则英国税务海关总署可以代为注册。跨境电商企业也可以委任一名英国的增值税代表代其进行增值税注册。如果跨境电商企业没有按时申报和缴纳应付税款,则英国税务海关总署还可以采取其他惩罚措施。例如,向跨境电商企业征收应缴税额之外的罚金等。如果跨境电商企业不遵守英国增值税法规相关要求,则英国税务海关总署会将该问题反映给跨境电商企业进行交易时所在的第三方电商平台,并要求该电商平台对该跨境电商企业采取限制交易等措施。

各电商平台会在法律允许的范围内遵照英国政府相关部门要求,对可能存在增值税不合规的跨境电商企业及其账号进行调查;各电商平台在收到英国税务海关总署的通知后,对被认定为不合规的跨境电商企业及其账号采取多种限制措施;各电商平台还将按照法律法规要求,检视跨境电商企业所提供的英国增值税相关信息,对于不符合英国增值税要求的违规跨境电商企业及其账号采取限制交易等措施。

上述限制交易措施包括并不仅限于下架相关货物、限制刊登相关货物信息、限制将相关货物销售给英国买家等。

六、英国增值税的计算

增值税具体计算分为进口(进口增值税及进口关税)和销售(销售增值税)两部分。

(一)进口部分

$$进口税 = 进口增值税 + 关税$$
$$进口增值税 = (申报价值 + 头程运费 + 关税) \times 20\%$$
$$进口关税 = 申报价值 \times 货物关税税率$$

(二)销售部分

以采用英国标准税率(Standard Rate)为例。

$$销售增值税 = 不含税销售价 \times 20\%$$
$$市场销售价格 = 不含税销售价 + 销售增值税 = 不含税销售价 + 不含税销售价 \times 20\% = 不含税销售价 \times 1.2$$

其中,销售增值税 = (市场销售价格 ÷ 1.2) × 20%。

例 6-2:跨境电商企业将某货物发到英国,其申报价值为 1000 英镑、头程运费为 100 英镑、销售价格为 2500 英镑。假设关税税率为 3%,计算该跨境电商企业需要缴纳多少增值税。

$$进口增值税 = (申报价值 + 头程运费 + 关税) \times 20\%$$

已知申报价值为 1000 英镑、头程运费为 100 英镑、关税税率为 3%，则

$$关税 = 1000 \times 0.03 = 30（英镑）$$

$$进口增值税 = (1000+100+30) \times 20\% = 226（英镑）$$

$$货物成本合计 = 1000+100+226+30 = 1356（英镑）$$

已知销售价格为 2500 英镑，则

$$不含税销售价 = 销售价格 \div (1+20\%) = 2500 \div 1.2 \approx 2083（英镑）$$

$$销售增值税 = 2083 \times 20\% = 417（英镑）$$

进口增值税为 226 英镑

$$应缴纳增值税 = 417-226 = 191（英镑）$$

例 6-3：跨境电商企业将某批衣服发到英国，数量为 400 件，单件衣服申报价值为 20 英镑/件。这批衣服的总申报价值为 8000 英镑，头程运费为 500 英镑，衣服关税税率为 10%。在第三方电商平台的最终销售价格（含税）为 100 英镑/件。试计算该跨境电商企业当季实际需要缴纳多少增值税。

（1）进口增值税。

$$进口关税 = 申报价值 \times 关税税率 = 8000 \times 10\% = 800（英镑）$$

$$进口增值税 = (申报价值+头程运费+关税) \times 20\% = (8000+500+800) \times 20\% = 1860（英镑）$$

（2）销售增值税。

假设这批衣服当季在线上销售，最终销售价格为 100 英镑/件，实际销售过程中可能会出现以下几种情况。

情况 1：衣服的销售数量为 0，即销售额为 0，则销售增值税为 0。在这种情况下，跨境电商企业可以向英国税务海关总署申请退税（进口增值税）1860 英镑。

情况 2：400 件衣服全部售出，即销售额为 40000 英镑，则销售增值税为 [40000÷(1+20%)]×20%≈6666.67 英镑，应缴增值税为 6666.67−1860 = 4806.67 英镑。

情况 3：衣服只售出了一部分，如 200 件，则销售额为 20000 英镑，由此可以计算销售增值税为 [20000÷(1+20%)]×20% ≈ 3333.33 英镑，应缴增值税为 3333.33−1860=1473.33 英镑。

情况 4：如果衣服只售出 100 件，此时，计算其销售增值税为 [10000÷(1+20%)]×20% = 1666.67 英镑，销售增值税低于进口增值税 1860 英镑，则通过计算可知，其应缴增值税为 1666.67−1860= −193.34 英镑。抵扣增值税后，英国税务海关总署应向该跨境电商企业退回增值税 193.34 英镑。

七、电子化税务申报

电子化税务申报（Making Tax Digital，MTD）是在英国的跨境电商企业数字化申报的必备方式。英国税务海关总署推行了电子化税务申报改革制度，此举是为了让税务申报工作更高效、更便捷，同时可以提高商业记录的准确性，减少计算误差。根据英国税务海关总署要求，自 2022 年 4 月起，凡需要在英国缴纳增值税的跨境电商企业，无论其应税营业额是否超过 85000 英镑，都必须使用电子化税务申报。同时，跨境电商企业应完成以下工作：

(1) 记录交易相关数据；
(2) 通过税务局认证的申报软件申报跨境电商企业的增值税。

因此，跨境电商企业在报税截止日前必须完成以下工作：

(1) 根据英国税务海关总署官网的指引，注册跨境电商企业增值税的电子化税务申报业务；
(2) 选择一款经过英国税务海关总署认证的申报软件；
(3) 授权该申报软件执行跨境电商企业的电子化税务申报业务；
(4) 确保跨境电商企业再次申报时使用的是同一款申报软件。

电子化税务申报详细信息如图 6-3 所示。

```
Dear Sir or Madam

Get ready for Making Tax Digital
Making Tax Digital (MTD) can make it easier for individuals and businesses to get their tax right.

All VAT-registered businesses, including those below the VAT threshold, will need to keep digital accounts for their
first VAT Return period starting on or after 1 April 2022, and file through MTD.

What you need to do
1. You must have MTD-compatible software. Go to GOV.UK and search 'Making Tax Digital for VAT' to check
   which software packages are compatible.
2. Use your software to keep your accounts digitally.
3. Sign up to MTD at least 5 days after your last non-MTD VAT Return deadline date and no less than 7 days
   before your first MTD VAT Return deadline date of 7 September 2022. To sign up, go to GOV.UK and search
   'sign up for Making Tax Digital'.
4. Give your software permission to work with MTD and then file your return through MTD. To learn how to do this,
   go to GOV.UK and search 'manage permissions for tax software'.

If you need more information about MTD, go to www.gov.uk/government/collections/making-tax-digital-for-vat
If your annual taxable turnover goes above £85,000 before 1 April 2022, you'll need to sign up and file through
MTD straight away.
If you have an accountant or agent who helps you with your tax affairs, they can help you move to MTD.
If you have any queries about MTD, go to GOV.UK and search for 'Making Tax Digital for VAT' or phone us on
0300 200 3700.

Yours faithfully

HM Revenue and Customs
```

图 6-3　电子化税务申报详细信息

八、英国增值税递延政策

为了确保海外跨境电商企业支付准确的增值税额，并避免英国本土企业在竞争中处于不利地位，英国税务海关总署进行了大刀阔斧的税制改革，并于 2021 年 1 月 1 日正式执行。英国税改类目繁多，除强制要求企业执行电子化税务申报外，影响较大的还有 OMP 代扣代缴政策。

跨境电商企业通过 OMP 销售的货物，通常按照标准税率扣除销售增值税。为了减少跨境电商企业的资金占用，缓解其资金流压力，并提高英国税务海关总署对进口商品征收增值税的效率，英国税务海关总署推出增值税递延（Postponed VAT Accounting，PVA）政策。根据该政策，跨境电商企业可以递延缴纳进口增值税及其他税种。

增值税递延政策是指跨境电商企业无须在为货物进行清关时预先支付进口增值税并在后期销售时抵扣，而是仅在进行增值税申报时体现进口增值税金额即可。目前，已在英国注册缴纳增值税的跨境电商企业均可享受增值税递延政策。

(一)申请增值税递延方式

跨境电商企业需要在为商品进行清关时委托货物代理方选择增值税递延。由于进出口货物海关系统(Customs Handling of Import & Export Freight,CHIEF)服务已于2022年9月30日结束进口申报,并于2023年3月30日完全关闭进出口货物海关系统,因此英国税务海关总署已全面启用电子海关申报服务系统(Customs Declaration Service,CDS)进行清关。货物代理方在为货物进行清关时,应按照英国税务海关总署最新政策,帮助跨境电商企业申请增值税递延。

(二)申请增值税递延所需材料

在申请增值税递延时,跨境电商企业应向货物代理方提供以下材料:
(1)增值税有效记录;
(2)清关委托书(委托书模板由货物代理方提供);
(3)增值税注册信息表。

(三)申请增值税递延后带来的变化

1. 进口增值税的变化

根据英国税务海关总署相关要求,如果跨境电商企业已注册增值税并选择增值税递延,则可以在增值税申报单上说明跨境电商企业的进口增值税,而无须实际支付进口增值税。申请增值税递延后进口增值税的变化如图6-4所示。

> If you're registered for VAT and your business imports goods, you can account for your import VAT on your VAT Return instead of paying the VAT by duty deferment. You must do this if you're delaying your declarations.

图6-4 申请增值税递延后进口增值税的变化

2. 增值税申报的变化

自2021年1月1日起,如果跨境电商企业选择增值税递延,将会在两个方面对增值税申报产生变化。

(1)下发文件的变化。正常的清关完成后,英国税务海关总署会根据政策,向货物代理方提供C88文件,并向税务代理方提供C79证书。选择增值税递延后,这两份文件仍然存在,但会有一定的变化。申请增值税递延后下发文件的变化如表6-4所示。

表6-4 申请增值税递延后下发文件的变化

不同模式	货物代理方提供文件	英国税务海关总署下发文件
正常的清关申报模式	C88	C79
增值税递延模式	新C88	Postponed import VAT statement(递延增值税报表)

(2)增值税申报单的变化。如果跨境电商企业选择增值税递延模式,则必须按照英国税务海关总署的要求,对应调整增值税递延后申报表,新的申报表可以在英国税务海关总署官网获取。

本节总结：英国的"脱欧过渡期"于 2020 年 12 月 31 日结束，目前英国已经脱离欧盟的管辖范围，英国增值税的注册条件也发生了相应的改变。本节详细介绍了英国的税制体系、英国增值税税号的注册流程、注册所需材料，增值税的申报与计算方法，以及脱欧之后的英国政府为了方便跨境电商企业进行增值税申报，而推出的电子化税务申报制度及增值税递延政策。

第三节 德国增值税

一、德国税收体系

德国税制是指德意志联邦共和国（Federal Republic of Germany）税收法规和稽征管理制度。德国是联邦制国家，实行联邦、州和市镇三级课税制度。德国财政收入的主要来源是税收收入、其他经常性收入和资本项目收入。从结构上来看，税收始终是德国财政收入的主要来源，一直稳定在其财政收入的 75% 以上。

作为高税收国家，德国的税收制度严谨、周密、细致。德国的税收立法采取了税收通则和单行税法相结合的立法方式，税收结构非常复杂。联邦财政宪法对不同的税收管理权限，如税收立法权、税收收入支配权、税收管理权和征税机构等，均进行了详细的划分。

按照不同税收来源，德国的税收可以分为直接税和间接税。其中，直接税占税收总额的比例略高于 50%，而间接税占税收总额的比例略低于 50%。直接税是指纳税义务人同时也是税收的实际负担人，即纳税义务人不能或不便于把税收负担转嫁给别人的税种。直接税主要包括公司所得税、个人所得税、地方交易税（营业税）、团结税、不动产税和遗产税等。同时，作为所得税的补充，德国的教会成员还需要缴纳教会税。间接税是指纳税义务人不是税收的实际负担人，即纳税义务人能够通过提高价格或提高收费标准等方式将税收负担转嫁给别人的税种。间接税主要包括增值税、关税和遗产税等。

德国的税收执行联邦税、州税和市镇税三级课税制度，并将全部税收划分为共享税和专享税两大类，实行"共享税为主，固定税为辅"的分税制。共享税为联邦、州、市镇三级政府或其中两级政府共有，并按一定规则和比例在各级政府之间进行分配；专享税，也称固定税，各税种划归至联邦、州或市镇政府，以作为其专享收入。

二、德国增值税的定义及发展

德国增值税是德意志联邦共和国政府对出售货物、提供劳务和进口业务征收的一种流转税。德国增值税始征于 1968 年，用以取代之前的累积性流转税和运输服务特种流转税。德国增值税的征税对象包括由企业销售的货物和提供的劳务；在征税区内出于私人原因而进行的交易；符合《公司所得税法》规定的联合体及个人团体进行的货物和劳务供应，不具有法人地位的个人团体和其他一些社团所进行的货物和劳务供应；进口业务。德国增值税的纳税人为具有应税交易的企业和所有从事进口业务的主体。德国增值税的税率分为标准增值税税率和特殊减低税税率两种：标准增值税税率为 19%，适用于一般交易和进口货物；特殊减低税税率为 7%，适用于某些列举的交易和劳务，如肉、鱼、牛、奶和其他奶制品、蛋、水果、咖啡、茶、人造奶油、糖、水、书报、合唱乐队和博物馆服务等。

为缓解 2019 年年底爆发的新冠疫情对经济造成的影响，德国政府出台了综合经济刺激计划，以确保就业并恢复经济运转。该计划规定，2020 年 7 月 1 日至 2020 年 12 月 31 日暂时将德国标准增值税税率从 19%降至 16%。该计划有效缓解了企业和消费者的负担，促进了消费和投资。2020 年 12 月 31 日，16%的低税率结束，自 2021 年 1 月 1 日起，增值税税率恢复到 19%。目前，德国政府决定继续采取措施，以支持企业和个人应对疫情带来的挑战，促进经济的可持续发展。

三、需要注册德国增值税税号的情况

德国增值税的征收范围包括德国境内产生的进口、商业交易及服务行为。根据德国增值税相关法规及欧盟远程销售相关法规，如果跨境电商企业满足下述任意一种情况，那么跨境电商企业就必须注册德国增值税税号，且需要按要求申报并缴纳税款。

(1) 使用德国本土仓库。如果跨境电商企业在德国境内设有海外仓储或使用德国本地仓库，即跨境电商企业的货物储存在德国仓库中，再从德国调发到德国各地，则需要注册德国增值税税号。

(2) 使用亚马逊仓储和代发货服务(Fullfillment By Amazon，FBA)的跨境电商企业。如果跨境电商企业使用了亚马逊 FBA 仓，且将货物从德国境外发送到亚马逊在德国的仓库中储存并销售，则必须注册德国增值税税号并进行税务申报。

(3) 远程销售额超过 10 万欧元。如果跨境电商企业将货物储存在德国以外的欧盟成员国，然后将货物直接发送给德国境内的最终买家，且年销售额超过 10 万欧元，则必须在德国注册德国增值税税号并进行税务申报。需要注意的是，10 万欧元的限额包括所有 OMP、其他销售平台及其他销售渠道中使用同一个德国增值税税号的账号的销售额。

(4) 对于在自发货的货物进行清关时选择包税的跨境电商企业。如果跨境电商企业从第三地(欧盟成员国以外的国家)向德国境内的消费者销售货物，且跨境电商企业或其代理人负责对所售货物在清关进行报税，则必须注册德国增值税税号并进行税务申报。

此外，德国增值税法不适用于布辛根地区、赫尔戈兰岛和特定的自由贸易区。

四、德国增值税税号的注册流程及所需材料

（一）德国增值税税号的注册流程

目前，德国税务局并未提供处理德国增值税税号的时限。根据以往经验，德国增值税税号注册时间为 2~6 个月不等，如果涉及历史税务问题，则需要更长时间。

注册德国增值税税号有以下三种渠道。

1. 通过邮寄的方式或网上注册的方式注册增值税税号

跨境电商企业可以通过德国税务局网站申请增值税税号注册表格，再由德国税务局向

跨境电商企业寄发增值税税号注册表格。跨境电商企业必须填写法人信息及企业信息，且需将填写完成并签字的注册表格寄还给德国税务局。德国税务局审核通过后，会将增值税税号寄给注册人。

2. 通过在德国税务局网站提交相关信息来注册增值税税号

如果跨境电商企业已经递交了增值税税号注册申请，则可以直接向德国联邦中央税务局（Bundeszentralamt für Steuern）获取增值税税号。该申请没有固定格式，但必须包含下述信息：申请人姓名及地址、申请号码及申请所递交的德国税务局办公室信息。

德国联邦中央税务局联系地址如下：Bundeszentralamt für Steuern, 66738 Saarlouis（Fax: 06831 456120）。

3. 委托第三方代理服务商代其注册增值税税号

跨境电商企业也可以委托第三方代理服务商代其注册增值税税号。

(二)注册德国增值税税号提交的材料及相关事项

1. 注册德国增值税税号需要递交的资料

(1)跨境电商企业增值税注册表。

(2)营业执照复印件、加盖企业公章的营业执照英文翻译版电子文档(需要翻译为英文或德文，还有可能需要经过公证处公证)。

(3)税收居民身份证明复印件。

(4)期望增值税生效的日期。

(5)国际汇款银行账户信息(账户名称需要与企业名称一致)。

(6)企业股东控股报告(股东多于一人时)。

(7)由企业法人签名并盖章的海关客户授权委托书(Power of Attorney，POA)

(8)如果已经在德国开展了销售业务，则需提供在亚马逊、eBay 或其他第三方电商平台的销售记录，以及跨境电商企业在第三方电商平台的注册号码等信息。

(9)如果使用第三方海外仓库，则需要提供与第三方海外仓库签订的合同。

(10)企业章程(需要翻译为英文或德文，还有可能需要经过公证处公证)。

2. 注册德国增值税税号后需注意的问题

跨境电商企业在办理德国增值税业务时，需要规范填写德国增值税税号和本企业信息。德国增值税税号，也称 USt-IdNr，通常以字母"DE"开头，后接 9 位阿拉伯数字。跨境电商企业应参考本企业德国增值税证书上的德国增值税税号和企业信息进行填写。

在注册完德国增值税税号后，跨境电商企业需要按照德国增值税的相关规定准备发票。跨境电商企业需要为买家提供准确的发票。其中，电子发票需要提供买家的真实签名。跨境电商企业需要保存为期 10 年的交易记录或账务。

五、德国增值税不合规的情况

如果跨境电商企业不遵守德国增值税法规、欧盟远程法规等相关要求，则德国税务局会将该问题告知跨境电商企业交易时所在的 OMP，并要求该 OMP 采取相应的限制措施。

在法律允许的范围内，各 OMP 将配合德国政府及相关部门，对可能存在增值税不合规的跨境电商企业及其账号进行调查。一旦收到德国税务局的通知，OMP 将对已被认定为不合规的跨境电商企业及其账号采取相应的限制措施。这些限制措施可能包括但不限于下架相关货物、限制刊登相关货物信息、限制将相关货物销售给德国买家等。

在德国经营的跨境电商企业每年都需要进行 13 次税务申报（包括 12 次月度申报和 1 次年度申报），且需要在每个月的 10 日之前完成税务申报工作。例如，1 月的增值税申报需要在 3 月 10 日之前提交给德国税务局。年度的增值税申报工作需要在次年的 5 月 31 日之前完成。如果在德国经营的跨境电商企业需要委托第三方进行税务申报，则每次委托税务申报的服务费为 2000～3000 欧元，因此一年的费用可能会超过 1 万欧元。德国对税收的管理非常严格，如果在德国经营的跨境电商企业未能及时申报和缴纳税款，则可能面临以下两种罚款。

（1）迟报罚款。当企业逾期申报税款时，德国税务局会根据超出的时间段和应纳税金额决定企业应缴纳的迟报罚款的金额。

（2）滞纳金。当企业逾期申报税款时，德国税务局会根据超出的时间段和应纳税金额决定企业应缴纳的滞纳金的金额。德国增值税可以追溯 4 年，如果涉及增值税欺诈，则可以追溯 10 年。

六、德国税务证书

（一）什么是德国税务证书

德国税法明确规定，自 2019 年 1 月 1 日起，电商平台将对其平台内跨境电商企业的偷漏税行为承担连带责任。任何在德国经营的跨境电商企业（包括德国境外的跨境电商企业和德国本地跨境电商企业）都必须出示德国税务证书，才允许在 Amazon、eBay 等电商平台上经营。

需要注意的是，德国税务证书并不是目前的德国增值税税号或税务识别号码，而且德国税务证书的有效期仅为三年。建立德国税务证书制度的主要目的是帮助德国税务局有效监督跨境电商企业的缴税行为，杜绝德国境外的跨境电商企业的偷税漏税问题。在德国税务证书的有效期内，德国税务局会对跨境电商企业的账户进行不定期抽查。如果发现跨境电商企业的账户内存在异常税务申报状况（如低报、漏报），则德国税务局将立即冻结跨境电商企业的账户、收回证书，并对异常税务状况进行严格审查。

（二）如何获得德国税务证书

根据德国税务局的合规化计划，自 2019 年 1 月起，中国跨境电商企业可以向德国税务局申请该证书。跨境电商企业申请德国税务证书的前提是必须拥有德国增值税税号（包括税务识别号码），并且无不良缴税记录（如故意低报、漏报），否则将无法获得德国税务局颁发的德国税务证书。

(三)申请德国税务证书需要的材料

(1)跨境电商企业法人的姓名;
(2)跨境电商企业的地址;
(3)跨境电商企业的电话号码、传真和邮箱;
(4)跨境电商企业在德国进行税务注册的证明,如果已完成税务注册则需同时提供相关税务局名称;
(5)德国增值税注册 ID;
(6)第三方税务服务商名称和地址(如适用);
(7)德国本地授权代理服务商名称和地址(只对非德国或非欧洲经济区协定成员国跨境电商企业有此要求);
(8)跨境电商企业已在经营或有意经营的电商平台清单,包括每个电商平台相关"识别信息"(如交易账户名称等);
(9)地点、日期、签名和公章(如果适用)。

在材料齐全的情况下,跨境电商企业可以把材料提交到德国税务局,大概 7 个工作日之后就可以收到由德国税务局颁发的德国税务证书副本。

(四)其他注意事项

跨境电商企业在上传德国税务证书副本的电子版文件时一定要注意,根据德国新法案的明确要求,上传税务证书副本的电子版文件时,该文件不得超过 4MB,并且必须是 PDF、GIF 或 PNG 格式文件,否则上传将失败。此外,德国税务局会针对跨境电商企业虚假伪造德国税务证书的行为进行严厉打击。如果发现有伪造痕迹或未在德国税务局系统备案的税务证书,将会冻结跨境电商企业的账户,并对该跨境电商企业进行全面查账处理。

七、德国增值税的计算及申报

(一)德国增值税的计算

德国的增值税计算方法与英国类似,只需考虑税率的变化即可。不同于英国和法国,德国的基本税率包括7%和19%两种。其中,7%的税率主要适用于书籍、报纸、食品和农产品等货物。其他大部分货物都适用19%的税率。如果销项税金额小于进项税金额,则申报时会出现留抵税额,一般情况下会将留抵税额存放在企业在税务局开设的账户里,以留作次月抵扣。如果企业的年销售额在 1.75 万欧元以内,则可以向税务局申请免缴增值税,但无法办理退税。

德国增值税的税款计算公式如下:

$$销售增值税 = [销售价格 \div (1+19\%)] \times 19\%$$

$$进口增值税 = (申报价值 + 运费 + 关税) \times 19\%$$

$$实际缴纳税金 = 销售增值税 - 进口增值税$$

（二）德国增值税的申报

跨境电商企业申报德国增值税时，需要准备如下材料：
(1) 税务专用财务报告；
(2) 月度销售汇总；
(3) 进口增值税纳税文件。

跨境电商企业在申报增值税时要据实申报，不能虚假申报。即使没有产生销售，跨境电商企业也必须向税务局提供零销售的证明，以作为申报依据。

本节总结： 本节对德国增值税进行了介绍，主要内容包括德国税制、德国增值税的注册、申报及缴纳，德国增值税的计算方法。在增值税计算方面，德国与英国类似，但需要注意的是税率的变化。值得一提的是，在德国经营的跨境电商企业需要注册德国特有的税务证书。

第四节 法国增值税

一、法国税收体系

法国税制是指法兰西共和国税收法规和稽征管理制度。法兰西共和国由法国本土和海外领土两部分组成。法国本土的企业必须完全遵照法国税法的规定纳税。位于法国海外领土的法属圭亚那、瓜德罗普岛、马提尼克、留尼汪和马约特岛的企业，通常遵照法国税法的规定纳税，但当地可能会根据具体经济情况和社会情况对相关税收规定进行适当调整。

法国的税收规则依照有利于企业投资、区域发展的目标而制定。法国奉行领土原则，只要外国企业在法国拥有常设机构，对于其在法国的所得，法国就要求该企业按照法国税法纳税。

法国税收总体上可分为三大部分，包括专业税收、个人税收和地方税收。专业税收主要包括对工商利润、非商业利润及农业利润所征收的税，如公司税、年包税、增值税、职业税、建筑土地税、非建筑土地税、办公税、视听税、印花税、企业车辆税、工资税、学徒税、职业继续培训税、建筑税等。

二、法国增值税的定义与税率

法国增值税是指法国政府对所有经济活动课征的一种流转税。增值税是法国经济学家 Maurice Lauré 于1954年提出的。法国是世界上最早开征增值税的国家，拥有一套较为完善的增值税计算、征缴体系。增值税在法国的率先使用取得了良好效果，表现出了税基宽广、税率简化、税负相对公平等诸多优点，在保证财政收入稳定增长、促进商品生产与流通、增强商品国际竞争力等方面发挥了重要作用。目前，法国政府有45%的收入来自增值税。增值税自1954年产生以来迅猛发展，在世界上得到广泛推广。

目前，法国增值税的税率主要有以下几种。

（1）一般税率为 20%。一般税率适用于大多数货物与服务，是目前绝大多数在法国有销售业务的跨境电商企业使用的税率。

（2）两种特殊低税率，10% 及 5.5%。10% 的税率适用于民用交通行业、住宿及带家具的房屋出租及分类露营场所、餐饮业、影院、博物馆、动物园、文化经典及展览等。5.5% 的税率适用于食品、廉租房建筑用地、残障人士社会福利住房、设备和服务、天然气和电力、清洁能源供暖、出版物、演出及部分改善住宅节能工程。

（3）特定优惠税率为 2.1%。特定优惠的税率适用于社会保障可报销的药品、向非纳税人出售用于屠宰和熟食的活体动物、电视许可费、某些节目和新闻在出版和新闻机构联合委员会注册的出版物。

三、需要注册法国增值税税号的情况

对于跨境电商企业而言，需要注册增值税税号的情况如下。

（1）跨境电商企业出售的货物储存在法国境内，包括亚马逊 FBA 仓、第三方仓库、自建仓等；

（2）跨境电商企业出售的货物储存在法国境外的另一欧盟成员国或地区（非法国），向法国境内买家销售货物，且每年向法国境内买家销售的货物的总金额超过 35000 欧元；

（3）跨境电商企业在法国境内成立公司，并从法国境内向法国买家销售货物，且每年通过所有销售渠道销售的货物的总金额超过 82800 欧元。

四、法国《反欺诈法规》中涉及增值税的部分

法国《反欺诈法规》于 2020 年 1 月 1 日起生效，其中与增值税相关的部分是申报义务和法国增值税合规性。

出于报告义务，对于在法国成立、在法国存放货物或向法国买家销售货物的跨境电商企业，电商平台需要与法国税务机构共享选定的数据，包括身份证明要素（如企业名称、电子邮件地址）、税务登记要素（如有效的税务信息和欧洲地区增值税税号，包括法国增值税税号等）、银行信息要素（如银行账户编码）和平台交易要素（如收入和交易数量）。

此外，法国《反欺诈法规》还规定，法国税务机构有权管控各电商平台暂停未满足法国增值税要求的跨境电商企业在该电商平台上销售货物，以及向法国买家销售货物。

五、法国增值税税号的注册流程及所需材料

（一）法国增值税税号的注册流程

（1）收集并整理注册材料；

（2）提交税务局；

（3）税务局审核通过后，将为跨境电商企业提供增值税税号/证书。

在法国，增值税税号/证书的审批流程通常需要 2~4 个月，如果跨境电商企业在法国有缴纳增值税的义务，则一定要尽早开展注册流程。

(二)注册法国增值税税号需要准备的材料

1. 基本资料

(1)填写完整的法国增值税注册表格；

(2)企业执行董事护照的彩色复印件(如果使用身份证作为注册资料，则必须提供姓名与出生日期的英文翻译文件)；

(3)企业执行董事的证明信息，证明信息包含的内容有注册资金、名字、地址等，且必须提供英文翻译；

(4)企业营业执照及其英文翻译文件；

(5)企业章程及其英文翻译文件；

(6)企业对公账号的银行对账单，银行对账单中的企业名称及地址必须提供英文翻译，并且银行对账单中必须注明账户货币类型、银行地址、银行账户、国际银行账户号码(IBAN)、银行识别代码(SWIFT/BIC)等信息；

(7)如果跨境电商企业在欧洲其他国家也注册了增值税税号及进出口登记号，则也需一并提供。

2. 其他信息

(1)电商平台法国站当年预估年销售额(以欧元为计算单位)。

(2)电商平台法国站的账号截图(截图中必须包含企业名称和注册地址)。

(3)填写完整的货物代理商检报告书，该报告书需用蓝色墨水笔填写。

(4)增值税税号的生效日期。增值税税号的生效日期主要取决于跨境电商企业之前是否在法国产生了增值税的下列注册义务：

① 跨境电商企业之前是否使用过法国的物流仓库(如使用过，则需要提供使用的起始日期)；

② 跨境电商企业从欧盟其他成员国对法国远程销售是否超过固定远程销售额阈值(目前该固定远程销售额阈值为 35000 欧元)。

如果跨境电商企业在开始进行法国增值税合规注册之前已经产生了在法国的应税销售，则跨境电商企业需要向法国税务局补缴历史税款。如果跨境电商企业尚未产生在法国的应税销售，如没有使用任何法国当地物流仓库，且远程销售尚未超过远程销售额阈值，则可使用填写资料的当日日期作为跨境电商企业的增值税税号期望生效日期，法国税务局可能将该日期作为增值税税号生效日期的参考日期。

六、法国增值税的计算及申报

(一)法国增值税的计算方法

法国增值税一般税率为 20%，适用于大多数货物与服务，是目前绝大多数在法国销售的跨境电商使用的税率。此外，跨境电商企业使用进出口登记号在法国清关时，进口税也可以抵扣销售税。法国增值税主要包括进口税、进口增值税、销售增值税。详细计算公式如下。

$$进口税 = 关税+进口增值税$$

$$商品关税 = 申报货值×产品税率$$

$$进口增值税 = (申报货值+头程运费+关税)×20\%$$

$$销售增值税 = [税后销售价格÷(1+税率)]×税率$$

$$实际缴纳的增值税 = 销售增值税-进口增值税-其他可抵扣金额$$

(二)法国增值税的申报

1. 申报时间

由于法国的申报周期属月度申报，因而跨境电商企业的第一个申报周期将是在增值税税号生效日期的当月，在月度结束后的19天内需完成增值税的申报及税金缴纳等工作。

例如，如果跨境电商企业的增值税税号生效日期为2023年5月5日，则第一个法国增值税申报周期为2023年5月(以2023年5月5日至2022年5月31日的销售数据为依据)，跨境电商企业需要在2023年6月19日前完成增值税的申报及税金缴纳等工作。

2. 财税代表制度

跨境电商企业需要注意的是，法国税务局对于非欧盟注册企业的增值税在税费支付环节方面有明确的要求，即"财税制度"。受法国税务局收款系统功能的限制，非欧盟注册企业如果直接打款到税务局账户，即使税务局收到款项，系统也无法识别该笔款项对应的申报记录，从而导致无法确认纳税人支付款项。基于此，非欧盟注册企业必须在法国指派具有法国本土银行账户的税务代理企业来进行税金的缴纳。非欧盟注册企业应首先与担任税务代理的企业签订委托函，并委托该税务代理企业授权税务局自动扣缴增值税。每次申报完成后，税务局将以自动划账的方式，从税务代理企业账户中扣款。

3. 申报种类

申报增值税时分为有销售收入与无销售收入两种情况：

如果无销售收入，则跨境电商企业需要进行零申报；

如果有销售收入，则跨境电商企业需要按其销售收入进行增值税的核算，并按时进行纳税申报。

需要注意的是，在进行有销售收入的申报时，跨境电商企业需要提供增值税交易报告(VAT Transaction Report)。

对于无销售的零申报，跨境电商企业需要提交总结(Summary)，并且要向税务代理企业提供跨境电商企业在所有电商平台上的销售报告表。为了方便及时申报，如果有零税率货物，则跨境电商企业需要分别提供销售数据，并要向税务代理企业准确提供销售数据。因为数据有误，则法国税务局有可能不允许税务代理企业再次提供或修改数据。此外，无论是零申报还是非零申报，跨境电商企业在申报增值税的过程中都需要注意增值税申报需符合法国的税法要求，且需要在法国税务局规定的期限内完成申报并按时缴税，否则将产生滞纳金和罚金，同时也会增加查账风险。

4. 申报流程

法国增值税的申报流程如图 6-5 所示。

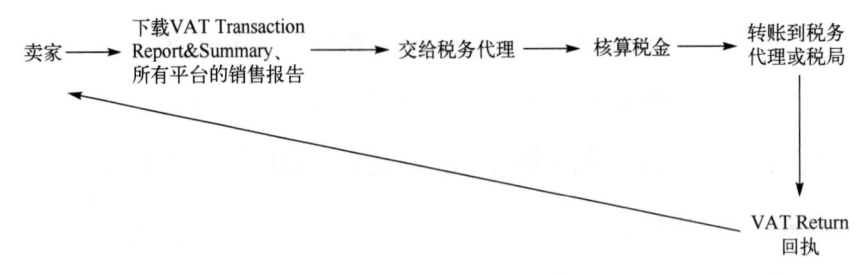

```
卖家 → 下载VAT Transaction Report&Summary、所有平台的销售报告 → 交给税务代理 → 核算税金 → 转账到税务代理或税局 → VAT Return 回执
```

图 6-5　法国增值税的申报流程

本节总结：本节介绍了法国增值税的相关内容，包括法国税制，法国增值税的税率、申报及缴纳，法国增值税的计算方法。法国《反欺诈法规》中明确规定违反增值税相关条款将会受到惩罚，因此跨境电商企业需要按照相关流程，按时、合规地完成增值税的注册、缴纳及申报，以免影响正常经营活动。

思 考 题

1. 简答题

(1) 增值税的定义是什么？

(2) 需要考虑注册并缴纳英国增值税的情况有哪些？

(3) 德国增值税如何申报？

(4) 注册法国增值税税号时需要准备哪些材料？

(5) 法国增值税税率主要有哪几种？分别适用于哪些商品？

(6) 通过查找资料，简答我国跨境电商企业享受退(免)税的条件有哪些？

2. 讨论题

欧洲增值税制度，以及其注册、申报等流程和中国有什么不同？欧洲的税制改革有什么优点？对中国有什么启示？

第七章

美国跨境电商销售税

📚 **本章概览**

```
                            ┌─ 第一节 美国税制体系与销售税概述 ─┬─ 一、美国税制体系
                            │                                └─ 二、美国销售税概述
                            │
                            │                                ┌─ 一、美国跨境电商销售税的发展
                            ├─ 第二节 美国跨境电商销售税概述 ─┼─ 二、影响美国跨境电商销售税的四个重要诉讼案
第七章 美国跨境                                                └─ 三、美国跨境电商销售税新政
电商销售税    ─┤
                            ├─ 第三节 美国销售税税收流程及相关计算 ─┬─ 一、美国跨境电商销售税税收流程
                            │                                    └─ 二、美国销售税相关计算
                            │
                            │                   ┌─ 一、(联邦及地方)公司所得税
                            └─ 第四节 美国其他税收 ─┼─ 二、个人所得税
                                                └─ 三、关税
```

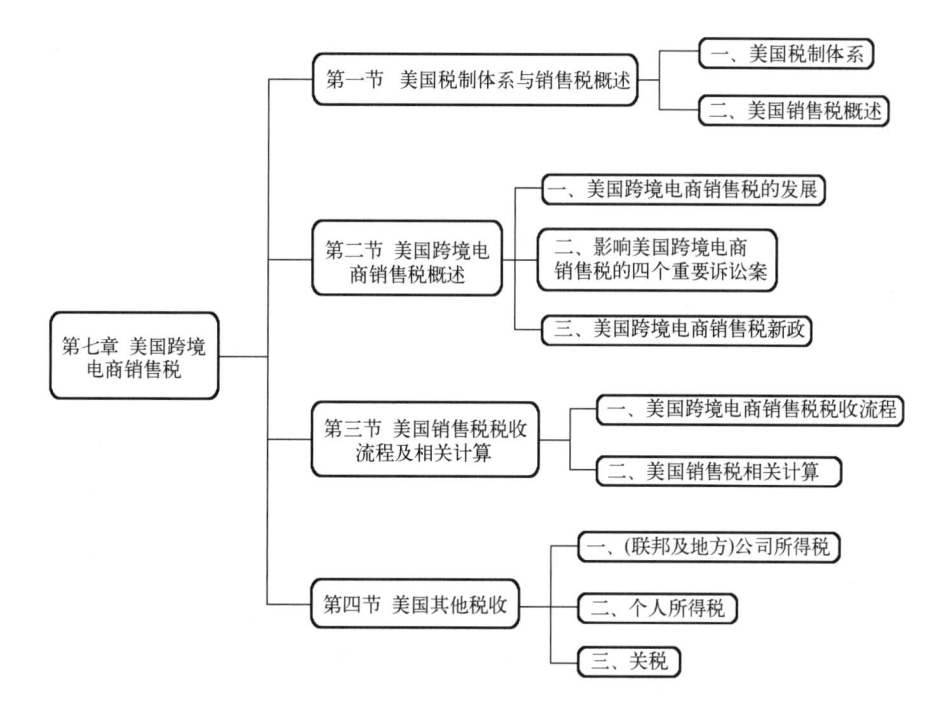

📝 **学习目标**

1. 了解美国税制体系，掌握销售税的概念及特点；
2. 了解美国跨境电商销售税发展历程、美国跨境电商销售税新政内容、各州新规定的经济联系门槛，以及具体销售税率；
3. 掌握美国销售税的注册、申报、缴纳流程及相关计算方法；
4. 了解美国其他税收的情况，包括公司所得税、个人所得税及关税。

第一节 美国税制体系与销售税概述

一、美国税制体系

美国税制是指美利坚合众国的税收法规和稽征管理制度。作为联邦制国家，美国的税制体系分为联邦、州和地方三个独立层级。联邦政府、州政府和地方政府均有独立的税制体系，彼此之间在税收征管、人员和经费管理等方面没有行政隶属关系。美国的税制体系以所得税为主体，同时辅以其他税种。目前，美国的主要税种包括个人所得税、公司所得税、社会保险税、遗产赠与税、销售税和消费税等。

美国所实行的联邦制的税制体系最大的特点是分权，其主权由联邦政府和各州政府分享。联邦政府主要负责国防、外交与国际事务、对州政府及地方政府的补助、对社会保障支出等。相对而言，州政府和地方政府的自主权相对较大，负责失业救济、基础设施建设、公共教育支出等内容。各级政府的权力由宪法、法律等规定，只需向本辖区的选民负责，而无须向上级政府负责。联邦政府、州政府和地方政府三级政府都有相对独立的征税权，形成了联邦税、州税、地方税的税制体系。联邦政府和州政府的税源基本相同，州政府和地方政府有较大的税收管理权。

总体而言，美国的联邦政府、州政府和地方政府的税制相对独立，且占比相对稳定，分别为65%、20%和15%。需要注意的是，尽管税源基本相同，但各级政府的事权划分重点不同，因此导致对应的税收结构存在巨大差异。

(1) 联邦政府税收以个人所得税及社会保险税为主要来源。联邦政府税收由所得税（个人所得税、企业所得税）、社会保险税、消费税、遗产与赠与税、关税等组成。2020年，联邦政府税收占联邦政府总收入的96.1%，占GDP的15.7%。其中，个人所得税在联邦政府税收中占比最高，为47%，其次是社会保险税，占比为38.3%，第三名是企业所得税，占比为6.2%。值得注意的是，联邦政府个人所得税采取超额累进征收制度，是联邦政府最重要的税收来源，而地方政府个人所得税一般是定率征收，税率相对较低。此外，关税涉及国家主权，是联邦政府独征的税种，州政府和地方政府不能征收。

(2) 州政府税收以个人所得税和销售税为主要来源。2020年，美国政府税收为1.1万亿美元，其中州政府税收的主体税种是个人所得税、销售和总收入税，分别占州政府税收总额的38.4%和30.8%。

(3) 包括房地产在内的财产税是地方政府税收的主要来源。2020年财产税占地方政府税收的比例高达82.7%。此外，销售税和个人所得税的占比分别为10.9%和5.2%。

美国的税收具有如下特点。

第一，强制性。税收是国家以社会管理者的身份，凭借政权力量，依据政治权力，通过颁布法律或政令进行强制征收的。负有纳税义务的社会集团和社会成员，都必须遵守国家强制性的税收法令，在国家税法规定的限度内，纳税人必须依法纳税，否则就要受到法律的制裁，这是税收具有法律地位的体现。

第二，无偿性。国家征税后对具体纳税人既不需要直接偿还，也不需要付出任何直接形式的报酬。通常，纳税人从政府支出所获利益与其支付的税款并没有对应的比例关系。

第三，固定性。国家通过法律形式预先规定征税对象及征收比例等税制要素，并保持相对的连续性和稳定性。当然，税制要素的具体内容也会因经济发展水平、国家经济政策的变化而进行必要的调整，但需要通过法律形式事先规定，而且调整后要保持一定时期的相对稳定。

二、美国销售税概述

销售税，又称"营业税""交易税""商品流通税""一般销售税"，是以商品的销售额为课税对象，按照统一税率征收的一种流转税。对于经营美国市场的跨境电商企业而言，销售税是其大概率需要缴纳的税种。

(一)美国销售税简介

销售税的全称是"销售和使用税"（Sales &Use Tax）。一般而言，销售税是美国州政府和地方政府对货物或服务，按其销售价格的一定比例课征的一种税。由卖方负责向买方收取销售税并向税务机关申报和缴纳。

由于美国联邦制的特殊性，州政府及地方政府的税法由州议会和地方议会制定，各级政府都有自己的税务机关，拥有独立的立法权、执法权。这就意味着，凡是美国宪法没有禁止的税收立法行为，州政府及其管辖下的政府都可以在无须获得联邦政府授权或批准的情况下，按照履行事权的需要，开征任何本地区选民认为必要的税收。因此，各州政府对于销售税的征收规定各有不同。

美国销售税征收情况非常复杂，这也催生了一些帮助企业进行税收管理的税收咨询公司。数字经济时代，交易成本的下降为跨境电商企业降低了市场准入门槛，我国有越来越多的中小企业加入了跨境电商行业。然而，复杂的税收制度给我国跨境电商企业带来了难题，稍有不慎便可能面临严苛的惩罚，这也给我国跨境电商企业带来了潜在的经营风险。

(二)美国销售税特点

1. 零售税

销售税属于零售税，是对在州政府辖区内买家购买货物、服务和劳务所征收的税。销售税的覆盖范围非常广，除法律规定的部分免税货物(如部分食品、药物和教科书等)外，几乎所有买家的购物支出都包含一定比率的销售税。销售税的征收对象为最终买家，卖家代替地方政府行使收税的权利，并按照规定定期缴纳代为收取的税款。

2. 地方税

销售税不是联邦政府税，而是州政府税和地方政府税，由州政府和其管辖下的地方政府(郡县、市镇村)联合征收，联邦政府不征收销售税。州政府和地方政府对于销售税的法律规定有着高度自治权，具体内容均由各州政府和地方政府自行确定，因此各个州的税收范围及税率不尽相同，且有些州允许州政府及其管辖下的地方政府一起捆绑征收销售税。

(三)美国销售税与欧洲增值税的区别

从本质上讲，销售税与增值税都属于流转税，但销售税是一种价内税，即计税依据中包含了销售税的税额；而增值税则是一种价外税，即计税依据中不包含增值税的税额。销售税的绝大多数应税货物只在货物销售环节中一次性征税，而增值税则在货物的生产、销售、流通等各环节分别征税。

从征收对象来看，美国的销售税和欧洲的增值税的最终征收对象相同，都是由最终买家缴纳。然而，在电商平台上，美国的销售税和欧洲的增值税采用不同的征税模式。

通常，在美国相关电商平台上，跨境电商企业为货物标注的销售定价是不含税的价格。在销售货物时，电商平台会根据每个州的不同税率，将相应的销售税额添加到货物的价格中。买家在购买货物时，支付的价格为含税价格。当货物被售出后，电商平台会直接扣除货物的销售税，因此跨境电商企业收到的货款是其最初为货物确定的不含税的金额。在这种情况下，似乎亚马逊或其他电商平台收取的销售税与跨境电商企业没有直接关系。然而，跨境电商企业仍需根据销售额如实申报销售税，以便州政府了解电商平台代表跨境电商企业所缴纳的税款。

相比之下，在欧洲电商平台上，跨境电商企业在电商平台上为货物标注的销售定价被默认为都是含税价格。因此，买家在电商平台上购买货物时，实际支付的金额即为跨境电商企业为货物标注的销售定价。如果跨境电商企业未将增值税额核算在成本以内，则电商平台可以通过代扣代缴的方式，直接扣除货物的销售增值税。因此，跨境电商企业收到亚马逊或其他电商平台的回款时，已扣除了20%增值税，导致看似销售利润直接被减少了20%。

由此可知，虽然美国销售税和欧洲增值税都由最终买家缴纳，但这两种不同的征收方式导致了跨境电商企业对货物定价模式的不同。

本节总结：本节主要介绍了美国税制体系。从整体结构来看，美国联邦政府、州政府、地方政府的税制相对独立，各级政府事权划分侧重点不同，导致对应的税收结构迥异。本节还对本章的主要内容——销售税的基本概念及特点进行了详细介绍。销售税是以货物的销售额为课税对象，按照统一比例税率征收的一种流转税。销售税既属于零售税，也属于地方税。

第二节 美国跨境电商销售税概述

一、美国跨境电商销售税的发展

(一)美国电子商务的发展

作为电子商务的发源地，美国是电子商务普及率领先的国家之一，电子商务业务早已渗入美国社会经济的各个角落。美国电子商务发展迅速、市场庞大，对促进经济增长产生了巨大影响。目前，在全球所有电子交易中，大约有50%以上的电子交易都产生在美国，电子商务已成为拉动美国经济复苏、优化经济结构的引擎。美国电子商务的高速发展不仅依赖于其经济基础优势及互联网的高度普及，还离不开政府的高度重视、积极推动和大力引导。

美国政府对电子商务的发展给予了巨大帮助，并从基础设施、税收政策引导、市场环境等方面加以推动。早在1993年，美国政府就将互联网发展提升为国家战略，实施了"信息高速公路"计划，实现了社会经济信息共享，形成了"数字社会"的概念，促进了美国互联网信息科技高速发展。这一战略极大地降低了商贸交易、信息传递成本，使美国经济得以维持增长。同时，美国政府积极推进电子商务的全球自由贸易，通过互联网开辟了国际贸易自由区和免税区，将信息科技几乎垄断的优势转化为商贸优势。电子商务发展推动了全美经济持续增长。

美国政府推进电子商务发展的另一个表现是成立电子商务征税的相关机构。早在1995年，美国就成立了跨部门的电子商务管理协调机构——电子商务工作组。该机构的组长为副总统，成员由商务部、财政部、司法部、小企业管理局等部门组成，专门研究与制定电子商务税收政策，确立电子商务税收政策基本方针。为避免决策的盲目性，该机构分别委派三个政府机构为其提供决策参考：一是美国普查局，负责全美电子商务战略规划、数据收集统计等工作；二是美国经济分析局，负责建立行动计划、重点分析产业增长与税收变动效应、记录分析电子商务对美国及全球经济影响；三是美国劳工统计局，负责电子劳务商务统计。该机构通过大数据处理技术，以应对电子商务海量信息，为美国制定电子商务税收政策提供了科学合理的依据，从而避免了决策的盲目性。

（二）美国电子商务税收政策的发展历程

自20世纪90年代初美国总统克林顿提出建设"信息高速公路"以来，美国历届政府都高度重视电子商务的政策法规的制定，出台了一系列有关电子商务的政策措施。1993年，美国政府大力发展互联网事业，通过免征虚拟产品关税的方式，使美国企业基于税收方面的优势获取了巨大利润。1995年，美国政府电子商务工作组研究并制定了与电子商务相关的税收政策，构建了适用于电子商务发展的稳健、简单的法律环境。1996年，美国财政部发布《全球电子商务选择性税收政策》白皮书，这是第一份由美国政府公开发布的关于电子商务税收的文件。该文件规定，在电子商务征税过程中不开征新的税种，对于类似的交易行为和收入都要采用相同的税收政策，即对电子商务采取中性原则。美国采取这种做法的优点在于，无论采取哪种交易方式，税收政策都是相同的，从而避免了交易双方对交易方式的选择，简化了交易程序，防止了因交易方式无法达成一致而带来的经济损失。1997年，美国总统克林顿为给跨境电商营造了足够自由的发展环境，发布了《全球电子商务框架》，确立了税收中性、透明、与现行税制及国际税收一致的原则。1998年，美国国会通过了《互联网免税法案》，提出了连续三年免税、避免多重课税或税收歧视、属地征税等原则。虽然该法案的有效期限只有三年，但在2001年、2003年、2007年，美国政府针对该法案进行了多次有效期限的延长和部分内容的修改，而且这几次修改都没有改变对电子商务免征税的初衷。2004 年,美国国会通过了《互联网税收不歧视法案》,再次延长了《互联网免税法案》的有效期限,扩大了免缴互联网接入服务税的范围。尽管《互联网免税法案》已被很多人接受,但也存在着反对的声音。反对该法案的主要原因包括:免征电子商务的销售税会对传统商务带来很大影响,违背了税收公平的原则;免征电子商务的销售税会导致地方政府的相关收入减少;免征电子商务的销售税还涉及国际税收管辖权问题,受到许多国家的反对。2011 年,部分参议员向美国国会提出了《市场公平法案(2011)》。《市场公平法案(2011)》要求线上零售商要与线下零售商在公平的环境下进行竞争。虽然《市场公平法案(2011)》没有被国会通过,但获得了广泛的支持。随着关于公平竞争的争议不断增多、电子商务给社会竞争带来的不公平现象逐渐增加,以及政府税收的不断下滑,美国政府最终对电子商务进行了征税。2013 年,美国参议院通过了《市场公平法案》,在简化各州政府征税法规前提下,开始对电商企业征收地方政府销售税。

总体而言,美国的电子商务税收政策经历了从免税到征税的转变,并在争议和实践中不断完善。

(三)美国跨境电商关税的发展

在克林顿总统任职期内,美国于 1997 年和 1998 年分别发布了《全球电子商务框架》和《互联网免税法案》。发布这些文件的目的是,避免跨境电子商务受到贸易壁垒的冲击,应对跨境电子商务产品免征关税问题,积极鼓励其他国家和经济组织采取同样的措施,实行免征关税的网上贸易制度。

2008 年是美国经济发展的转折点,金融危机突发,各州政府和地方政府的财政相继告急。一方面美国政府需要大量资金来支撑公共服务、维持日常开支,另一方面,对跨境电子商务免征关税造成了税收的大量流失。由于税收是各级政府收入的主要来源,因此各级政府对于税收非常重视。一些州政府为了保证财政收入,力求突破免征关税的限制,从立法层面确定对跨境电子商务征收关税的合法性。亚马逊一直都是美国最大的跨境电子商务交易平台,销售额逐年增长,是免税政策的最大受益者。因此,在对跨境电子商务征税之初,人们都把这种税收称为"亚马逊税"。2009 年,纽约州政府制定了《电子商务法案》,拉开了在美国征收"亚马逊税"的序幕。

对跨境电子商品征收"亚马逊税"后,美国将电商商品按照货物价值分为三类,并采取不同的监管方式。

对于用于非商业目的的货物,以 2500 美元作为界定值,如果跨境商品交易额低于此金额,则采取"非正式报关"程序,海关等相关部门向纳税人征税后当场予以通过。其中,对于价值低于 200 美元的货物,海关部门会随机抽查,这样做的目的是确保货物申报的价格无误,无须另行报关即可直接通过。如果货物超过 2500 美元,则跨境电商企业需要采用"正式报关"的形式向海关报关。

对于用于商业目的的货物,美国另有一套征收标准,起征税金额比非商业目的的货物低很多。电子书籍、电子课程等货物只是借助互联网平台传输而没有具体的可以拿到手的实物,因此这类货物在美国被归类为"无形商品"。对于这类"无形商品",海关暂不征收"网络进入税"。美国海关对禁/限进口货物的一些规定也同样适用于跨境电子商务货物。

作为全球跨境电子商务起步最早且发展速度最快的国家，美国在跨境电子商务发展初期采取免征税收政策，使其免受贸易壁垒的冲击，实现了快速发展。然而，对跨境电商免征关税也必然会影响州一级政府的财政收入。在经济不景气的情况下，美国各州政府对跨境电子商务征税的呼声越来越高，部分州政府已经开始征收电子商务税。美国跨境电商从免税到征税，各项政策不断调整和优化，在实行适当的税收优惠的同时，也实行了科学的管理制度。

二、影响美国跨境电商销售税的四个重要诉讼案

在处理销售税案件时，美国最高法院通常遵循两个条款：正当程序条款和贸易条款。根据正当程序条款，当跨境电商企业在某州的商业活动构成"最小关联关系"(Nexus)后，该州可以要求该跨境电商公司代收代缴销售税。根据贸易条款的商业保留司法原则，凡是国会没有立法规范的跨州贸易领域，各州政府可以进行立法规范，但是各州政府在立法时需要满足两个条件：一是不能直接歧视州外竞争者；二是不能对州际贸易造成不合理的负担，不能妨碍商业活动的州际自由流动。

美国实行判例法，法院在判决时需要遵循先例，即先例判决对法院之后处理的同类案件具有法律约束力。对于特定事项，如果国会没有立法，联邦法院的司法判例会影响各州立法。美国历史上有四个重要的诉讼案件对跨境电商销售税产生了影响，它们分别是 Bellas Hess 案、Complete Auto Transit 案、Quill Corp 案及 Wayfair 案。

（一）Bellas Hess 案

1967年，Bellas Hess 公司起诉伊利诺伊州(Illinois)政府违宪。在此案中，最高法院认为，如果卖家仅通过公共物流或邮寄的方式向买家销售货物，则州政府不能据此要求卖家代征销售税，否则将违反正当程序和贸易条款所要求的"最小关联关系"。Bellas Hess 公司的业务是通过邮寄货物介绍图册，招揽买家通过电话下单，并通过物流寄送货物给买家。最高法院裁定 Bellas Hess 公司与伊利诺伊州政府不构成"最小关联关系"，同时，要求外州公司代收代缴销售税的合规负担也过于沉重，此案最终判决 Bellas Hess 公司胜诉。在该案中，最高法院在解释如何构成"最小关联关系"时，引入了"物理存在"(physical presence)的概念。最高法院认为，根据贸易条款，如果某企业在该州内没有"物理存在"，则该州政府就不能要求该企业代征销售税。按照"物理存在"的原则，外州企业只有在某一州有"物理存在"时，如有仓库、办公室、雇员等，才需要向该州买家代收代缴销售税。

（二）Complete Auto Transit 案

1977年，在 Complete Auto Transit 案中，法院确立了四项原则，以用来综合判断各州政府是否对州际活动征收税款。具体而言，法院认可满足以下四项原则的州际征税：原则一，实质"联系"(Nexus)，即征税州和应税商业活动之间存在实质性联系；原则二，非歧视，州内和跨州的税收不应因存在差别而形成歧视性待遇；原则三，公平分摊，仅对可

以分摊至税收辖区内的经济活动征税；原则四，与州政府提供的公共服务存在直接的关系，卖家享受了州政府所提供的公共服务，如警察的保护、基础建设等，该项原则直接构成征税权的基础和正当性。这些原则限制了州征税权的边界，要求被征税的交易或对象与该州存在实质性联系，并且要求税收公平合理分配，以避免州际贸易的不公正税收负担。

（三）Quill Corp 案

1992 年，北达科他州税务机关要求 Quill Corp 补缴过去三年未代征的销售税。然而，该公司是位于特拉华州的公司，在北达科他州没有"物理存在"，仅通过宣传手册、电话营销等方式销售货物。该争议案件最终被提审到最高法院，最高法院在 1992 年的判决书中确认了"'物理存在'只是构成关联关系的一种情况"，并根据"不能给跨州贸易增加过重负担"的贸易条款原则，判决 Quill Corp 胜诉。在该案中，最高法院主要从是否符合宪法正当程序和贸易条款两方面展开论证。根据正当程序条款，该案承认"最小关联关系"不等同于"物理存在"，且构成关联关系的情况远不止"物理存在"这一种。Quill Corp 的销售活动面向北达科他州的居民，产生的税收与 Quill Corp 从该州获取的利益相关联，因此，其联系程度符合正当程序条款的要求。根据商业保留条款，1992 年美国互联网行业刚刚起步，最高法院认为这个时候要求外州的互联网企业代收销售税，合规成本太高，会阻碍互联网经济的发展。此外，当时北达科他州政府准备向 Quill Corp 追溯过去三年的销售税，税额巨大，互联网经济可能由此遭受重创。出于以上这些方面的考虑，最高法院最终判决 Quill Corp 胜诉。然而，最高法院在案件判决书中只说明了"除'物理存在'之外，还有其他情况也能构成'最小关联关系'"，并没有具体说明这些"其他情况"都是什么。这就导致在后来的一段时间里，人们仍然简单地认为只有"物理存在"才能构成"最小关联关系"。

（四）Wayfair 案

2018 年 6 月 21 日，美国联邦最高法院在南达科他州诉 Wayfair 案中，以 5∶4 票推翻了既往 Quill Corp 案和 Bellas Hess 案中确立的"物理存在"规则，并将 Wayfair 案与最高法院以往判决不一致的部分发回原审法院重新审理。根据判决，南达科他州政府要求州外零售商在向该州销售货物时代为征收销售税的法律不违反宪法。该案结束了长期以来电商企业没有"物理存在"就不需要代收代缴销售税的历史。尽管该判决只针对销售税中是否必须考虑"物理存在"这一规则，但其对于传统联系因素而言有了重大突破，在美国产生了广泛的影响。从这个方面来看，此税案对于全球范围内的数字经济课税具有风向标意义。

由此可见，Wayfair 案之前的三个诉讼案的判例，由于基于税收领域的"物理存在"规则，对各州政府针对电商跨州销售征收销售税形成了制约。在电商经济不断发展的背景下，Wayfair 案的判决推翻了税收领域的"物理存在"规则，从而导致外州企业即使在本州内没有设立实体，在满足一定条件下也需要缴纳销售税。

三、美国跨境电商销售税新政

在 2018 年 6 月 21 日的 Wayfair 案中，美国最高法院推翻了 1992 年的一项裁定，宣布美国各州和地方政府有权针对互联网零售商的跨州销售征收销售税。新法案的推出打破了不对电商企业征税的原则，也就意味着电商企业的避税胜地不复存在。同时，美国《经济联系法》也正式生效，这标志着美国跨境电商销售税新政正式执行。

（一）销售税关系（Sales Tax Nexus）

"销售税关系"定义了征税管辖区（州）与实体（企业）之间的关系等级。在建立这种关系之前，征税管辖区不能向实体收取销售税。"销售税关系"主要由美国宪法认定，其中程序条款要求州政府与其要征税的实体之间存在明确的联系或最低限度的联系，且根据商业条款要求，这种联系是实质上存在的。

在 Wayfair 案中，最高法院取消了商业条款中的"物理存在"规则，将"联系"作为征税管辖区内的标准。如果企业符合某些经济门槛，则各州政府有权要求互联网零售商和其他在其所在州没有实体存在的远程零售商征税。当然，"物理存在"会创造"联系"，并且是确定"联系"的首要考虑因素。许多州政府颁布了新的经济联系立法以帮助企业解决此问题。

美国的 50 个州的州政府对于"联系"没有具体的共同定义。此外，确定"销售税关系"的定义和规则也在不断变化。大多数州政府在定义"销售税关系"时都较为谨慎，并都给本州预留了一些回旋余地。这意味着跨境电商企业在确定"销售税关系"时必须查看每个州的政策，并且必须始终掌握一系列不断变化的法规和解释。

以下是大部分州政府认同"销售税关系"时考虑的因素。

（1）办公地址：永久或暂时、直接或间接地维持、占用或使用办公地点、仓库或储存地点。因此，跨境电商企业需要判断自己是否在该州设有办公室、仓库或其他实际存在的场所。

（2）人员：在互联网零售商或其子公司的授权下，在该州临时或永久拥有雇员、代表、代理商、销售员或律师等。因此，跨境电商企业需要判断在该州是否有雇员、代表、代理商、销售员或其他人员在为本企业工作。

（3）经济联系：在该州产生的收入或达到的交易额。虽然跨境电商企业在该州没有实体存在，但是如果满足以下条件之一，则仍应缴纳销售税：达到在该州交付的应税商品的销售总额超过 100000 美元或每年交易笔数超过 200 笔。值得注意的是，经济联系门槛在不同州也会有所不同。

对于"销售税关系"的定义，在不同的州略有出入。因此，对于跨境电商企业来说，确定"销售税关系"的最好的方法是，跨境电商企业确定经营时的所在州，并根据该州政府提供的官方信息进行确认。例如，科罗拉多州的"科罗拉多州 Nexus 指南"、亚利桑那州的"亚利桑那州 Nexus 指南"等都详细介绍了满足本州"销售税关系"的条件。

（二）美国各州跨境电商销售税新政情况

1. 美国各州的经济联系门槛及注册时间规则

在征收销售税的州中，大多数的州政府将销售额 100000 美元或 200 笔交易设置为经济联系门槛。然而，也有一些州的经济联系门槛设定得比较特殊。例如，加利福尼亚州的经济联系门槛最高，为50万美元。又如，康涅狄格州和纽约州的经济联系门槛则不是两个条件满足其一即可的这种形式，而是需要同时满足两个门槛条件：康涅狄格州的经济联系门槛为100000美元的销售额及200笔交易；纽约州的经济联系门槛为500000美元的销售额及100笔交易。另外，亚拉巴马州的经济联系门槛不仅有250000美元的销售额要求，还有一些指定活动，具体可在亚拉巴马州州政府官方网站查询。同时，各州政府对于跨境电商企业超过经济联系门槛后注册销售税许可证的时间规定也不尽相同。因此，跨境电商企业需要仔细查阅各州政府的具体政策，以免错过注册时间而受到处罚。

美国各州的经济联系门槛及需要注册销售税许可证的时间如表7-1所示。

表7-1 美国各州的经济联系门槛及需要注册销售税许可证的时间

州名	生效日期	经济联系门槛	超过经济联系门槛需要注册销售税许可证的时间
亚拉巴马州	2018.10.1	250000美元及指定活动	超过经济联系门槛年份的1月1日
阿拉斯加州	各城市不同	100000美元或200笔交易	市或行政区采用政策之日起30天后的每月第1天
亚利桑那州	2019.10.1	100000美元	超过经济联系门槛的当月第一天
阿肯色州	2019.7.1	100000美元或200笔交易	下一笔交易
加利福尼亚州	2019.4.1	500000美元	超过经济联系门槛的当天
科罗拉多州	2019.5.31	100000美元	超过经济联系门槛的当月90天后的第1天
康涅狄格州	2018.12.1	100000美元和200笔交易	超过经济联系门槛的当年10月1日
特拉华州		无销售税	
哥伦比亚特区	2019.1.1	100000美元或200笔交易	下一笔交易
佛罗里达州	2021.7.1	100000美元	下一笔交易
佐治亚州	2020.1.1	100000美元或200笔交易	下一笔交易
夏威夷州	2018.7.1	100000美元或200笔交易	超过经济联系门槛后的下个月的第1天
爱达荷州	2019.6.1	100000美元	
伊利诺伊州	2018.10.1	100000美元或200笔交易	超过经济联系门槛后的下一季度
印第安纳州	2018.10.1	100000美元或200笔交易	超过经济联系门槛后立即注册
艾奥瓦州	2019.1.1	100000美元	超过经济联系门槛后的下个月的第1天
堪萨斯州	2021.7.1	100000美元	下一笔交易
肯塔基州	2018.10.1	100000美元或200笔交易	超过经济联系门槛后的60天内
路易斯安那州	2020.7.1	100000美元或200笔交易	超过经济联系门槛后的30天内
缅因州	2022.1.1	100000美元	下一笔交易
马里兰州	2018.10.1	100000美元或200笔交易	超过经济联系门槛后的下个月的第1天
马萨诸塞州	2019.10.1	100000美元	超过经济联系门槛两个月后的第1天
密歇根州	2018.10.1	100000美元或200笔交易	超过经济联系门槛后的下一年1月1日
明尼苏达州	2019.10.1	100000美元或200笔交易	超过经济联系门槛后的60天内
密西西比州	2018.9.1	250000美元	下一笔交易
密苏里州	2023.1.1	100000美元	超过经济联系门槛后的三个月内
蒙大拿州		无销售税	
内布拉斯加州	2019.4.1	100000美元或200笔交易	超过经济联系门槛后下个月的第1天
内华达州	2018.11.1	100000美元或200笔交易	超过经济联系门槛30天后的下个月的第1天

续表

州名	生效日期	经济联系门槛	超过经济联系门槛需要注册销售税许可证的时间
新罕布什尔州	无销售税		
新泽西州	2018.11.1	100000 美元或 200 笔交易	下一笔交易
新墨西哥州	2019.7.1	100000 美元	超过经济联系门槛后的下一年 1 月 1 日
纽约州	2018.6.21	500000 美元和 100 笔交易	超过经济联系门槛后的 30 天内
北卡罗来纳州	2018.11.1	100000 美元或 200 笔交易	下一笔交易
北达科他州	2018.10.1	100000 美元	超过经济联系门槛后的 60 天内或下一年，以较早者为准
俄亥俄州	2019.8.1	100000 美元或 200 笔交易	下一笔交易
俄克拉何马州	2019.11.1	100000 美元	超过经济联系门槛后的下个月
俄勒冈州	无销售税		
宾夕法尼亚州	2019.7.1	100000 美元	超过经济联系门槛后的下一年 4 月 1 日
罗得岛州	2019.7.1	100000 美元或 200 笔交易	超过经济联系门槛后的下一年 1 月 1 日
南卡罗来纳州	2018.11.1	100000 美元	经济联系建立后第二个月第 1 天
南达科他州	2018.11.1	100000 美元或 200 笔交易	下一笔交易
田纳西州	2020.10.1	100000 美元	超过经济联系门槛后的第三个月的第 1 天
得克萨斯州	2019.10.1	500000 美元	超过经济联系门槛后的第四个月的第 1 天
犹他州	2019.1.1	100000 美元或 200 笔交易	下一笔交易
佛蒙特州	2018.7.1	100000 美元或 200 笔交易	超过经济联系门槛后的下个月的第 1 天
弗吉尼亚州	2019.7.1	100000 美元或 200 笔交易	下一笔交易
华盛顿州	2018.10.1	100000 美元	超过经济联系门槛后的下个月的第 1 天
西弗吉尼亚州	2019.1.1	100000 美元或 200 笔交易	下一笔交易
威斯康星州	2018.10.1	100000 美元	下一笔交易
怀俄明州	2019.2.1	100000 美元或 200 笔交易	下一笔交易

数据来源：根据美国销售税研究所官网资料及美国各州政府官方网站整理。

2. 美国各州销售税税率

美国销售税通常为综合销售税（Combined Sales Taxes），由每个州的固定的州销售税（State Sales Taxes）及不同地区的地方销售税（Local Sales Taxes）加总组成，这就造成了即使在同一个州内，不同地区的销售税也存在差异。从表 7-2 中可以看出，美国共有五个州不征收州销售税，分别是阿拉斯加州、特拉华州、蒙大拿州、新罕布什尔州、俄勒冈州。值得注意的是，阿拉斯加州州政府虽然不征收州销售税，但在阿拉斯加州内的部分地方政府则会征收地方销售税，这就意味着买家在阿拉斯加州购物时并不是完全免除销售税的。而有些州征收州销售税，但州内的各地方政府不征收地方销售税，例如，印第安纳州、肯塔基州等。因此，在对销售税进行考量时，需要将州销售税及地方销售税综合起来考量。有很多州的州销售税并不高，但是地方销售税极高，所以综合销售税也比较高。例如，路易斯安那州，其州销售税的税率为 4.450%，在美国位于中游水平，但其平均地方销售税的税率达到了 5.070%，因此路易斯安那州的综合销售税的税率为 9.520%，是全美第二高的税率。当然也有相反的例子，加利福尼亚州的州销售税的税率排名全美第一，高达 7.250%，但是在考虑地方销售税的税率后，综合销售税的税率仅排名第 9 了。

表 7-2 美国各州的销售税税率

州名	州销售税税率	地方销售税税率范围	平均地方销售税税率
亚拉巴马州	4.000%	0~9.000%	5.220%
阿拉斯加州	0	0~7.850%	1.760%
亚利桑那州	5.600%	0~7.300%	2.800%
阿肯色州	6.500%	0~6.125%	3.010%
加利福尼亚州	7.250%	0~3.250%	1.430%
科罗拉多州	2.900%	0~8.300%	4.820%
康涅狄格州	6.350%	0~1.000%	0.050%
特拉华州	0	0	0
哥伦比亚特区	6.000%	0	0
佛罗里达州	6.000%	0~2.500%	1.080%
佐治亚州	4.000%	1.000%~5.000%	3.320%
夏威夷州	4.000%	0~0.500%	0.440%
爱达荷州	6.000%	0~3.000%	0.030%
伊利诺伊州	6.250%	0~5.250%	2.570%
印第安纳州	7.000%	0	0
艾奥瓦州	6.000%	0~2.000%	0.940%
堪萨斯州	6.500%	0~5.100%	2.190%
肯塔基州	6.000%	0	0
路易斯安那州	4.450%	0~8.500%	5.070%
缅因州	5.500%	0	0
马里兰州	6.000%	0	0
马萨诸塞州	6.250%	0	0
密歇根州	6.000%	0	0
明尼苏达州	6.875%	0~2.000%	0.590%
密西西比州	7.000%	0~1.000%	0.070%
密苏里州	4.225%	0.500%~7.763%	4.030%
蒙大拿州	0	0	0
内布拉斯加州	5.500%	0~2.500%	1.440%
内华达州	6.850%	0~1.525%	1.380%
新罕布什尔州	0	0	0
新泽西州	6.625%	0	0
新墨西哥州	5.125%	0.125%~7.750%	2.710%
纽约州	4.000%	0~5.000%	4.520%
北卡罗来纳州	4.750%	2.000%~3.000%	2.230%
北达科他州	5.000%	0~3.000%	1.960%

续表

州名	州销售税税率	地方销售税税率范围	平均地方销售税税率
俄亥俄州	5.750%	0~2.250%	1.480%
俄克拉何马州	4.500%	0~7.000%	4.450%
俄勒冈州	0	0	0
宾夕法尼亚州	6.000%	0~2.000%	0.340%
罗得岛州	7.000%	0	0
南卡罗来纳州	6.000%	0~3.000%	1.460%
南达科他州	4.500%	0~8.000%	1.900%
田纳西州	7.000%	1.500%~2.750%	2.550%
得克萨斯州	6.250%	0~2.000%	1.940%
犹他州	4.850%	1.000%~7.500%	1.090%
佛蒙特州	6.000%	0~1.000%	0.240%
弗吉尼亚州	4.300%	1.000%~2.700%	1.430%
华盛顿州	6.500%	0.500%~4.000%	2.730%
西弗吉尼亚州	6.000%	0~1.000%	0.500%
威斯康星州	5.000%	0~1.750%	0.430%
怀俄明州	4.000%	0~4.000%	1.330%

数据来源：根据美国销售税研究所官网资料及美国各州政府官方网站整理。

(三)销售税的其他注意事项

除各州的经济联系门槛、销售税注册时间及销售税税率等存在差异外，跨境电商企业还需要留意一些其他的美国销售税的注意事项。

(1)美国大多数州对农产品(如蔬菜，水果，蛋类，牛奶，谷物)免税。

(2)只有伊利诺伊州对处方药征税。

(3)除五个免税的州外，还有纽约州、俄勒冈州、得克萨斯州、弗吉尼亚州、宾夕法尼亚州等州对于非处方药(营养保健品，如维他命)免税。

(4)明尼苏达州、新泽西州、宾夕法尼亚州等州对于服装类商品免税；马萨诸塞州对175美元以下、纽约州对110美元以下、佛蒙特州对100美元以下的服装类商品免税。

本节总结：本节介绍了美国跨境电商销售税的发展历程。在跨境电商发展初期，美国采用免税政策，但随着跨境电商行业的迅速发展，免税政策对州财政收入的负面影响也逐渐显露。在经济不景气的情况下，美国各州政府对跨境电子商务业务征税的呼声越来越高，政策动摇也随之出现。在2018年的Wayfair案中，美国联邦最高法院以5∶4票推翻了"物理存在"规则，该案结束了长期以来跨境电商企业没有"物理存在"就无须代收代缴销售税的历史。尽管该案只针对销售税中是否必须考虑"物理存在"这一规则进行了判决，但其对于传统联系因素而言有了重大突破，因此在美国产生了广泛的影响，标志着美国销售税新政的诞生。本节还详细解释了销售税新政的具体内容、各州政府对于经济联系门槛的规定及具体的销售税税率。

第三节　美国销售税税收流程及相关计算

一、美国跨境电商销售税税收流程

（一）确定纳税主体的经济联系

销售税关系是联邦制国家特有的税法概念，很难在中国找到一个合适的词去解释。经济联系（Economic Nexus）指的是，即使跨境电商企业在某个州没有"物理存在"（physical presence），但是只要该跨境电商企业在该州的总收入或交易数量达到了该州政府设置的经济联系门槛（通常为10万美元或200笔交易），跨境电商企业就有法律义务收取和缴纳该州的销售税。如果跨境电商企业因忽略了经济联系而发生漏税行为，则州政府对此保留永久的追溯权，并且惩罚力度非常大。因此，确定与各州的经济联系是跨境电商企业报税时最重要的步骤。

（二）注册销售税许可证

根据2018年南达科他州通过的《经济联系法案》，如果州外跨境电商企业的交易额或交易次数超过了该州设置的经济联系阈值，该跨境电商企业就被认定与该州产生了经济联系，并需要向该州缴纳销售税。因此，该法案要求所有企业，包括跨境电商企业，一旦确认与某州有经济联系，就必须注册销售税许可证。如果企业不注册销售税许可证，则该州有权起诉该企业。此外，跨境电商企业只有在注册销售税许可证之后才被允许开始向买家征收销售税，否则将被视为违法征收。

在注册销售税许可证之前，跨境电商企业需要提前准备一些必要的信息。其中，最重要的是EIN，即联邦税号，又称雇主识别号，全称为Employer Identification Number。这个号码的主要用途是在个人或企业申报税款时对其进行识别。EIN非常重要，跨境电商企业在申报联邦营业税（Federal Income Tax）、州营业税（State Income Tax）、薪资税（Payroll Tax）及申请销售许可证（Seller Permit）时都需要使用EIN。跨境电商企业可以在美国国税局IRS（Internal Revenue Service）官方网站上申请EIN，也可以通过传真、邮寄等方式向美国国税局申请。一般情况下，在申请的当天就可以获得EIN，但需要15天左右才能收到正式确认的信件。

跨境电商企业在注册销售税许可证时所需提交的材料如下。

（1）法人代表护照信息；

（2）企业信息：姓名、地址、美国境内收信地址；

（3）企业类型：有限责任公司（Limited Liability Company，LLC）、股份有限公司（Corporation）、有限责任合伙企业（Limited Liability Partnership，LLP）。

除此之外，还需要准备跨境电商企业的联系人个人信息、业务联系信息、社会保险号码（Social Security Number，SSN）等。

然而，对于大多数没有申请 EIN 的中国跨境电商企业来说，情况稍微复杂一些。这些跨境电商企业需要采取不同的方式申请销售税许可证，而且每个州的申请方式略有差异。有些州需要在州税务局的相关官方网站下载相关申请表格以进行填写申报，而有些州则并不对外公开相关表格，跨境电商企业需要打电话向州税务机关阐明企业自身情况，经过州税务机关评估后，才能获取申请表格。

跨境电商企业向州政府提出申请后，经过州政府批准通过后则可获取销售税许可证号码，以代替州政府行使收取销售税的职责。在网上申请时，将在 10 个工作日内收到销售税许可证号码；而通过线下注册的方式，则需要 2~4 周才能收到销售税许可证号码。

(三)线上征收销售税

以亚马逊平台为例，跨境电商企业登录卖家中心后，通过选择"设置"(Settings)下拉菜单中的"税收设置"(Tax Settings)选项，即可完成线上征收销售税的设置。不同平台的具体操作略有不同。跨境电商企业可以根据需要选择收取销售税的州、自定义税率，以及是否将税直接加总为售价等。

产品税号是识别货物是否需要征税的重要依据。在美国，一些被认为是"必需品"的货物可能在所有州都不需要纳税，如生鲜农产品、衣物、教科书和宗教书籍、药品和数字无形产品等，这类货物通常拥有特殊的产品税号。跨境电商企业在为货物进行税收设置时，如果需要为货物收取销售税，则可将该货物标记为"A_GEN_TAX"；反之，则可以将该商品标记为"A_GEN_NOTAX"。

同时，跨地区交易将面临不同地区的经济联系，因此跨境电商企业需要区分基于发货地的税率和基于收货地的税率，简单地讲就是，跨境电商企业需要考虑是根据目的地确定税率，还是根据原产地确定税率。对于以上任何一种情况，税率都取决于跨境电商企业的商店地址或客买家邮寄地址的邮政编码，因为在计算税费时需要根据这些信息的所处位置确定实际税率。

目前，大多数州根据收货地确定税率，这意味着跨境电商企业需要按货物的最终交付地所在州的税率收取销售税。截至目前，美国只有以下三个州根据发货地确定税率：加利福尼亚州、亚利桑那州和新墨西哥州。其中，加利福尼亚州确定税率的方法更为复杂，州级、县级和市级的税率采用发货地税率，但所有地方税都采用收货地税率。

(四)申报税收金额并提交申报表

获得销售税许可证后，州政府将根据销售额为跨境电商企业设定报税频率和报税截止日期。报税频率一般是每月、每季度或每年，销售额越大的跨境电商企业，其报税频率越高。根据各州的情况，报税截止日期确定在不同的日期。

申报税收金额流程如下。

(1)整理销售额报表；

(2)登录州政府官网账号；

(3)区分基于原产地税率(Origin-Base)或基于目的地税率(Destination-Base)，并确定税率；

(4) 在线填写申报表格；

(5) 按照判断的税率填写郡 (County)、城市 (City)、区 (District)；

(6) 提交申报表。

申报税收金额所需资料如下：

(1) 销售税税号；

(2) 企业信息，包含企业名称、地址、美国境内收信地址及美国境内电话号码；

(3) 销售额报表。

在大多数州，销售税应在应税期后次月的第 20 天之前缴纳。例如，科罗拉多州的月度应税期是 1 月 1 日至 1 月 31 日，那么科罗拉多州 1 月份的月度销售税申报将在 2 月 20 日之前完成。各州保留自己设定截止日的权利，因此各州的应缴纳税款的期限不同，如应缴纳税款的期限为每月的 15 日、每月的最后一天、每月的 25 日，或者任何其他日期。

根据州政府通知的申报时间，跨境电商企业必须登录所在州的税务机关网站，并提交销售税申报表。随后，通过该州的付款网关缴纳税款，或者主动向州政府提交一个银行账号以备州税局扣款。由于美国销售税的申报情况比较复杂，跨境电商企业可以借助销售税申报软件，如 Taxify、TaxJar、Avalara 等，完成销售税的申报工作。此外，以亚马逊为代表的电商平台也可以根据跨境电商企业实际交易情况，代为收税、缴税，但这是一项付费功能。例如，跨境电商企业需要向亚马逊平台缴纳税费的 2.9% 以作为手续费。需要注意的是，虽然亚马逊等电商平台可以代替跨境电商企业解决税收问题，但是跨境电商企业仍然需要根据销售额如实进行销售税申报，以便州政府获悉电商平台代表跨境电商企业所缴纳的税款。跨境电商企业在某州注册销售税许可证后，无论其在应税期间是否产生营业额，都需要进行销售税申报。即使在应税期间内未收取任何销售税，跨境电商企业也需要进行"零申报"，否则将会被处以罚款。如果跨境电商企业连续多个期间未能申报销售税，州政府就会自动取消跨境电商企业的销售税许可证。此外，在申报州销售税时，跨境电商企业还需要明确税收来源于该州的哪个地区，以便州政府考量税收分配。在严格的销售税管理制度下，州政府对跨境电商企业也有一些奖励。美国有半数以上的州政府在征收销售税时，允许跨境电商企业将收取的销售税的 1%～3% 作为该企业收入，以感谢该企业代收销售税的工作。

二、美国销售税相关计算

美国销售税的计算公式比较简单，跨境电商企业需要首先明确自身所在的州采用的是原产地基准还是目的地基准，再查阅相应州的州销售税税率和地方销售税税率。由于跨境电商企业代征销售税，因此跨境电商企业在各电商平台上展示的货物价格中包含了销售税款，计算公式如下：

$$销售税 = 商品价值 \times (州销售税税率 + 地方销售税税率)$$

$$商品价格 = 商品价值 + 销售税$$

例 7-1：已知州销售税税率分别为缅因州 5.5%、田纳西州 7%、亚利桑那州 5.6%、蒙大拿州、特拉华州不收取州销售税。

来自缅因州的买家 A 在亚马逊上购买了一本价值 9.8 美元的词典和一件价值 999 美元的某奢侈品品牌的衣服；来自田纳西州的买家 B 在亚马逊上购买了一件价值 75 美元的半成品工艺品，经加工后以 150 美元的价格销售给来自蒙大拿州的买家 C；来自亚利桑那州的卖家 D 将一部价值 880 美元的手机卖给来自特拉华州的买家 E。试计算买家 A、买家 B、买家 C、卖家 D、买家 E 分别需要缴纳或收取多少销售税。（不考虑地方销售税）

参考答案：

（1）买家 A 所购买的词典属于教科书类别，可以免税，而奢侈品不属于免税的衣物，因此需要按照缅因州的税率为其购买的奢侈品纳税。

买家 A 将支付货款：$999+999\times5.5\%=1053.95$（美元），其中 54.95 美元为税款。

（2）由于买家 B 所购买的是半成品，经过加工后卖给买家 C，应由买家 C 承担最终的销售税，但是买家 C 所在的蒙大拿州不收取销售税，因此买家 B、买家 C 都无须为这笔交易支付销售税。

（3）卖家 D 所在的亚利桑那州是以原产地计量销售税的州，因此卖家 D 应按照亚利桑那州的税率向买家 E 收取销售税。

（4）买家 E 将支付：$880+880\times5.6\%=929.28$（美元），其中 49.28 美元为税款。

本节总结： 本节主要对美国销售税的注册、申报及缴纳流程进行了详细解释。美国公司需要首先申请 EIN 号才能进行有关销售税的申报和缴纳。此外，由于美国各州政府拥有高度自治权，跨境电商企业在申请、申报、缴纳销售税时需要详细考虑各州政府有关销售税的具体规定，以免影响正常经营。

第四节 美国其他税收

一、（联邦及地方）公司所得税

美国公司所得税是对美国居民企业的全球应纳税所得，以及非美国居民企业来源于美国境内的应纳税所得所征收的一种所得税，分为联邦政府、州政府和地方政府三级征收。

应纳税所得主要包括经营收入、资本利得、股息、租金、特许权使用费、劳务收入和其他收入等。根据美国税法规定，凡是根据各州法律成立并向各州政府注册的企业，均属于美国公司。而凡是根据外国法律成立并向外国政府注册的企业，都属于外国公司。

美国公司所得税的纳税人可以自由选择各自的纳税年度，即纳税的起讫日期，但一旦确定，就不能随意更改。纳税人可以选择权责发生制、现金收付制或其他会计核算方法作为计税方法。每年 4 月 15 日前，纳税人应提交预计申报表和上年实际纳税表，并根据预计申报表，在该纳税年度的 4 月 15 日、6 月 15 日、9 月 15 日、12 月 15 日前，按照一定比例预缴公司所得税。公司所得税按年度一次性征收。纳税人可以在其选定的纳税年度结束后的两个半月内申报纳税。年度之间的亏损可以抵补和结转，本年度亏损可向上结转 3 年，向下结转 15 年。

美国大多数州都征收公司所得税，只有内华达州、俄亥俄州、南达科他州、得克萨斯州、华盛顿州和怀俄明州不征收公司所得税。其中，内华达州、南达科他州、得克萨斯州、华盛顿州和怀俄明州既没有州公司所得税，也没有州个人所得税。

对于中国跨境电商企业来说，需要关注以下两项规定。

(1) 如果非美国税收居民企业取得的，来源于美国但与其在美国的经营活动无实际联系的收入，则需要按照 30% 的税率缴纳公司所得税。通常采用由美国付款方进行代扣代缴的预提税形式。预提税主要针对非居民企业取得的来源于美国的具有收益金额、期限固定的一些被动收益，如股息、利息、特许权使用费等收益及资本利得。

(2) 如果非美国税收居民企业取得的，与其在美国的贸易及经营活动有实际联系的收入，则需要按照一般联邦公司所得税的规定缴纳联邦公司所得税。美国联邦公司所得税现为 21% 的统一比例税率，适用于 2017 年 12 月 31 日后产生的应税收入。

二、个人所得税

(一) 美国个人所得税概述

美国个人所得税是指美国联邦政府、州政府和地方政府对个人所得征收的税。在美国，个人所得税收入占整个联邦税收收入的 45% 左右，是对财政收入贡献最大的税种。个人所得税是重要的经济调节工具，承担着调节贫富差距和稳定经济运行的功能。

美国拥有严密的个人所得税征管制度，纳税人能够自觉申报纳税，偷逃税现象很少。美国个人所得税的征收率达到约 90%，且主要来源于占人口少数的富人，而不是占纳税总人数绝大多数的普通工薪阶层。年收入在 10 万美元以上的群体所缴纳的税款占全部个人所得税收入总额的 60% 以上。

个人所得税按征收级别不同，分为联邦个人所得税、州个人所得税和地方个人所得税，其中以联邦个人所得税为主。联邦个人所得税以取得所得的个人为纳税人，以个人毛所得为征税对象。个人毛所得是指个人的全部所得减去不予计列项目后的余额。

美国个人所得税征管制度具有以下几个突出的特点。

第一，美国政府建立了严密的收入监控体系。美国是一个信息化程度非常高的国家，纳税人的基本信息、收支记录和交易行为等都在银行的系统中有记录，税务机关通过信息交换和数据集中处理，便可全面、快捷地掌握纳税人的相关信息。

第二，美国广泛推行严密的双向申报制度。一方面，支付个人收入的雇主必须履行税款预扣义务；另一方面，纳税人必须自行申报其全年的各项收入。

第三，美国政府实行严密的交叉稽核措施。为了保证纳税申报的真实性和防止偷税，美国税务机关依托信息化，建立了严密的交叉稽核制度。

第四,实行严密的交叉稽核措施。偷税罪名一旦成立,偷税者除要缴纳数倍于应纳税款的巨额罚款外,还可能被判刑入狱。

(二)美国个税税率发展

1862 年,为了筹措南北战争期间的战争费用,美国开征了个人所得税。截至 1866 年,个人所得税已经占联邦政府全部财政收入的 25%。1913 年,美国国会通过了个人所得税法,经过了近一个世纪的迅速发展,个人所得税已经从一个次要税种成为联邦财政收入的主要来源。2000 年经济合作与发展组织(Organization for Economic Co-operation and Development,OECD)的资料显示,发达国家个人所得税占国家税收收入总额的平均比例达到 29%。如果将社会保险税考虑在内,这个比例则高达 51%。

美国个人所得税实行统一的超额累进税率,体现了合理、公平的负税原则。经过几次税制改革,至 1995 年,美国个人所得税税率分为三个基本税率档次(15%、28%、31%)和两个高税率档次(36%、39%)。2000 年布什上台后,又进行了税率调整,从 2001 年 7 月 1 日起,除 15%这一档税率保持不变外,其他税率档次下调 1 个百分点。到 2006 年,最高税率下降到 35%,其他税率也比减税前降低 3 个百分点。目前,美国个人所得税实行统一的 6 级超额累进税率,税率分别为 10%、15%、25%、28%、33%和 35%。

(三)中国跨境电商企业的个人所得税

根据美国所得税法规定,非美国税收居民需要就其来源于美国境内的与在美国经营活动有实际联系的收入,按照 10%到 39.6%的累进税率缴纳联邦个人所得税,并就其来源于美国的投资收入(如股息、利息或租金等),按照 30%的税率缴纳联邦预提所得税。为了避免申报个人所得税,一般中国跨境电商企业会选择以有限责任公司或 C 型股份有限公司(C-Corporation)的公司形式申报个人所得税。有限责任公司目前在创业者中更为流行,适用于小型跨境电商企业。有限责任公司所有的收入直接分配到股东个人身上,不需要缴纳公司所得税。因此,在有限责任公司盈利的情况下,所得盈利只需股东个人缴纳联邦个人所得税和州个人所得税。

三、关税

(一)关税

关税是指一国海关根据该国法律规定,对通过其关境的进出口货物征收的一种税收,一般属于国家最高行政单位指定税率的高级税种。针对进口贸易和出口贸易,关税可分为进口关税和出口关税,其征收对象和征收目的具有差异。适当的关税,对保护处于起步阶段、技术不成熟行业的健康发展有利,但过高的关税,会形成闭关自守、信息闭塞、固步自封的局面,不利于民族工业在竞争中良性发展。因此,关税成为国家政府维护本国政治和经济权益的重要工具。关税的重要作用如下。

第一,保护和促进本国工农业生产的发展。例如,保护性关税就是一国为保护本国的工业和农业而对进口商品征收的关税,这种关税的税率很高,其实际意义等同于禁止进口,从而达到保护本国产业的目的。

第二，调节国民经济和对外贸易。一方面，政府征收进口关税意味着增加进口货物的成本，从而影响进口货物的数量。各国以征收进口关税作为限制外国货物进口的一种手段。另一方面，政府降低或减免出口关税，意味着降低了出口货物的成本，从而增加出口货物的数量。各国以降低出口关税的方法鼓励企业进行出口贸易。

第三，维护国家主权和经济利益。完全自由化的贸易虽然降低了企业参与国际交易的成本，但缺乏竞争力的企业在残酷的市场竞争中几乎没有存活的机会。因此，发展中国家通常会通过关税对本国的"幼稚企业"进行保护。

（二）中美间关税发展

2016年2月24日，奥巴马政府为了贸易便利化，将最低关税起征点由200美元调整至800美元。税务申报及缴税公式如表7-3所示。

表7-3 税务申报及缴税公式

货物价值（单位：美元）	税务申报类型	缴税公式
低于800	免关税	无
800~2500	非正式报关（Informal）	FOB Price × 税率（各州情况不一）
高于2500	正式报关（Formal）	FOB Price × 税率 + MPF

其中，MPF为货物税费（Merchandize Processing Fee），是清关的收费项目，进口时按照货物FOB价值的百分比收费。MPF = FOB × 货物操作税率，其中，货物操作税率是美国特有的，属于清关的收费项目，收费标准由海关自行决定，税率一般为0.3464%，MPF最低为25.67美元，最高为497美元。FOB价值为货物价值。2018年3月22日，美国总统特朗普在白宫签署针对中国的总统备忘录，美国将约600亿美元进口自中国的货物加征关税，并列举了1300多种征税产品清单。美国对中国征税领域包括高性能医疗器械、生物医药、新材料、农机设备、工业机器人、新一代信息技术、新能源汽车、航空产品、高铁装备。次日，中国商务部针对特朗普的关税政策打出了反击第一拳，发布了针对美国进口钢铁和铝产品加征关税的钢铝232措施的中止减让产品清单并征求公众意见，拟对自美进口部分产品加征关税，以平衡因美国对进口钢铁和铝产品加征关税给中方造成的利益损失。该清单暂定包含7类、128个税项产品，按2017年统计，该清单涉及美对华约30亿美元出口。中国对美国终止减让产品清单包括鲜水果、干水果、坚果、葡萄酒、改性乙醇、花旗参、无缝钢管、猪肉、废铝。

自2021年1月7日拜登政府上台以来，对3700亿~4000亿美元中国输入美国的货物加征关税的措施仍然保留。在这些关税基础上，美国贸易代表署根据企业的申请，对部分加征关税商品进行排除。目前看来，美国提高对华关税排除率的政策空间很大。总体上，中美可以通过关税排除机制，相互大幅提高关税排除比率，从而推动形成双边经贸关系良性互动。在国际形势处于动荡变革期的背景下，当前全球供应链面临前所未有的不确定性。

本节总结：本节对美国跨境电商销售税，以及与中国跨境电商企业相关的其他税种进行了介绍。

思 考 题

1. 什么是销售税？
2. 影响美国跨境电商销售税的四个重要诉讼案分别是什么？请简要介绍。
3. 美国跨境电商销售税如何申报？
4. 什么是美国个人所得税？美国个人所得税有哪些特点？
5. 美国哪些州不征收公司所得税？

参 考 文 献

[1] 何杨，王文静. 英国税制研究[M]. 北京：经济科学出版社，2018.
[2] 张海涛. 中小企业税务与会计实务[M]. 北京：机械工业出版社，2021.
[3] 聂桃. 中小企业财税一本通[M]. 3版. 北京：北京联合出版有限公司，2018.
[4] 张新民. 中小企业财务报表分析[M]. 北京：中国人民大学出版社，2020.
[5] 王越. 财务精英进阶指南：业务+税务+法务协同操作实务及风险防范[M]. 北京：中国铁道出版社，2021.
[6] 中国注册会计师协会. 税法[M]. 北京：中国财政经济出版社，2023.
[7] 全国税务师职业资格考试教材编写组. 税法一[M]. 北京：中国税务出版社，2022.
[8] 全国税务师职业资格考试教材编写组. 税法二[M]. 北京：中国税务出版社，2022.
[9] 席晓娟. 电子商务税收[M]. 北京：清华大学出版社，2022.
[10] 肖新梅，高洁. 跨境电子商务通关实务[M]. 北京：电子工业出版社，2022.
[11] 蒋彩娜，舒亚琴. 跨境电子商务支付与结算[M]. 北京：电子工业出版社，2021.
[12] 涂玉华. 跨境电子商务国际征税问题研究：以郑州航空经济综合试验区为例[M]. 成都：西南财经大学出版社，2021.
[13] 张夏恒，肖林. 我国跨境电子商务研究演化及趋势（2012—2021）[J]. 渭南师范学院学报，2022，37(12)：74-81.
[14] 劳永宝. "一带一路"背景下跨境电商人才培养的研究与实践[J]. 产业创新研究，2023，106(5)：190-192.
[15] 郭朝晖. 基于制度型开放的跨境电子商务零售进出口税收规则探析[J]. 国际税收，2023，117(3)：56-64.
[16] 李静远. 英国增值税数字化改革与启示[J]. 税务研究，2021(9)：84-89.
[17] 熊鹭. 对英国增值税制度的考察与思考[J]. 南方金融，2014(453)：50-52.
[18] 张文春，陈奎. 增值税的国际比较与思考[J]. 财经问题研究，2000(3)：28-34.
[19] 叶永青，赵文祥. 美国最高法院销售税判决下的隐喻与变局[J]. 国际税收，2018(8)：30-33.
[20] 王玮. 税收学原理[M]. 北京：清华大学出版社，2020.
[21] 朱为群. 中国税制[M]. 北京：高等教育出版社，2024.
[22] 董根泰. 税务管理[M]. 北京：清华大学出版社，2020.
[23] SCHENK A，OLDMAN O. Value added Tax：a comparative approach[M]. Cambridge：Cambridge University Press，2006.
[24] SWAIN J. State sales and use tax jurisdiction：an economic nexus standard for the twenty-first Century[J]. Georgia Law Review，2003(38).
[25] AZAM R. Global taxation of cross-border e-commerce income[J]. Virginia Tax Review，2012(31).